信访工作培训教材

丛书编委会主任◎王石奇　　王剑辉

信访工作实务

王剑辉　　赵瑛琦　　郑佳节◎编著

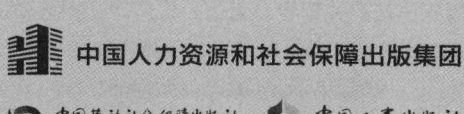

图书在版编目(CIP)数据

信访工作实务/王剑辉，赵瑛琦，郑佳节编著. -- 北京：中国劳动社会保障出版社：中国人事出版社，2023
  信访工作培训教材
  ISBN 978-7-5167-5877-9

Ⅰ.①信… Ⅱ.①王…②赵…③郑… Ⅲ.①信访工作-中国-职业培训-教材 Ⅳ.①D632.8

中国国家版本馆 CIP 数据核字(2023)第 077850 号

中国劳动社会保障出版社
中国人事出版社 出版发行

(北京市惠新东街 1 号　邮政编码：100029)

*

北京市艺辉印刷有限公司印刷装订　新华书店经销
787 毫米×1092 毫米　16 开本　23 印张　285 千字
2023 年 5 月第 1 版　2025 年 8 月第 4 次印刷
定价：57.00 元

营销中心电话：400 606 6496
出版社网址：http://www.class.com.cn

版权专有　　侵权必究

如有印装差错，请与本社联系调换：(010) 81211666
我社将与版权执法机关配合，大力打击盗印、销售和使用盗版图书活动，敬请广大读者协助举报，经查实将给予举报者奖励。
举报电话：(010) 64954652

信访工作培训教材编委会

主　任：王石奇　王剑辉

委　员：王石奇　王剑辉　郭金山　徐业安　沈相玉　孙宽平
　　　　缪传忠　吕保利　李建明　黄冬梅　伊　丽　刘金龙
　　　　周　新　邢长征　陈二伟　魏恒杰　郑佳节　李　薇
　　　　李　波　赵瑛琦　赵　亮　刘钧顺　赵应文　叶　秀
　　　　张秀敏　陈剑锋　杨傲霜　张云棠　刘景波　孙　飞
　　　　张忠义　郑晓娟　陈雨濛　李香兰　张圣华　宋　霞
　　　　刘晓剑　赵进辉

内容简介

信访工作是党的群众工作的重要组成部分,是党和政府了解民情、集中民智、维护民利、凝聚民心的一项重要工作,是各级机关、单位及其领导干部、工作人员接受群众监督、改进工作作风的重要途径。做好信访工作,不仅是密切联系群众,化解人民内部矛盾的有效形式,而且对正确处理改革、发展和稳定的关系,加速经济发展具有十分重要的作用。

本书致力于信访工作实务的培训指导,主要内容包括信访一般业务办理、信访其他业务、信访事项的办理、信访工作的运行机制、信访办公管理、信访工作队伍建设与管理、突发事件管理与处置,另外附录有信访工作常用法规和相关政策。本书内容较全面广泛,贴近实际,可以作为全国各级信访部门、信访工作人员科学提高业务素质和信访工作能力的基础性教育培训教材,同时对信访人了解信访基本知识和政策法规并依法信访具有一定的实际指导意义。

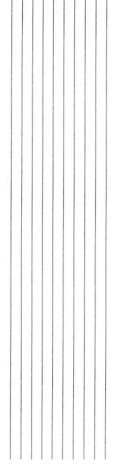

序言

  治理之道,莫要于安民;安民之道,在于察其疾苦。

  信访工作历来是党的群众工作的重要组成部分,是了解社情民意的重要窗口。当前,中国特色社会主义进入新时代,我国社会主要矛盾已经转化为人民日益增长的美好生活需要和不平衡不充分发展之间的矛盾,信访工作也面临着许多新情况新问题。2022年5月1日,中共中央、国务院颁布实施《信访工作条例》,是习近平总书记关于加强和改进人民信访工作的重要思想在法规制度层面的具体体现,是新时代信访制度改革的标志性成果,是信访工作的基本遵循。特别是将党对信访工作的领导写入法规,对新时代党领导下的信访工作格局作出全新界定,明确党领导信访工作的体制机制,实现对信访工作领域的全覆盖,对党的十八大以来信访制度改革成果进行系统整合提升,构建起较为完整的信访工作监督体系。

  民之所盼,政之所向。让人民生活幸福是"国之大者"。习近平总书记指出:"江山就是人民、人民就是江山,打江山、守江山,守的是人民的心。"人民群众的每次来信来访,都寄托着对党和政府的信任与期待。信访工作,就是要发挥"民意站""连心桥"的作用,密切党同人民群众的血肉联系，维护社会和谐稳定。

做好信访工作，不能只是简单的"你说我听"或"上传下达"，它需要信访工作者以时时放心不下的责任感，多听听群众的心声，多想想如何尽职尽责办好群众关心关切的每一件民生实事。各级信访部门要引导信访干部和广大信访群众建立良好的互动沟通关系，让老百姓遇到问题能有地方"找说法"，通过对话和协商解决分歧和矛盾，实现"找到说法"。通过畅通信访渠道，使信访工作真正成为了解民情、集中民智、维护民利、凝聚民心的一项重要工作。

常言道："工欲善其事，必先利其器。"如何提升信访干部队伍素质，培训是关键，教材是基础。为此，我们组织相关人员编写了这套信访工作教材，丛书共有四本，其中《信访工作概论》《信访工作实务》阐述了信访工作的历史沿革、发展脉络，对信访工作的程序和方法进行认真的梳理和总结；《信访工作心理学》《信访工作者心理健康促进》以心理学的视角，对信访工作、信访人的心理状态进行了分析研究，对信访工作者的心理健康维护提出了具体的方法，是心理学在信访工作中的运用和探索，是一种理论和实践的创新。编写成员都是长期从事信访工作一线人员，在工作实践当中总结积累了丰富经验，为写好这套丛书，历时多年，反复修改，数易其稿。它的出版，对于提升信访干部队伍的服务能力、心理素质，以及业务水平将起到积极的促进作用。

回首过往，信访工作改革创新依然任重道远，只要我们始终恪守为民之责，认真贯彻落实习近平总书记关于加强和改进人民信访工作一系列重要指示精神，力行为民之举，坚持人民至上，真正把解决信访群众实际困难作为改进信访工作的突破口，就能充分释放出改革的新动力。在历史的新征程上，信访工作必将更加凸显其重要性和必要性,也必将为实现"中国之治"、构建社会主义和谐社会发挥其重要的作用。

是为序。

国务院参事室原参事,国家信访局原党组副书记、副局长

王石奇

2022 年 12 月 30 日于北京

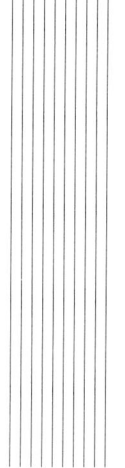

丛书前言

民生无小事，枝叶总关情。作为党和政府联系群众的重要桥梁和纽带，信访工作一头牵着党心，一头连着民心，承担着为民解难、为党分忧的神圣使命。习近平总书记高度重视信访工作，指出信访工作是党的群众工作重要组成部分，是了解社情民意的重要窗口，强调"信访工作是送上门的群众工作，要通过信访渠道摸清群众愿望和诉求，找到工作差距和不足，举一反三，加以改进，更好为群众服务"。

中国特色社会主义进入新时代，信访工作已成为党和政府了解民情、集中民智、维护民利、凝聚民心的一项重要工作，是各级机关、单位及领导干部、工作人员接受群众监督、改进工作作风的重要途径，在建立民主政治、保障群众切身利益、监督行使权力、维护正常经济秩序和社会稳定方面，发挥着举足轻重的作用。当前，我国发展进入战略机遇和风险挑战并存、不确定难预料因素增多的时期，社会主要矛盾是人民日益增长的对美好生活需要和不平衡不充分发展之间的矛盾，党的二十大报告中提出要"完善正确处理新形势下人民内部矛盾机制，加强和改进人民信访工作，畅通和规范群众诉求表达、利益协调、权益保障通道"，这就要求信访工作在服务党和国家工作大局、维护群众合法权益、促进社会安全稳定等方面担负起更重要的责任。

多年来，在各级党委政府的关心指导下，信访工作在组织建设、制度建设、运行机制和实践积累等方面，都有了长足的发展。尤其中共中央、国务院 2022 年发布实施的《信访工作条例》，是党对信访工作的全面领导在法规制度层面形成的标志性成果，是在新的历史起点上深化信访制度改革、实现信访工作高质量发展的纲领性文件，为新时代推动信访工作提供了制度保障，可以说，信访工作正沿着法治轨道进入新的发展阶段。信访工作取得的瞩目成就，也催生信访工作的理论研究和学术探讨结出累累硕果，大批有关信访工作的专著和学术论文相继问世，丰富的实践经验被升华为新时期的信访工作理论，从而逐步形成了一门独特的学科——信访学，融合了社会学、政治学、管理学、心理学、信息学、秘书学等多个学科的特点，为推动信访工作的创新发展，提高信访干部的职业素质，提供了理论指导。

随着我国经济社会的快速发展，信访工作呈现出信访载体多样化，工作方法不断创新，思想认识日益深化的新特点，加之信访干部新老交替和岗位流动频繁，广大信访工作者迫切需要一套全新系统的信访工作培训教材用于指导实践。因此，本丛书的编委成员作为长期从事信访工作的一线工作者，总结多年的信访培训工作经验，专门就编写新时代的信访培训工作教学资料进行了研究讨论，商定了信访工作培训教材的编写原则、内容和章节划分，历时数年，数易其稿，形成了本套信访工作培训教材。本套教材共分四册，包括：《信访工作概论》《信访工作实务》《信访工作心理学》和《信访工作者心理健康促进》，内容充分吸取了近年来各类信访工作理论研究成果中的基本观点和主要工作方法，聚焦当前信访工作中的热点、难点和焦点问题，涵盖了从事信访工作所需了解和掌握的基本常识，内容全面新颖，案例真实鲜活，贴近工作实际，特别是从心理学的角度对信访工作进行了有益的探索，为信访工作者心理健康促进给予了具体的指导。

奋进新征程、建功新时代。希望丛书能够满足信访工作者了解信访活动的历史发展规律、掌握信访工作理论和基础知识、学习从事信访工作的实际技能、提高信访业务素质的需要,为各级信访部门和广大信访工作者提供有益的参考,帮助大家精准把握新时代信访工作的基本原则和总体要求,也希望广大的信访工作者坚守人民情怀,坚持人民至上,牢记职责使命,主动担当作为,不断开创新时代信访工作新局面。

丛书编委会
2022 年 12 月 30 日

目 录

第一章 信访一般业务办理/001
  第一节 来信办理/002
    一、来信的基本概念/002
    二、办理来信工作的职责和原则/002
    三、办理来信工作的程序/003
    四、来信处理方式/005
    五、来信办理工作纪律/008
  第二节 来电办理/008
    一、来电的基本概念/009
    二、办理来电的工作原则/009
    三、接听来电回复方式/011
    四、处理来电基本程序/011
  第三节 来访办理/013
    一、群众来访类型/014
    二、来访接待原则/015
    三、群众来访的受理范围/015
    四、来访接待程序/016
    五、特殊来访的处理/019

第四节　网上信访/021

　　一、网上信访的概念及其功能/021

　　二、网上信访的受理范围/022

　　三、网上信访的操作流程/022

　　四、网上信访办理程序/023

　　五、网上信访的注意事项/024

第五节　集体信访办理/024

　　一、集体信访的成因/025

　　二、处理好集体信访的原则和方式方法/027

　　三、大规模集体信访的处置/028

第二章　信访其他业务/030

第一节　信访信息工作/031

　　一、信访信息的特点/031

　　二、信访信息工作概述/032

　　三、信访信息的鉴别、整理与利用/033

　　四、信访信息的作用/034

　　五、信访信息的质量管理/035

　　六、信访信息工作的治理内容与方式/036

第二节　信访矛盾调解工作/037

　　一、信访矛盾调解的原则/037

　　二、信访矛盾调解方法/040

　　三、信访矛盾调解技巧/044

第三节　领导接访约访下访工作/048

　　一、领导干部接访约访下访的任务和要求/048

　　二、领导干部接访约访下访的工作原则/049

　　三、领导干部接访约访下访的方式方法/050

四、加强组织领导/051

第四节　信访的礼仪规范/052

一、基本原则/052

二、仪容仪表礼仪/053

三、称呼介绍礼仪/054

四、行为举止礼仪/055

五、沟通交谈礼仪/056

六、书面礼仪/057

七、规范性接待示例/058

第三章　信访事项的办理/061

第一节　信访事项受理与办理/061

一、信访事项处理方式/062

二、信访事项受理程序/063

三、信访事项办理/066

四、信访调查/069

第二节　信访事项复查与复核/071

一、信访事项复查与复核基本概念/071

二、信访事项复查与复核工作原则/072

三、信访事项复查与复核工作机制/072

四、信访事项复查与复核的申请/074

五、信访事项复查与复核的受理/077

六、信访事项复查与复核的办理/080

七、监督和追责/082

第三节　信访听证工作/083

一、听证的概念/084

二、信访听证概述/086

三、听证范围/087

四、听证受理/088

五、听证机关、听证员、主持人、记录员和听证参加人/089

六、听证会相关材料/092

七、听证会纪律/092

八、听证会程序/093

第四节 行政复议与信访工作/096

一、行政复议与信访的行政救济制度/096

二、行政复议与信访是不同的救济制度/097

三、行政复议与信访是平行的救济渠道/097

第四章 信访工作的运行机制/100

第一节 信访诉求表达机制/100

一、信访诉求表达的基本方式/101

二、信访诉求表达的主要渠道/103

三、畅通信访表达渠道的基本要求/105

第二节 信访事项的督办机制/114

一、督办原则/115

二、督办方式/116

三、督办程序/118

四、督办特征/121

五、督办与交办、转送的关系/122

第三节 信访工作责任机制/123

一、领导责任/123

二、属地责任/127

三、部门责任/129

第五章　信访办公管理/133

第一节　信访文书写作/134

一、信访文书/134

二、信访摘报/135

三、信访会议纪要/136

四、信访公函/137

五、信访工作总结/138

六、信访典型材料/138

七、信访调查报告/139

八、信访报道性短文/140

九、信访文献摘要和提要/140

十、信访文献综述/140

十一、数据资料汇集/141

第二节　信访规范类文书/142

一、信访规范类文书的概念/142

二、信访规范类文书的类型/142

三、信访规范类文书的特点/144

四、各类规范类文书的发布形式/144

第三节　信访统计分析/145

一、信访统计的概况/145

二、信访统计的作用和原则/146

三、信访统计的分析/147

第四节　信访档案管理/149

一、信访档案立卷/149

二、信访资料的归档/151

　　三、信访档案案卷的要求/152

　　四、信访档案的管理与利用/154

第五节　信访办公自动化/155

　　一、信访办公自动化的意义/155

　　二、信访办公自动化的要求/157

　　三、信访办公自动化的实现/158

　　四、信访办公自动化的安全保密要求/159

　　五、推进信访信息化建设/159

第六章　信访工作队伍建设与管理/163

第一节　信访干部素养与能力建设/164

　　一、信访干部的素养/164

　　二、信访干部的作风管理/166

　　三、正确树立信访干部的权力观/167

　　四、正确认识信访干部的能力/170

第二节　信访干部队伍建设/171

　　一、信访人才/171

　　二、信访部门领导者的人才观/173

　　三、加强信访人才队伍建设/180

第三节　信访领导班子建设/186

　　一、信访领导人才的管理/186

　　二、优化信访领导干部队伍结构的基本原则/193

　　三、优化信访领导干部队伍结构的主要途径/194

第七章　突发事件管理与处置/198

第一节　突发事件应急管理/199
一、突发事件应急管理概述/199

二、突发事件的特征与分级/203

三、应对突发事件决策能力/204

四、应对突发事件公关能力/210

五、应对突发事件善后能力/220

第二节　突发公共事件处置/228
一、突发公共事件特点与管理/228

二、突发公共事件风险评估与预防/230

三、突发公共事件应急预案体系建设/233

四、突发公共事件应急处置/236

五、突发公共事件恢复与重建/240

第三节　群体性突发事件处置/241
一、群体性突发事件的概念/242

二、群体性突发事件的性质/243

三、群体性突发事件的特点/246

四、化解群体性突发事件/248

第四节　群体性信访的防范与应对/251
一、群体信访的矛盾排查/251

二、群体性矛盾疏导化解/254

三、群体性事件的处置/258

第五节　社会骚乱与社会安全事件的应对/264
一、社会骚乱事件的危机应对/264

二、社会安全事件的应对/268

附录一　信访工作条例/272

附录二　为加强和改进新时代信访工作提供有力制度保障——国家信访局负责人就《信访工作条例》答记者问/288

附录三　国家信访局接待群众来访工作规则/295

附录四　国家信访局关于印发《信访事项网上办理工作规程》的通知/299

附录五　国家信访局关于印发《依法分类处理信访诉求工作规则》的通知/322

附录六　国家信访局关于印发《信访事项办理群众满意度评价工作办法（试行）》的通知/327

附录七　国家信访局办理群众来信工作规则/331

附录八　国家信访局关于印发《初次信访事项办理办法》的通知/334

附录九　国家信访局关于印发《信访事项简易办理办法》的通知/339

附录十　关于违反信访工作纪律处分暂行规定/342

第一章

信访一般业务办理

信访事项的办理，是指各级机关、单位及其工作人员，根据《信访工作条例》的有关要求，依法对受理的来信、来电、来访，以及网上信访投诉等信访事项进行办理、接待、调查、处理的过程。信访事项的办理是畅通信访渠道、规范信访行为、落实信访工作的主要方面和重要环节。

《信访工作条例》第二十八条明确规定：各级机关、单位及其工作人员办理信访事项，应当恪尽职守、秉公办事，查明事实、分清责任，加强教育疏导，及时妥善处理，不得推诿、敷衍、拖延。

信访工作人员根据各自职责和有关规定，按照"诉求合理的解决问题到位、诉求无理的思想教育到位、生活困难的帮扶救助到位、行为违法的依法处理"的要求，依法按政策及时就地解决群众合法合理诉求。为了依法、及时、高效、科学地解决群众反映的信访事项，各级信访工作人员必须掌握信访业务流程、信访工作方法等相关专业知识，使自己成为一名合格的信访工作人员。

第一节 来信办理

一、来信的基本概念

群众来信是指公民、法人或者其他组织采用信函、电报、传真等形式,向有关机关、单位反映情况,提出建议、意见或者投诉请求,依法由有关机关、单位处理的活动。

从工作的角度出发,群众来信分为初信、重信、扬言信、联名信。

1. 初信

初信是指信访人提出某一信访事项的第一次来信。

2. 重信

重信是指信访人提出同一信访事项的第二次及以上来信。

3. 扬言信

扬言信是指有扬言自杀、聚众闹事、冲击国家机关、危害他人生命和财产安全等滋事情形,或其他带有闹事苗头和极端行为倾向、可能影响正常生产生活和社会秩序等情形的来信。

4. 联名信

联名信是指签署的姓名或单位的个数在 5 个及以上的来信。

二、办理来信工作的职责和原则

(一)工作职责

(1)交办、转送群众来信提出的信访事项,督促、检查重要信访事项的处理；

（2）提供群众来信反映的具有重要参考价值的信息，服务领导决策；

（3）及时通报可能引发群体性事件的来信情况，促使问题解决在基层和萌芽状态，预防和化解矛盾；

（4）承办领导交办的其他工作。

（二）基本原则

（1）属地管理、分级负责，谁主管、谁负责；

（2）依法、及时、就地解决问题与疏导教育相结合；

（3）有关机关、单位相互配合；

（4）方便信访人。

三、办理来信工作的程序

（一）来信拆订

（1）严格按照受信范围接收、启封群众来信，确保不误拆。及时拆启，并按主件、附件、信封的顺序装订整齐，便于交办和存档。对不属于受信范围的，要按来信渠道及时退回。

（2）重信拆开后，只装订其中一件，并与其他重信用夹子固定在一起。

（3）拆信时不能损坏原件，沿信封边缘剪裁开。

（4）订信要按内容顺序，即主件在前、附件在后。信封有字一面应朝上且附在信件下面，与来信左角装订。

（5）所有来信应当按当日处理流水顺序编号。

（二）来信登记

1. 阅读来信

办信人员要认真阅读来信，准确判断来信的真实意图，便于将其登记录入信访信息系统和对其选择办理方式。

2. 登记

信访工作人员应根据来信提出的内容进行摘要登记，输入信访信息系统，并将原件进行扫描保存。

3. 初信登记

（1）完整录入来信人姓名（名称）、通信地址、来信人数、受信人（单位）等信息，留有联系方式的要准确登记；

（2）内容摘要要全面、客观、准确，人、事、诉求清楚明了；

（3）准确判断内容分类、产生原因、所属系统等，各登记项之间应保持一致；

（4）联名信需登记来信人、寄信人或署名清晰的前5人姓名。

4. 重信登记

信访人重信地址、人数、受信人（单位）不一样的，应予变更。重复来信反映信访事项相同但有新诉求的，应登记为初信。

（三）来信受理

根据"党政同责、一岗双责，属地管理、分级负责，谁主管、谁负责"的原则，按来信内容，区分不同情况，在15日内予以转送、交办。

对重大、疑难来信摘报领导批阅后交办、转送；对不予受理、不再受理的信件书面函告信访人；对不属于本部门受理的信件，应告知信访人向相关部门提出。

四、来信处理方式

信访工作人员登记来信后，要区分不同情况，采取不同方式及时办理。处理群众来信的基本方式有上报、直答、交办、转送、审核结案、督办、特殊信办理。

（一）上报

上报是指将来信报送领导同志。

1. 报送的范围

来信报送范围应包括如下五个方面：

（1）反映较集中的倾向性、普遍性、苗头性问题，重要的社会动态和重大的突发性事件；

（2）信访热点、难点问题和重要联名信；

（3）重大政策出台后的新情况、新问题和意见建议；

（4）重大的涉法涉诉和不予受理或不再受理的来信；

（5）其他重要信访来信。

2. 报送注意事项

报送信息需要核实而又能够核实的，一般应先核实再上报。核实的情况和有关意见建议综合后一并报领导同志参阅。

3. 报送方式

报送方式主要有原件上报、摘要上报、综合上报三种：

（1）原件上报是指将信访原件及附件直接呈报领导同志，原件可以是单封信件，也可以是多封内容相似信件的汇总。

（2）摘要上报是指将群众来信反映的重大问题或紧急情况中，领导须了解掌握的内容摘要后，以"信访快报"的形式，经审核后呈报领导同志。

"信访快报"主要指正在发生或者即将发生的重大、群体、恶性事件,是需要即时报告的。如情况紧急也可采取电话形式口头上报上级单位及领导同志的秘书。

(3)综合上报是指将来信情况综合分析后,以"情况反映"(专报)的形式,经审核后呈报领导同志。

(二)直答

政策明确、情况明了的来信可以直接解答。非受理范围,以及未向应当受理且能够解决的责任地或责任部门(单位)提出就直接越级反映的信访信件,可给予直接解答或引导告知。

(三)交办

交办是指将突发、紧急、重大、重复的信访来信交有关地方、部门或其负责同志办理。办理方式为口头交办和发函交办。

1. 口头交办

反映突发、紧急情况,需要及时交办的,采取电话方式即时交办,并跟踪了解事态发展情况。

2. 发函交办

发函交办是指重大、重复、上级交办要反馈结果、领导批示的信访来信,编写交办函。交办函可以根据信访来信的情节轻重,分为重要交办函和普通交办函。

(四)转送

转送是指一般、非紧急、初次来信的信访信件转送有关地方、部门办理,主要是通过信访信息系统自动完成转送。

在交办或转送信访来信过程中，如发现流转出错，应由转出机关、单位主动收回，或由承办单位自收到之日起 5 个工作日内提出异议，并详细说明理由，经转送、交办的信访部门或者上级机关、单位核实同意后，交还相关材料；如承办单位发现交办或转送的信访来信在此之前已经受理或正在办理的，允许不按承办时限报结并退回说明，但处理结果要求反馈。

（五）审核结案

承办单位上报的办理报告和信访答复意见书符合《信访工作条例》和相关文件规定的，审核结案；不符合要求的，经办人员报领导审核后，发退办函退回重新办理。

（六）督办

有关机关、单位在办理群众来信中有下列情形的，信访部门要根据《信访工作条例》规定进行督办，并提出相关建议：

（1）无正当理由未按期限办结的；

（2）未按规定报告办理结果的；

（3）未按法定程序办理的；

（4）办理中推诿、敷衍、拖延的；

（5）不执行处理指导意见的；

（6）其他需要督办的信访事项。

（七）特殊信办理

（1）对不予受理、不再受理的来信，第一次给予回复告知，同时将来信转送相关部门，以便存档。

（2）对相关行政机关作出的处理意见不服的来信，可引导告知来信人按

《信访工作条例》有关规定提出复查、复核。

（3）反映重要情况或重大问题，提出重要意见或建议，已报送领导参阅、阅批的群众来信，具备回复条件的，应予回复；此外，来信人情绪比较激动，对一些情况有误解，扬言采取极端行为的来信，除及时请有关部门做好工作外，有的可以直接回复，做好来信人的疏导教育工作；来信要求查询以前来信来访事项办理情况的，原则上应予回复；其他需要回复的，也应回复。

（4）既来电又写信的，选一办理，另一记录存档。

（5）无参考价值、内容不清的来信登记、存档。

（6）对一时难以界定的信访来信，联系相关部门后再作处理。

（7）承办单位申请退回的来信，经办人员应于3个工作日内进行审核。同意退回的，及时指定新的承办单位；不同意退回的，原承办单位继续办理。

五、来信办理工作纪律

办理群众来信的工作人员要遵纪守法、廉洁自律、保守秘密。办理领导批示件应严格控制批示事项的阅知范围，不向无关人员透露信息。与信访事项或者信访人有直接利害关系的，应主动申请回避，不得干扰或擅自处理。

第二节　来电办理

当前，随着现代通信形式多样的发展情况，群众不再单单采用写信、走访等传统信访形式，而是经常借助现代化通信、科技设备来反映情况，表达信访的具体诉求。在新兴的信访渠道中，电话又以其方便快捷、成本低廉、普及率高、处理途径灵活多变等特点被广大人民群众所接受，越来越多的人民群众通过电话的方式向各级党委、政府反映问题。群众来电既是为民排忧解难、即事即办的重要平台，也是广大人民群众反映合理诉求的重要渠道。

一、来电的基本概念

来电是指公民、法人或者其他组织采用电话的方式向有关机关、单位反映情况，提出建议、意见或者投诉请求，依法由有关机关、单位处理的活动。

信访部门应充分利用先进的通信设备，可以开通24小时录音留言举报电话，保证及时广泛地接受人民群众投诉建议，畅通信访渠道，密切同人民群众的联系。相关部门可以将信访电话号码通过媒体等多种形式公之于众，信访人可以拨打信访电话反映问题。"电话信访"的推行，可有效避免群众重复访、越级访、集体访的发生，也可以减轻信访群众的经济负担。

二、办理来电的工作原则

（一）坚持以人民为中心

要坚持全心全意为人民服务的宗旨，牢固树立执政为民的理念，始终把为人民群众办实事、求实效作为信访工作的出发点和落脚点，把人民群众是否满意作为衡量工作的标准。努力做到受理线路畅通，服务态度端正，真心真意为人民群众着想，不敷衍、不扯皮、不推诿、不刁难，维护好最广大人民的根本利益。

（二）坚持首问责任制

首次接听到来电群众相关诉求的工作人员作为首问责任人，对属于本单位受理范围的，应及时转送、交办，并对相关情况进行协调督促，切实做到不推诿、不扯皮；对不属于本单位受理范围的，应将解决途径和相关信息提供给来电群众，并做好解释工作。

（三）坚持公开便民

信访电话要保持线路畅通，确保在岗工作人员数量，保证群众来电能够及时接入。属于受理范围的，应当场准确答复；不能当场答复的，应及时回复。

（四）坚持高效务实

要树立"群众利益无小事"的思想，对时效性强的问题，要急事急办，第一时间积极处理，及早解决；对复杂问题和需要多个部门协调解决的问题，要加大协调督促力度，争取尽早解决；对群众反映的重大问题、突发事件，要积极采取措施处置的同时，及时上报有关领导。

（五）坚持依法分类处理

对群众来电反映的求决类问题，要以当前法律法规和政策规定为依据，凡符合相关规定的，应将其引导到相关法定渠道依法依规解决。

（六）坚持政治纪律和保密纪律

一方面，涉及党和国家秘密的问题坚决不说，凡对解决群众问题不利、影响团结稳定或无关的话坚决不讲，不在非保密载体上记录、传输和存储涉密信息。

另一方面，要对信访群众负责，来电中拒绝透露个人信息或要求保密个人相关信息的，要尊重信访群众意愿。若信访群众反映的问题涉及揭发检举，不得向被反映单位或人员透露相关信息。

三、接听来电回复方式

（一）业务范围外来电

要明确告知信访人原因，可告知对方向有关部门反映，并做好解释工作。对问题重大、时间紧迫的来电，有的可帮助对方与有关部门进行联系，落实对问题的处理；有的可立即向领导报告，请示处理意见。

（二）询问来电

询问机关、单位接待地点的来电，可告知对方；询问有关领导和工作人员手机号码、家庭住址或住宅电话号码的来电，一般不予告诉；询问来信来访处理情况的来电，一般应予告知。

（三）咨询来电

对程序性、政策性问题，可依据有关的法律法规和政策文件等给予必要的解释或答复，或告知对方向有关部门询问；对于内部情况或对外需要保密的信息，不予告知。

（四）申诉来电

申诉类诉求一般需要递交有关的书面材料。因此，信访来电中可告诉对方按照申诉程序，向有关机关、单位写信或走访提出申诉。

四、处理来电基本程序

（一）接听

接听电话人员要严守岗位职责，不得迟到、早退；接听电话时要主动报工号或者单位,接听电话要讲普通话,接听电话过程中要使用规范、礼貌用语,做到热情、耐心。

(二)登记

(1)接听电话人员要按照工作要求,及时登记来电基本情况,确保基本数据准确、完整。要准确无误反映群众心声,不掺杂个人情感。

(2)在信访信息系统中详细登记相关信息,如来电人姓名、性别、地址、联系电话、值班日期、来电时间、主要诉求、处理意见、值班人等。主要诉求和处理意见两项摘要应简明扼要,并区别不同情况有详有略,详略得当。

(3)要对来电内容进行筛选,按照咨询、申诉、检举揭发、求决、意见建议、非本部门受理、无效等类别进行分类。对反映重要情况、提出重要建议意见的、拟上报领导同志或交办、转送的来电,摘要应相对详尽,表达准确到位。

(4)不需要办理的重复来电,《信访工作条例》规定不予受理、不再受理的和内容不清的来电,可作简略登记。

(三)办理

1. 当即答复

对咨询类问题,情况清楚、政策明确的,可依据当前政策给予来电群众明确答复。

2. 转送或交办

对诉求类问题,属于本部门信访受理范围的,转本单位相关业务部门或下级单位处理。

3. 督办

对转送、交办的来电要及时追踪，及时督促检查相关承办单位的办理落实情况。

4. 审核

对承办单位上报的办理情况要依据法律法规、政策规定等进行审核，对不符合要求的，需及时联系承办单位重新办理。

5. 留存

对无实质诉求，反映内容不清楚、不完整的，做留存处理。

（四）反馈

（1）对群众来电信访，按照程序处理后，酌情给当事人以回信，说明有关情况，答复有关问题，告知办理情况。

（2）有关机关、单位能够当场告知的，应当当场告知；不能当场告知的，应当自收到信访事项之日起15日内书面告知信访人，但信访人的姓名（名称）、地址不清的除外。

（3）来电信访办理完毕后，信访工作人员要对与本案相关的询问笔录、现场电话记录、照片、限期办理、书面答复意见、终结报告等一切文字图片资料及时整理，填明案卷目录、归档保存，以备查阅。

第三节　来访办理

来访是指公民、法人和其他组织以走访的形式向国家机关及其工作人员反映情况，提出意见、建议、要求和申诉，对国家机关及其工作人员的违纪违法、失职渎职等行为进行检举和控告，并由有关国家机关负责处理的活动。

一、群众来访类型

（一）个体来访

个体来访是指单个或单户信访人到信访单位进行来访，陈述同一件事。

（二）群体来访

群体来访是指2~4人一同来访，陈述同一件事。

（三）集体来访

集体来访是指5人及以上因同一种情况的来访。集体信访人少则几人，动辄数十人，甚至上百人聚集，外在形式上表现为多人、多访、多信多投。集体来访在体现人多势众特点的同时，也有其产生根源。

（四）越级来访

越级来访是指信访人在走访中，越过依法有权处理的本级和上一级机关，到更高机关走访，提出来访事项的信访行为。有些信访人对党政机关的职责或对反映诉求的渠道不了解，一些问题不知道如何反映、向谁反映，盲目找"清官"、告"御状"。

（五）重信重访

重信重访是信访的一种特殊状态，它是指信访人对信访问题得不到自认为满意的解决而采取连续信访的行为。每一起重信重访，既有其共性特征，又有其个性特点。只有认真分析产生重信重访的原因，才能找准症结，对症下药，从容面对。

二、来访接待原则

在来访接待工作中，要坚持如下原则：
（1）坚持在改革发展中解决人民内部矛盾的原则；
（2）坚持在代表最广大人民群众利益的基础上处理人民内部矛盾的原则；
（3）坚持政治文明的价值取向的原则；
（4）坚持依法和公开、公平、公正的原则；
（5）坚持对引发矛盾和不作为行为实行责任追究的原则。

来访人的行为有异常情况的，接访人员应当对其进行劝阻、批评或者教育；经劝阻、批评或者教育无效，一旦来访人在信访接待场所发生违法行为，接访人员要及时通报公安机关，公安机关应立即出警赶赴现场，依法进行有效处置。

三、群众来访的受理范围

（一）应予受理的情形

（1）根据《信访工作条例》和有关规定，信访人可以向本级机关、单位提出的信访请求；
（2）在法定期限内，未收到办理（复查、复核）意见或办理（复查、复核）意见未落实。

（二）不予受理的情形

（1）已经或依法应当通过诉讼、仲裁、行政复议等法定途径解决的，或属于各级人民代表大会及其常务委员会、人民法院、人民检察院职权范围内的，不予受理，告知信访人通过法定途径反映问题；

（2）应当但未经下级机关、单位受理办理的，告知不予受理；

（3）有权受理机关、单位已经受理且正在办理期限内的，告知不予受理，引导信访人等待处理结果；

（4）对办理（复查）意见不服，无正当理由超出期限未申请复查（复核）的，告知不予受理。

（三）不再受理的情形

（1）对已经复查（复核）办公室出具复查（复核）意见书的，告知不再受理；

（2）对处理（复查）意见不服，且在复查（复核）期限内的，告知不再受理，引导信访人按照规定程序向复查（复核）机关提出复查（复核）申请；

（3）对复查（复核）意见不服，且无新的证据和诉求，不再受理。

四、来访接待程序

（一）登记

（1）来访必登，接访人员要详细听取来访人诉求，耐心做好政策解答和思想疏导，并留意来访大厅信访秩序。使用信访信息系统对信访人自然情况和信访诉求进行详细登记，确保真实全面地反映情况。

（2）登记时应索要信访人有效证件，耐心询问来访缘由，搞清问题性质和责任单位。尽可能记录信访人联系电话，以便承办单位后续处理。对集体来访，应当推选人数不超过5人的代表等候接谈，并登记代表姓名。

（3）对初次来访要进行详细登记，内容摘要要体现何人、何时、何地、何事、何诉求；需进一步接谈的，交值班领导分配接谈室接谈。未经登记，接谈室一律不予接待；重复访要逐件补充登记，填写重复时间、复访人数、重访要求或原因。

（4）登记数据作为信访统计、分析基础，接访登记人员要对数据质量负责，方便后续将来访情况进行统计和数据汇总。

（5）登记数据一经录入，不得随意改动。

（二）接谈

接谈前，如时间允许，接谈人员应先与责任单位沟通情况，了解群众诉求、信访情况、责任单位前期工作情况，以便更好做好接待工作。

（1）接谈人员应当态度热情、语言文明，认真听取信访人的陈诉，了解诉求内容，如实记录，耐心解答相关政策，引导信访人依照法定程序解决信访问题。不要草率答复，同时做好思想疏导工作。对有过激言行的信访人要进行教育疏导，无效的要及时交公安机关处理。

（2）接谈人员通过接谈进一步确定来访的受理范围和解决途径，提出办理方式意见，及时转送有关部门。对重要、紧急问题要立即向本部门或上级领导和部门报告，并与有关部门及时沟通。

（3）接谈时要认真填写接谈记录，签署接谈人姓名，记录单要留存。需要立案时，接谈记录随立案审批单供有关领导查阅，结案后一并归档。

（4）接谈记录要求字迹清晰、工整，内容清楚、扼要，来访诉求和处置意见明确。接谈记录要写清信访人反映问题的主要情节及要求，以往的信访过程和处理情况，越级访或重复访的原因，来访人的异常、过激言行等。

（三）确定办理方式

来访事项的办理方式由接谈人员依据接谈情况确定，分为解释、受理、转送、报送信息等。

（1）解释。解释是指对信访人提出政策、法规咨询要求所做的处理，包括对信访人的思想疏导教育或法律知识的宣传讲解。

（2）受理。受理是指符合受理权限，应由本单位直接办理的信访事项，当时不能确定的要在15日内告知信访人是否受理。

（3）转送。转送是指对信访人提出的，应由依法有权作出处理决定的有关部门办理的信访事项，而信访人坚持到上级走访的，利用"来访信件转送单"介绍信访人到指定部门或单位去提出。

（4）报送信息。报送信息是指对重大信访信息，如带有普遍性、倾向性、危险性的热点、难点、焦点问题的来访，知名人士、专家及境外人士来访反映的重要问题等，要编写"情况反映""信访信息"或"信访快报""领导专报"等，经主管领导审签后制发报送。

（四）告知

（1）有关机关、单位能够当场告知的，应当当场书面告知；不能当场告知的，应当自收到信访事项之日起15日内书面告知信访人，但信访人的姓名（名称）、住址不清的除外。

（2）书面告知适用于首次来访，由接谈人员填写并向信访人转交告知书。重复访或不接受告知处理的，不再出具告知书。

（3）告知书以特定信件为内容，是引导信访人依法求决的重要方式，告知内容的选择要准确、慎重，充分体现对信访人的负责精神和服务意识。

（4）不予受理告知书有以下几种情形：需要人民代表大会机关、人民法院、人民检察院、行政复议机关、仲裁机构办理的，或者通过诉讼渠道解决应当直接向有关行政主管部门提出的信件，需出具不予受理告知书。

（5）对经过办理、复查、复核三级审理宣布终结的，要出具不再受理告知书。

五、特殊来访的处理

（一）特殊来访的处理原则

（1）属于本级机关职责范围需要处理的问题，要向信访人说明由本级处理，经本级机关分管信访工作的领导同意，转本机关有关部门处理。

（2）需转下级机关或其他有关单位处理的，接谈后分别向有关单位转办。

（3）来访反映的重要问题，摘报后送分管领导阅示，按领导批示意见办理。

（4）信访人反映的问题比较紧迫，需要及时作出处理，应在请示分管领导后，通过电话或其他形式向有关单位初步了解情况，尽快处理。

（5）对重复来访和结案后又来访的信访人，应尽量由原承办人接谈。确有新的问题，原承办部门应予以复议或查处。无正当理由的，要做好耐心细致的思想教育工作。

（6）对信访人向本级机关提出的批评意见，应本着"有则改之，无则加勉"的原则，虚心汲取，借以改进工作。

（二）异常情况处置

信访人的行为有下列情形之一的，将会依法对相关人员进行处置：

（1）在机关、单位办公场所周围、公共场所非法聚集，围堵或冲击机关、单位，拦截公务车辆，或者堵塞、阻断交通；

（2）携带危险物品、管制器具；

（3）侮辱、殴打、威胁机关、单位工作人员，非法限制他人人身自由，或者毁坏财物；

（4）在信访接待场所滞留、滋事，或者将生活不能自理的人弃留在信访接待场所；

（5）煽动、串联、胁迫、以财物诱使、幕后操纵他人信访，或者以信访为名借机敛财；

（6）其他扰乱公共秩序、妨害国家和公共安全的行为。

（三）信访人患病情况的处置

如果信访人患病，应做如下处理：

（1）信访人在信访接待过程中患病需紧急救治的，应迅速通知医务人员到场进行救治，必要时拨打120送附近医院抢救；

（2）信访人患有恶性传染病的，应迅速通知卫生部门或疾病预防控制中心处置。

以上两项处置费用原则上由信访人或当地有关部门支付。

（四）精神异常访的处置

在接谈过程中，如发现精神异常的信访人，应及时与所在社区、单位或监护人联系，尽可能劝其离开或带离现场。个别无理纠缠的，交由公安机关带离。

第四节　网　上　信　访

一、网上信访的概念及其功能

（一）网上信访的概念

网上信访是指公民、法人或者其他组织通过各级机关、单位的指定网络平台反映情况、提出建议意见或投诉请求的活动。网络信访中心网站是各级党委、政府密切联系群众的桥梁，是集中民智、促进科学民主决策、妥善解决群众诉求、快速化解矛盾纠纷的重要渠道，也是各级党委、政府与人民群众和社会沟通互动的新平台。

（二）网上信访的功能

网络信访中心网站由领导信箱、人民建议征集、投诉中心信箱、在线接待四个板块组成，具有受理、查询、信息公开、网上测评等功能。

信访网站需要本着"公开透明、群众自愿"等原则，信访人如对所反映信件选择"愿意公开"，信访网站将对信访信件的办理进展情况及答复意见适时进行公布，并选择部分典型案例公开，接受评议和监督。

开通网上信访是《中共中央　国务院关于进一步加强新时期信访工作的意见》明确规定的畅通信访渠道、方便群众表达诉求的一种有效渠道。近年来，各地区、各部门在开通网上信访方面进行了积极有益的探索，取得了明显成效。

因此，开通网上信访渠道意义深远，主要包括以下四个方面：

（1）开展网上信访工作是进一步拓宽信访渠道，搭建党委、政府与群众沟通新平台的有效方式；

（2）开展网上信访工作是及时妥善解决群众诉求，快速化解矛盾纠纷的创新举措；

（3）开展网上信访工作是集中民智，促进科学民主决策的重要渠道；

（4）开展网上信访工作是运用现代科技手段和信息化技术，对现有信访工作方式方法的创新。

二、网上信访的受理范围

（1）网络信访中心网站受理公民、法人或者其他组织反映的情况、提出的意见建议或者投诉请求。根据《信访工作条例》的有关规定，对依法应当通过诉讼、仲裁、行政复议、信息公开等法定途径解决的投诉请求，应依照有关法律、行政法规规定的程序向有关机关提出。重大举报、复查复核类来信，可用书面形式邮寄至主管信访部门的党委、政府信访办公室。对网上答复意见不满，可要求办理部门提供书面答复意见书，并可按照《信访工作条例》的规定，凭书面答复意见书向上一级行政机关申请复查。

（2）对平等民事主体之间的民事、经济纠纷，应当按有关法律的规定，通过司法程序解决。

（3）信访人可根据注册信息查询相关问题的处理情况，特殊情况例外。网上查询只针对上网的承办单位，其他仍由承办单位答复信访人。

三、网上信访的操作流程

（一）注册

在各级政务门户网站设置信访相关栏目，引导群众通过信息网络反映诉求。信访人首次信访前，应引导其进入"注册登记"页面，按系统提示注册。注册一般需要提供身份证号、手机号码等个人信息。

（二）登录

信访人在网络信访中心网站首页登录用户名、密码、验证码后即可进入网上信访受理（投诉）中心页面。

（三）提交

信访人登录后，即可提交信访信件，必须填写的信息包括信访目的、标题、内容、是否愿意公开、验证码等。

（四）查询

信访人提交信访信件后，可以根据所注册的用户名及密码等信息，查询信访信件的办理进程及答复意见。

四、网上信访办理程序

（1）网上信访办理人员要认真阅读和分析信访事项的具体内容，有权处理机关或单位要认真办理信访事项，根据具体情况分别采取留存、不予受理、不再受理、自办等方式处理。

（2）信访事项应当在60日之内办结；情况复杂的，经本机关或单位负责人批准后，可适当延长办理期限（最长不超过30日），并告知信访人延期理由。

（3）对信访事项应当向信访人进行答复的，由有权处理机关或单位根据信访事项的具体内容和信访人的实际情况，经本机关或单位负责人审核后答复信访人。

五、网上信访的注意事项

（1）为了提高办理质量和效率，每个邮件集中反映一个问题，如需反映多个问题，应引导信访人分别提交；

（2）为了防止网络病毒以及黑客的侵袭，信件采用页面提交方式，不接受附件发送；

（3）信访人须遵守我国各项法律法规和政策规定，不得发表含有侮辱、猥亵、色情、人身攻击及反动内容的言论；

（4）为便于有关部门反馈处理情况，征求意见，信访人应如实填写姓名和联系方式，信访网站将会对信访人的个人信息严格保密，依法保护信访人的权利；

（5）信访人需要妥善保管用户名和密码，否则无法查询信件回复，密码丢失可使用忘记密码功能查询。

第五节 集体信访办理

当前，我国正处在大变革、大发展时期，随着经济社会各项事业的进一步发展，一些深层次的矛盾和问题也随之凸现：经济发展和社会利益分配的不均衡，使得利益冲突明显加剧；受经济发展水平和政策的影响，各类社会群体的不同利益诉求难以得到完全满足，不断产生新的矛盾和问题。应该说，这些问题都是在发展中产生的问题，随着各项改革的深化和市场经济体制的完善，都可以得到逐步解决。

应该看到，随着法治社会的建立，绝大多数信访群众是懂政策、讲道理的。只要我们的工作对路，群众是可以理解、可以等待的。要坚持标本兼治，既要妥善解决现实问题,又要注意从政策措施上查找问题。在制定出台新的政策措施时,一定要把改革的力度、发展的速度和群众可承受的程度统一起来,充分考虑各方利益关系,防止因决策不当引发新的矛盾,损害人民群众的根本利益。问题处理结束后,还应当总结经验教训,做好跟踪回访,检查问题的解决是否落实,群众是否满意。要力争把问题解决在基层,解决在萌芽状态。

一、集体信访的成因

越级信访、重复信访、集体信访不断发生的根本原因在于群众反映的问题没有得到及时有效的解决。各级党委、政府和信访部门,应充分发挥我们党思想政治工作的优势,把工作做深做透做细,想群众之所想,急群众之所急。遇事先想想:群众为什么会这样?假如我是个信访人该如何?如果信访人中有自己的父母姐妹该如何对待?真正把群众的冷暖放在心上。

要认真落实和完善各项政策措施,中央、省(区、市)有明确规定的,要不折不扣地贯彻执行;没有明确政策规定的,要深入调查研究,结合当地实际努力完善政策规定,从而使问题解决得有理有据。对群众要求合理但由于客观条件限制一时解决不了的问题,要设身处地地为他们着想,耐心细致地做好思想政治工作,并积极创造条件,争取问题早日得到解决。

集体信访的形成有渐进式过程,分为启动、受阻合成、最终形成和转化四个阶段。

(一)启动阶段

集体信访的原动力是有关规定或政策侵犯、伤害了较大范围群众的利益,或者群众对有关规定或政策不理解、不支持,认为有关规定或政策对其利益有伤害,群众持有异议又得不到合理答复和满意解决,从而产生信访的念头。

因此，预防集体信访事件的发生，主要在于防止侵害群众利益事件的出现。

（二）受阻合成阶段

当有侵害较大范围群众利益的事件发生后，未得到满意答复，易造成个别起事者的首次信访。因信访未及时解决问题，受到阻力，就产生了越级信访和多头信访。同时，这种信访的情绪也会通过不同方式传染给他人，从而带动他人的信访。当一件件信访问题遇到阻力得不到解决时，就在众多单独信访人中形成一个共同的目标即解决问题，产生了集体信访的合力。阻力越大，合成的速度越快，产生信访的合力就越大。因此，在处理每一起来访时，我们都要积极迅速，保证信访渠道的畅通。

（三）最终形成阶段

众多单独信访因受阻而使单独信访人逐渐形成集体信访这一共识，并在情绪感染、思想交流的基础上形成了自然的核心人物，再经核心人物组织、策划、运作，最终形成了集体信访。集体信访爆发的快慢缓急与所反映事件和群众利益的密切关联程度有关，与所涉利益在群众生活和心目中的重要性有关，也与受阻拖延时间长短有关。当一件事涉及群众的重大利益，威胁群众的基本生活，而群众又受到信访工作者的冷漠生硬对待时，集体信访就可能迅速地爆发。因此，在处理信访事件时，对涉及较多群众重大利益的信访，一定要及时、稳妥、谨慎处理，并密切关注集体信访动态。

（四）转化阶段

集体信访产生后，不同的处理方式就会产生不同效果，导致集体信访向两个方向转化，一个是良性转化，一个是恶性转化。良性转化就是集体信访得到妥善解决，群众的利益得到最大限度保证，集体信访人自然自行解散，整个事态又恢复到有序规则状态。恶性转化就是集体信访未得到妥善解决，群众对本级处理部门的信任感削弱，出现越级信访、多头信访，甚至上街游行、示威，给社会带来动荡不安因素，影响社会的正常运转秩序。因此接待集体信访一定要有高度的政治敏锐性、责任感，努力控制集体信访的转化方向，促进集体信访向良性转化。

二、处理好集体信访的原则和方式方法

（一）处理集体信访应坚持的原则

由人民内部矛盾引发的群体事件，已经成为当前社会经济生活的一个突出矛盾。在信访工作中处理集体信访应坚持以下四条原则：

（1）坚持在改革发展中解决人民内部矛盾的原则；

（2）坚持治标和治本相结合的原则；

（3）坚持政策的原则性和方法的灵活性相结合的原则；

（4）坚持分级负责与协同配合相结合的原则。

（二）处理集体信访的方式方法

此外，在遵循处理集体信访原则的同时，要特别注意处理好集体信访的方式方法，主要包括以下三个方面：

1. 要坚持耐心说服，积极疏导为主

信访接待首先要解决的是信访人个人思想问题。集体信访是人民群众集体对本级党委、政府的信访事件处理结果不能接受和理解，而到上级有关部门反映问题，讨说法的行动。从信访情况分析，绝大部分信访人出发点是好的，也有少数信访人为实现个人私利，捏造歪曲事实。从信访反映的情况真

伪来看，反映的问题大部分是真实可靠的，不少信访人反映的问题揭露了一些政府和领导干部不按政策办事，以权谋私等腐败问题。因此对人民群众的集体信访，一不能歧视，二不能推诿，而要热情地接待，并按不同的信访内容区别对待，做到心中有数，有的放矢。

2. 要分清管辖，分级负责，归口管理

首先，通过公示证据、公开咨询、公开辩论等，可以把信访人置于社会监督之下，通过摆事实、说道理、讲法律，使信访人心悦诚服地接受调查结果。其次，对不属于本级或本单位管辖的集体信访，要协调联系，移送办理；涉及多方面问题的集体信访要积极引线搭桥，协调联系，与有关部门商谈一道解决。同时，对重、特大的集体信访要急事急办。接待这类集体信访要先稳住人心，摸清底数，并及时向部门领导、主管领导请示报告，通过有关部门及时处理或者移送有关部门办理，做到善始善终，跟紧督办，必要时还可协调有关部门下访、回访。

3. 要落实首办责任制，把问题解决在首办环节

要坚持信访工作"谁主管、谁负责，谁办理、谁答复"的工作原则，牢固树立"依法息诉"的观念。各职能部门要真抓实干，努力把人民群众提出的合理要求解决好。要有承诺，更要有行动，干净利索办事，把问题解决在首办责任单位或部门。

三、大规模集体信访的处置

（一）处置大规模集体信访的总原则

处置大规模集体信访的总原则是：坚持实事求是，疏导教育群众，认真查清事实，妥善处理问题，把群众稳定在基层，把问题解决在基层。基本要求是：领导重视，各方配合，主动热情接待，认真听取意见，深入调查研究，

尊重客观事实，依据法律法规和政策规定处理问题。

（二）接待大规模集体信访的工作程序

发生大规模集体信访，应按下列程序进行接待：

（1）接待人员首先要稳定信访人的情绪，并安排好场地。

（2）接待人数较多的集体信访，应立即向分管领导或主要领导报告。根据群众所反映问题的处理难度，及时通知相关部门，并要求派人赶到现场参加接待与处置。

（3）确定接待方案。明确接待时间、地点、单位和相关领导，并及时通知和衔接到位。

（4）要求信访群众推选代表，代表人数不得超过5人，填写好登记表。

（5）组织接谈。一般先由信访群众反映信访事项，然后由职能部门解答问题。如果所涉有关部门的主要负责人参加接谈，接谈负责人要表明态度，最后由参加会议的相关领导发表意见。

（6）对集体信访反映的问题要作详细记录，有必要时应予录音。对有一定规模、造成一定影响的集体信访，要向部门主要领导或主管、联系信访的领导写出处理报告或接访报告。

（7）属于有关部门的分工和职责范围内的问题，分流到有关部门接待处理。

（8）在接待过程中，要注意观察信访群众的一切变化，包括活动、要求、情绪等所有动态情况。如有异常情况，及时逐级向领导报告，多做信访群众的思想工作，避免矛盾激化。

（9）接待完毕后，要把接待情况通报给信访群众，做好群众工作，并督促他们及时返回当地，防止出现场面失控和在机关滞留情况。

第二章

信访其他业务

在我国，一般情况下，除民主党派外，各级党的机关、行政机关、人大机关、政协机关、监察机关、审判机关、检察机关，以及群团组织、国有企事业单位等都设有专职或兼职信访工作机构，配有专职或兼职信访工作人员，部分媒体和特定社会团体也具备类似信访调解职能。因此，我们在了解信访主要业务的基础上，必须了解信访其他业务的具体内容。

信访其他业务包括信访信息工作、信访矛盾调解工作、领导接访约访下访工作、信访礼仪规范等内容。信访其他业务一般分为四类，即申诉求决类、涉法涉诉类、检举控告类、意见建议类。可见，虽然信访活动是人民监督政府依法行政，保障权力不腐化的一种权利，但是如果不依照相关政策法律法规进行，不仅无法行使权利，还很可能会面临刑事处罚。

因此，信访业务无小事，做好信访工作必须注重信访其他业务。

第一节　信访信息工作

信访信息是通过信访的形式反映社会政治、经济、文化等各方面事物运动变化状态，它直接来源于人民群众，可以使各级党委、政府及其领导直接了解人民群众的所思所想，了解到公共政策的执行情况和实施效果，是一种不可替代的信息资源。

一、信访信息的特点

（一）信访信息的时效和质量

1. 时效

要求信访信息在加工和传递方面做到迅速、及时，这是衡量时效的标准。

2. 质量

信访信息质量如何，主要看信息有无决策价值和使用价值。

（二）如何实现时效和质量

（1）高素质的信访干部队伍是前提；

（2）丰富的信息来源是基础；

（3）把握好"筛选、加工、传递"三个环节是关键；

（4）完善配套措施是保证。

二、信访信息工作概述

（一）信访信息工作

信访信息工作是指信访机构或有权处理信访的工作部门，对群众来信来访、举报电话、网上信访中反映的大量、分散、不系统的信息资料和获得的信息，进行准确认真地筛选、细致地加工、迅速地传递等各项工作的总称。

（二）信访信息工作的内容

信访信息工作内容主要包括以下几个方面：
（1）重要信访信息的筛选和加工；
（2）畅通和拓宽渠道，全方位地收集信息；
（3）围绕中心工作，精心筛选信息；
（4）提供信访信息要在新、真、准、深、精上下功夫；
（5）综合分析，严密加工。

（三）信访信息综合的形式

信访信息的综合有以下几种形式：
（1）按时间划分，有月度、季度、年度综合，还有针对一些特定时间的综合，经常使用的是季度和年度综合；
（2）按地域、条块划分，有某一地区、部门、系统、单位的信访情况综合；
（3）按问题的社会影响划分，有苗头性问题、倾向性问题、社会热点问题、重大违纪违法问题等。

三、信访信息的鉴别、整理与利用

（一）信访信息的鉴别与整理

1. 信访信息的鉴别

鉴别信访信息，就是对获得的原始资料进行内容上的评价和核实，对材料进行筛选和取舍。鉴别信访信息必须注意两点：一是信访信息的真伪。因为信访信息资料不一定完全真实，特别是信访人通常只反映对自身有利的信访信息，甚至有的信访信息本身就是虚假的。二是要对信访信息的性质进行科学评判。即必须弄清信访信息是偶然还是必然、是个别还是一般、是现象还是本质、是主流还是支流。要结合各方面的信访信息资料，对信访信息进行综合思考和比较分析，不要被局部或表面现象所迷惑。

2. 信访信息的整理

信访信息的整理，就是将所获取的信访信息资料分门别类地加以归纳，使原来分散的、无系统的信访信息资料，变得能说明事物过程或整体，还原事实原貌，论证其道理并显示其变化轨迹和规律。

我们在实际工作中，一般分为以下四步：

第一步是分类。将内容、性质和特征相同或相近的信访信息资料合为一类，按一定的标准将有关信访信息资料分成不同的组别，然后按分类标准，将总体信访信息资料加以划分，构成系列。

第二步是数据化处理。把分类后的信访信息资料输入电脑，使之成为能反映信访人客观情况的完整材料，并能方便检索。

第三步是分析。即对所掌握的信访信息资料进行分析，找出共性，构成同一类别的信访信息框架。

第四步是整理和报告。将通过甄别和初查后的信访信息资料，整理成文，报有关领导和部门阅处。

（二）信访信息的利用

（1）在实际工作中，信访人提供的信访信息大多不完整，需要信访工作者进行认真鉴别和分析。其中，有效信访信息更需要靠高度的责任心和敏锐性去发现和挖掘。

（2）信访部门提供的信访信息，可以为领导决策或者部门制定政策提供依据，同时行政机关要通过信访信息查找自身工作的不足，以便把执政为民落到实处。

四、信访信息的作用

信访信息为加强党风廉政建设和经济社会发展提供大量有价值的重要信息，有效维护社会的稳定，促进各项改革的深化。信访信息的作用主要包括以下四个方面：

（1）通过及时提供的信访信息，纠正或制止了某一方面或某一地方部门带有倾向性的问题；

（2）通过及时提供的信访信息，及早发现突发性事件，并为立即采取防范措施化解矛盾，将问题解决在基层创造条件；

（3）通过及时提供的信访信息，可促使一些严重的违纪违法问题尽早揭露出来，及时得到查处；

（4）通过及时提供的信访信息，使反映涉及人民群众切身利益的问题得到妥善解决。

五、信访信息的质量管理

（一）要进一步拓展信访渠道

加强《信访工作条例》和有关信访工作规定的宣传，扩大信访信息来源，畅通人民群众的信访渠道。在一线为人民群众服务的信访部门，更要反映人民群众的意愿，维护人民群众的根本利益。因此，我们要努力提高信访接待质量，从人民群众的来信、来电等渠道摄取信访信息，挖掘信访信息，加强信访信息收集、分析和利用。

（二）要完善相关制度

认清信访工作自身的特点，围绕"反映、服务、督察、教育、维稳"五个功能，以信访信息为主要平台，完善相关制度和措施，扎扎实实做好信访工作。

（三）要完善信访信息系统建设

完善信访信息系统建设，强化数据库功能，推进信访信息资源共享。县级以上地方人民政府，应当利用现有政务信息网络资源，建立或者确定本行政区域信访信息系统，并与上级人民政府、有关部门以及下级人民政府的信访信息系统实现互联互通。信访信息系统要抓住时机，借助计算机网络建设与各区、县（市）构建大信访和大信息网络，实现信访信息资源共享，避免信息重复、信息失真、资源浪费等现象发生。

（四）要强化信访信息报告、报送，多渠道服务

定期提供梳理分析后的信访信息，加强信访信息的传递，扩大信访信息

发放范围，通过请信访工作人员阅看信访资料、信访信息、信访数据库或向信访工作人员提供信息目录等方式，拓宽信访信息服务渠道。

总体而言，我们拥有巨大的信访信息资源，但对于合理利用却关注甚少。因此，加大信访信息有效利用的研究力度，对提高信访干部整合民意社情信息，协助权力机关履行职权，从而提高信访工作水平具有深远意义。

六、信访信息工作的治理内容与方式

（一）我国党政机关信息工作机构的设置模式

我国党政机关信息工作机构的设置主要有以下几种模式：

（1）在机关综合办公部门（办公厅、室）设置信息处（室）、综合处（室）专司其职，统一负责机关的信息工作，并在机关内设各部门指定兼职信息员；

（2）在机关综合办公部门和其他内设部门分设两级信息工作单位（或只配置专、兼职人员），分别负责综合性和专业性的信息工作，内设部门的信息工作受机关综合治理部门和专业系统上级信息工作机构的指导；

（3）规模小的单位，不设专门机构，只在综合办公机构和其他内设部门指定若干信息员，信息工作由综合办公机构负责人直接领导。

（二）信访信息工作的要求

1. 求实的要求

信访信息要客观真实，凭事实说话，坚决反对没有依据的凭空夸大、哗众取宠。这是最基本的原则。

2. 求速的要求

信访信息报送要快速及时，否则就失去了时效性，甚至会影响领导决策。

对领导关注的重大事件和重要情况，要做到快发现、快收集、快上报；对各种突发事件和紧急情况，要力求早发现、早收集、早上报；对于带有倾向性、苗头性的问题要超前预测，提前介入，提高信访信息报送的时效性。

3. 求新的要求

信访信息编辑要视角新颖、思路开阔，善于从不同角度去反映事实，善于把握其本质内涵去挖掘潜质。

4. 求简的要求

信访信息要短小精悍、言简意赅，为领导减少负担，提高领导工作效率，反对长而不实的信访信息。

5. 求好的要求

要按照"领导需要知道的"和"需要领导知道的"工作思路，注重信访信息效果，体现在是否反映企业改革发展的重大变化、存在的突出问题，是否有利于领导决策和推动各项工作。

（三）信访信息资源的共享

对数据库、信息库的建设进行规划，确立其构成规则、运行规则和使用规则，最大限度地实现信访信息共享。

第二节　信访矛盾调解工作

一、信访矛盾调解的原则

当前社会的信访矛盾多种多样，信访工作者调解信访矛盾的方法也千变万化，不可能存在一个公式化的调解模式。但是，调解信访矛盾也有一些共同适用的基本原则,掌握这些基本原则,对于做好信访矛盾的调解工作具有积极的指导意义。

(一)善于做到法治与德治相结合

调解信访矛盾既要坚持依法调解,又要贯彻以德感化、以情感人,道德教化具有弃恶扬善的无形力量。很多情况下,道德伦理教育更容易使当事人心悦诚服地接受调解意见,可以减少其抵触心理,主动履行义务,因为感情因素在这类信访矛盾中起着决定作用。

法律的局限性以及民事行为和道德规范的广泛性,决定了在调解信访矛盾时,要重视社会主义道德教育。我们知道,民事行为的特点是:法律没有明确规定禁止的,人人都可以为之,都是合法行为。因此,民事行为的范围非常广泛。同时,法律只调整人们最基本的行为规范,绝大部分的民事行为都没有现成的法律条款来规范;此外,道德规范不仅调整人们的行为,而且调整人们的思想意识、道德规范的范围十分广泛。因此,在调解矛盾纠纷时,我们既要重视依法调解,更要重视依靠道德规范,依靠社会舆论,依靠人的良知,用基本的道德观念去规劝、疏导、教育和挽救。

(二)善于动员多种力量参与协助调解

人们生活在复杂的人际关系之中,受到周围各种力量的影响,许多情况下,信访矛盾的发生和解决,并不是一个人能办到的。因此在调解的时候,要善于调动影响信访矛盾和当事人的外部因素,取得当事人亲友和社会力量的支持和帮助。

信访矛盾的主体多元化、性质多样化和内容复杂化,决定了调解信访矛盾是一个系统工程,应当建立"大调解"的工作格局,由全社会共同参与、相互配合、联合调解。实践中的普遍做法是:对于重大疑难的信访矛盾,应主动取得当事人单位、行业协会和当事人居住地的基层组织的支持；对于一些比较难解决、有现实危险的信访矛盾，应主动与公安部门联系。

（三）善于做到换位思考

换位思考的方法运用，会让当事人认为信访工作者考虑问题全面，处事公正，是从他们的利益出发，从而消除对信访工作者的抗拒心理，能够听进合理的建议，便于调解工作的顺利进行。

正确的做法是，信访工作者首先要站在当事人的角度考虑问题，可以和当事人拉"家常"、聊风俗、讲情理。面对加害方当事人，信访工作者要指出：信访矛盾引发的群体性事件，对社会造成危害，政府部门是要处理的。处理方式有很多种，以什么方式处理，主要由双方当事人决定——即根据信访矛盾发展演变情况决定。在信访矛盾刚发生时，作为民事案件，允许当事人自由处分其权利义务，友好协商达成协议。有些信访矛盾当事人不能协议解决，案件可能转化为行政案件或者轻微的刑事案件，此时，如果是情节显著轻微、危害不大，加害方当事人认错态度好，取得受害方当事人的谅解，政府部门可以依法不予追究他们的法律责任。但是，如果态度恶劣，情节严重，危害大、影响坏，案件转化为严重的行政案件或者刑事案件，则要承担行政处罚甚至刑事责任。面对受害方当事人，信访工作者应当表示对他们的同情和支持，为他们依法主持公道，引导、教育他们接受调解。在提出调解方案时，要分别站在当事人的立场，设身处地、将心比心地去思考，要考虑对方是否接受。这样，经过反复细致的思想疏导，双方互谅互让，大部分的信访矛盾都能达成共识而解决。

（四）讲究语言艺术

专业的信访工作者在进行调解时，善于将大道理同当事人的现实生活联系起来，转化为贴近实际生活的小道理；信访工作者和当事人倾心交谈时，情真意切，和风细雨，富有人情味，在潜移默化中，当事人受到了教育，接受了信访工作者的建议，信访矛盾得到化解也就顺理成章了。与此相反，有些信访工作者行事简单粗暴、空泛说教、平淡枯燥，当事人越听越反感，甚至有的信访工作者言语伤害了当事人，遭到当事人的围攻。

讲究语言艺术，是做好信访矛盾调解工作的关键。讲究语言艺术的方式方法有很多，表扬激励当事人是常被信访工作者运用的一种。通过表扬鼓励当事人，当事人会感觉到信访工作者理解自己，减轻了对信访工作者的生疏感，缩短了信访工作者与当事人的距离，为调解成功打下良好基础。

在批评当事人时要多用间接委婉、含蓄的方法，做到"点到即止"，即使在调解过程中发现当事人的错误行为和错误思想，也要寻找适当的时机，在适当的场合提出，做到既能纠正当事人的错误，又能保护当事人的自尊心，消除他们的对抗心理，有效地避免纠缠不清、伤害感情、贻误工作等问题的发生。诙谐风趣的语言在调解信访矛盾中往往能起到意想不到的作用。

二、信访矛盾调解方法

（一）化解信访矛盾"点字经"

1. 慎对"敏感点"

要多讲法律和党的政策来消除群众的逆反心理和"恐惧感"，严禁使用"下岗""待岗""罚款""请法院来强制执行"等刺耳的词语恐吓群众。

2. 校正"失衡点"

要深入基层，找到容易诱发群众心理失衡的原因所在，找重点、抓难点，加强正面引导，及时调整好群众思想情绪，把矛盾和问题解决在萌芽状态。

3. 扑灭"易燃点"

在土地承包、村务管理、征地拆迁、企业改制过程中，若耐心细致的思想政治工作跟不上，极易造成部分群众的抵触情绪或消极心态。要正确宣传易造成"易燃点"有关的法律法规和政策规定，帮助群众转变思想观念，理顺情绪，消除"助燃"因素，扑灭"易燃点"。

4. 控制"爆发点"

在部分群众利益受损较大的事件中，如城市居民楼拆迁、重大工程建设征地补偿等，群众如果带有抵触、反对情绪，可能会发展成集体信访、群体"闹事"的"爆发点"。要做好关键人物的重点工作；抓阶段调解，防止事态扩大；按照"宜舒不宜激、宜解不宜聚、宜教不宜压"的原则做好调处工作。

5. 激活"兴奋点"

要做好政务、村务、厂务、校务公开，增强透明度，让群众畅所欲言，有表达意愿的机会，切实帮助群众解决实际困难，从而达到凝聚人心的目的。

6. 扩大"闪光点"

要善于发现、培养、弘扬群众中的先进典型，用群众身边的先进事迹、先进人物教育群众。要善于发现和及时表扬先进群众的"闪光点"，促进他们的思想转变。

（二）调解工作"七步技巧"方法

1. 褒扬激励法

对调解对象先讲出其优点和长处，而后再指出问题，使当事人愿意接受。

2. 冷热结合法

对当事人为了面子或报复引发的矛盾纠纷，要用时间差给当事人一个理智的思考空间，然后一有机会就见缝插针地果断平息矛盾纠纷。

3. 唤起旧情法

对婚姻、家庭纠纷，以挖掘旧情的方式平息当事人的矛盾纠纷，帮助他们重新找回亲情。

4. 模糊处理法

对受害方当事人要求加害方当事人直接或当众道歉，往往很难奏效，可采用其他方式委婉进行。

5. 单独谈话法

对涉及个人隐私、商业秘密等不宜被外人知道的矛盾纠纷，信访工作者要安排当事人分别谈话，了解实情后再进行调解。

6. 分清责任法

在调解中要准确指出双方当事人的过错，使他们认清自己在矛盾纠纷中应当承担的责任，增加调解成功率。

7. 舆论震慑法

对于那些违反民约和社会道德引起的矛盾纠纷，要尽量扩大公开调解的范围，借助社会舆论促使当事人知耻知错、自省自纠。

（三）调解矛盾的注意事项

（1）信访工作者调解矛盾时，首先应取得当事人的信任。要让当事人相信你是善意的，是以关心、爱护他们为出发点的，必须经过感情上的交流，以引起其心灵上的震撼，从而对你产生感激、爱戴和依赖之情。在此基础上信访工作者就可以大胆地摆事实、讲道理，以理服人，做到情理相通。

（2）认真分析案情，深入案情。对有些当事人仅仅通过口头说服教育效果并不明显。在不涉及第三人隐私和秘密的前提下，向当事人举例介绍已经结案的类似案例，并对案例进行认真的剖析，让当事人了解如果不接受调解而采取诉讼可能产生的结果，以及如果诉讼需要的人力、物力的消耗，促使当事人选择对自己最有利的方式达成协议。

（3）对不太复杂的信访矛盾，要直奔主题，在询问、调查情况告一段落，对信访矛盾有明确认识后，即把当事人召集一起，当面锣、对面鼓地把矛盾揭开，当场解决。

（4）对于当事人之间情绪比较对立、调解基础较差的信访矛盾，可以将一方的调解意见单独传达给对方，进行讲法律、说道理，并听取当事人意见，了解当事人真正的意图，掌握当事人心态。

（5）在调解信访矛盾时机尚不成熟时，可缓和处理。先把矛盾双方当事人的情绪安定下来，然后再择机处理。当然，缓和处理不是把矛盾撇开不管、坐等结果，而是积极创造条件推动时机的到来。但这必须是矛盾已经处在比较稳定的状态，暂缓处理不会出现更大问题。

（6）尊重双方当事人。通过调解协商，引导矛盾的双方当事人各自退让一步，达成彼此可以接受的协议。这种调解方法的关键是要找到协调矛盾双方的适度点。所谓适度点就是双方可以接受调解的基本要求。

（7）在对信访矛盾和当事人的真实意图明了之后，根据具体信访矛盾，提供几套不同的调解方案，供当事人自己选择。当事人限于文化水平和法律知识等因素，无法提出更好的维护自身权益的调解方法时，关键是要在公平、公正的前提下进行。此外，在当事人意见分歧较大的案件中，应结合信访矛盾，提出更可行更易于为双方当事人所接受的方案。

（8）调解不应有次数的限制，在当事人提出初步调解意见后，如果分歧较大，可以给当事人必要的考虑和咨询时间后，再次进行调解，调解时要从当事人的角度做耐心细致的说服工作。在有可能的情况下，尽力为当事人解决一些实际问题。

三、信访矛盾调解技巧

(一)"听、授、集、告、正"五字法

1. 听

即倾听,做一个细心、耐心的倾听者。当事人是倾诉者,让当事人说够、说足、说透。对两种类型的当事人要善于倾听:一种是哭诉型当事人,这种类型当事人心里有很多委屈,需要向我们倾吐,一吐为快;另一种是情绪暴躁型当事人,要轻声细语将他们安抚下来,待他们平静之后,再开始倾听其诉说。在倾听时,要注意当事人说话的声调、动作、语言,还要注意自己的倾听姿势和对当事人间歇性提问等。

2. 授

即传授,做一个合格的传授者。信访矛盾中当事人有许多疑问、许多困惑、许多困难需要我们解答和解决,在接待时,应根据他们提出的具体问题予以解释,做一个合格的法、理、情传授者。所谓合格,就是不仅自己要有较丰富的生活阅历、工作经历和法律运用能力,还要有极强的语言表达能力和语言威慑力。生活阅历、工作经历是经历各种各样的问题和矛盾纠纷后,可以前瞻性地思考各种可能发生的矛盾。法律运用能力是自己对法律的运用具有综合性、系统性和针对性,通过我们的传授,当事人欣然领会并能及时消化。语言表达能力和语言威慑力就是我们的表达要流利,语气的轻重缓急要恰到好处。

3. 集

即收集,做一个善于收集材料和证据的有心人。收集证据是调解矛盾的关键环节,没有充足的证据,在调解时难以控制局面,难以让双方当事人心悦诚服。在信访矛盾调解工作中,需要注意收集以下材料或证据:一是双方

当事人的谈话笔录，在与双方当事人接触交谈时，必须留下笔录；二是现场勘察，制作示意图，并由在场人、双方当事人、社区（村）干部签字认定；三是图片资料，包括历史遗留的图片，现场拍摄的图片；四是村组保留的历史文字、表格等档案；五是与信访矛盾相关人员的谈话、调查笔录；六是历史遗留的与信访矛盾相关的有效证件。要做一个善于收集材料和证据的有心人，既不能放过任何一个与信访矛盾相关的物件，也不能忽略任何一点与信访矛盾相关的痕迹，更不能遗漏任何一个对信访矛盾知情的人。

4. 告

即告知，做一个明白人。所谓告知是信访工作者大致了解信访矛盾情况后，从控制矛盾扩大的角度和调解程序与法律的角度，让当事人知晓应当知晓的问题。在信访矛盾调解工作实践中，由于信访矛盾除具有隐蔽性、突发性之外，还具有反复性、持续性的特点，如不及时告知当事人法律法规和政策规定，极易造成信访矛盾的激化，小矛盾可能激化为大矛盾。当事人对矛盾调解的性质、原则、效力、程序不了解，对所享有的权利和所承担的义务不清楚，对调解协议的作用、效力不明白，这些都需要我们一一告知。只有这样才能使调解活动有章、有序、有效地进行。

5. 正

即公正，做一个公正无私的铁面人。要想做到"正"，首先要有公心，信访工作者内心要公，行为要端正。在调解活动中要防止以下"四大忌"：

一忌先入为主。调解活动中调解极易偏听偏信，造成判断不准、决策失误，犯主观的错误。调解活动极易受自己经验范式的影响，受沾亲带故、领导意志的左右，这些都是调解工作的大忌。

二忌接受贿赂。有些当事人为了自己的利益，想方设法采取送礼、请吃等违法形式，达到左右和控制信访工作者的目的。

三忌公开泄露当事人隐私。任何人生活中都有一些不想让他人知道的隐私，信访工作者不能将当事人与信访矛盾无关的隐私泄露出去，特别是在调解工作中，这是对当事人的起码尊重。

四忌与当事人过于亲密接触。信访工作者在调解工作中，与当事人不能建立任何私人关系，信访工作者与当事人不能过多地单独接触。

（二）"四心"调解法

1. 细心

对于难以定性的信访矛盾，要坚持"慎重对待、认真办理"的原则，保证信访矛盾依法准确定性，杜绝错案的发生。

2. 耐心

有些信访矛盾调解的时间长，缠手反复，调解协议难以保证最终履行，需要信访工作者经常回访，为此在调解信访矛盾工作中信访工作者要有足够的耐心。

3. 信心

有些信访矛盾发生时，当事人多处于情绪极度冲动、不计后果的状态。处理这类信访矛盾常常带有一定的危险性，这就要求信访工作者敢于面对，一定要机智果断，要树立自己一定能成功制止信访矛盾激化的信心。

4. 诚心

信访矛盾多数是在公与私、群众与组织之间产生的。因此，在调解这类信访矛盾时不能只为完成上级部门交办的任务去应付信访人，而应树立群众观念，用诚心去处理问题，缓和和化解矛盾。切记对信访人提出的合理合法的要求应诚心对待，能解决的要及时解决，不能解决的应及时向上级部门汇报，不能在自己的职权范围外对信访人作出承诺，否则事后会促使信访矛盾的进一步加深。

（三）信访矛盾调解"四做法"

1. 迅速反应法

为了避免信访矛盾化解不及时有可能导致激化的情况发生，要建立信息员反馈制度，在遇到信访矛盾时，信息员要及时反馈并通知信访工作者迅速到达现场，对于自己不能处理的纠纷及时通知其他相关部门。

2. 便民利民法

在信访矛盾调解工作中要充分体现便民利民的宗旨，充分考虑当事人在时间、地点、程序上的困难。在时间上，要充分考虑上班职工的特点，对于时间上有困难的当事人，尽量把调解安排在工作之余；在地点上，有些当事人因行动不便经常要求到其家中调解，对此信访工作者应克服各种困难按时到达指定地点；在程序上，遇到当事人达成协议时，信访工作者应及时出具调解协议书，并建议当事人立即履行，避免签订协议后反悔和不履行情况的发生。

3. 优势互补法

在信访矛盾调解工作中，经常出现一些当事人只注重法律上的规定而不接受道德上的规劝，而有些当事人恰好相反，一些信访矛盾虽然达成了调解协议但没有真正解决信访矛盾的实质，反复性很强。为了真正化解信访矛盾，从法律和道德上都达到解纷止争的效果，我们要避免在调解工作中出现单纯讲解法律的生硬和脱离法律的"和稀泥"，从而达到事半功倍的效果。

4. 回访建议法

信访矛盾存在很大的反复性，有时候刚调解的信访矛盾当事人很快又反悔，有时候当事人就是不履行调解协议，还有的当事人之间很容易再引发纠纷。对此，信访工作者要在成功调解信访矛盾后经常进行回访，对于发现的问题要及时提出建议，请有关部门整改并反馈整改意见，最终达到调解一例、教育一片的目的。

第三节　领导接访约访下访工作

《信访工作条例》规定，各级机关、单位领导应当阅办群众来信和网上信访、定期接待群众来访、定期下访，包案化解群众反映强烈的突出问题。

依据《信访工作条例》，结合各地有关规定，各级领导干部，特别是主要负责人一般每月要利用2个工作日亲自接待信访群众，解决影响社会稳定的突出问题，其他党政领导每月至少安排4个工作日接待信访群众，确保每周都有1位领导干部值班接访；各乡镇主要领导每周至少安排1次接访，每个工作日要有领导班子成员值班接访，职能部门主要负责人每月至少安排1次接访，每周有1位领导班子成员值班接访，及时处理本系统本部门疑难信访问题。

一、领导干部接访约访下访的任务和要求

各级领导干部要坚持开展长期下访、定期下访和特殊时期集中下访等多种形式的矛盾纠纷排查化解活动。通过深入开展领导干部接访约访下访活动，使领导干部深入基层、深入群众，全力推动"事要解决"，切实维护群众合法权益；实现信访工作重心下移，将问题化解在源头，推动群众合理合法诉求得到解决，进一步密切干群关系。领导干部全年下访时间不得少于30天。

各级领导干部对接访受理的信访事项，应认真处理，一抓到底，落实领导干部包案，全面了解包案的基本情况，对下访中发现的重点疑难问题，要帮助指导干部分析原因、化解矛盾、解决问题。对一些跨地区、跨部门的重大、疑难信访问题，接访领导要主动牵头、妥善处理。各级党政主要负责人

要认真履行信访工作第一责任人的责任，坚持深入基层，全面掌握民情、吃透社情，通过下访对排查发现的各种访情及时化解处理，就地解决问题，定期回访处理结果。乡镇党政主要负责人全年下访时间不少于60天，区级职能部门结合自身工作特点负责安排本系统下访排查工作。

各部门要主动积极地当好领导的参谋和助手，对领导接访后交办的事项，要认真抓好落实，做到事事有结果、件件有回音。针对突发性信访事项可随时安排领导干部接待。

二、领导干部接访约访下访的工作原则

（一）坚持"党政同责、一岗双责"和"一把手"亲自接访原则

各部门主要负责人是信访工作第一责任人，要亲自接访约访下访群众，组织和带动领导班子其他成员积极开展接访约访下访活动，解决复杂疑难信访问题。

（二）坚持"属地管理、分级负责，谁主管、谁负责"的原则

各地区、各部门主要负责同志要认真负责地处理好本单位、本辖区信访问题，同时要对跨辖区、跨行业信访问题加强组织协调，明确责任主体，落实工作责任。充分发挥信访工作联席会议作用，各有关部门尤其是涉访事项责任主体单位要主动工作，密切配合，通力协作，形成集中处理信访突出问题和疑难信访问题的工作合力。

（三）坚持依法按政策办事的原则

要严格把握法律政策界限，坚持依法按政策办事，实事求是地解决信访问题。要认真落实习近平总书记提出的"三到位一处理"的要求：对诉求合

理的信访事项,要依法依规及时解决问题到位;对诉求无理的信访事项,要认真做好政策解释和思想疏导,把思想教育和引导工作做到位;对生活困难的信访群众,要积极创造条件,帮扶救助到位;对行为违法的,要坚决依法处理,维护社会大局稳定。

(四)坚持畅通信访渠道与规范信访秩序并重原则

进一步规范领导干部定期接访约访下访工作程序,畅通信访渠道,使群众能够就地顺畅反映诉求,确保群众合理诉求在当地及时解决到位。要广泛宣传《信访工作条例》等法律法规及有关政策规定,教育引导群众依法、理性、有序进行信访活动,自觉维护信访秩序和社会秩序。对无理缠访闹访和非正常信访行为,以及挑头煽动和组织聚众信访的重点人员,要坚决依法处理。

三、领导干部接访约访下访的方式方法

(一)公示

各有关部门要根据实际情况,采取通过当地媒体等适当方式,在一定范围内对接访领导干部姓名、职务、分管工作以及接访的时间、地点、形式等情况进行公示,并在接待地点设置告示栏,将领导干部接待日日程安排予以公布,方便信访群众了解和参与,接受群众监督。

(二)接访

采取定点接访、重点约访和带案下访等多种方式接访群众。定点接访是指在固定的接访场所面对面接待信访群众;重点约访是指有针对性地约请信访群众并协调解决相关信访问题;带案下访是指深入矛盾突出、解决难度大

的地方，广泛听取群众意见，剖析问题症结，研究解决办法。

（三）包案

对群众反映强烈的突出问题，落实领导干部包案，即包掌握情况、包思想教育、包解决化解、包息诉息访的"四包"责任制。对属于接访领导分管工作范围内的信访事项，由本人包案解决，一包到底，直至罢访息诉；对能够当场处理的问题，可给予解答或提出处理意见，责成有关部门及时办理；对需要进一步调查了解和研究处理的问题，可提出意见，责成有关部门及时处理；对情况复杂、涉及面广、影响较大的重大疑难信访事项和涉及人数多、组织化倾向明显的群体性问题，包案领导可提出处理原则与思路，并组织有关部门提出解决问题的意见和建议，提交领导班子集体研究。包案情况要通过适当方式予以公开，接受群众监督。

（四）落实

领导干部接访活动要切实在"案结事了"上下功夫，着力推动"事要解决"。要综合运用政策、法律、经济、行政、社会救助以及思想教育等手段，促使问题得到有效解决。对领导干部接访的信访事项，要建立包括问题发生地、责任单位、产生原因、接访处理意见、办理结果等要素在内的工作台账，以便督办落实和回复来访群众。

四、加强组织领导

党政主要领导及班子成员的接访约访下访工作在同级党委、政府领导下进行，由联席会议负责统一组织；各部门要高度重视领导干部定期接待群众信访工作，切实加强领导，主要负责同志要亲自抓。要定期召开信访工作例会，综合研判形势，及时研究解决信访工作中的新情况、新问题。组织部门要把领导干部定期接待群众信访工作纳入领导班子和领导干部政绩考核的重要内容,考核结果要作为干部使用的重要依据;宣传部门要组织媒体加强正面宣传,提高舆论引导能力,努力为信访工作营造良好的舆论氛围;纪委(监察部门)要对不履行职责、不认真解决信访事项而造成严重后果的领导干部,依据有关规定严格追究责任;信访部门要做好综合协调和督促检查工作。

第四节　信访的礼仪规范

我国是礼仪之邦,国人待人接物历来讲究的是礼仪之道。我国古代礼仪就有"五礼"之说:祭祀之事为吉礼,冠婚之事为喜礼,宾客之事为宾礼,军旅之事为军礼,丧葬之事为凶礼。

现代礼仪主要是政治礼仪和生活礼仪,这里侧重讲讲生活礼仪。就信访工作而言,信访礼仪是生活礼仪的一种,主要是信访工作中产生的交往礼节。

一、基本原则

(一)平等原则

信访工作者与信访人双方应当互相尊重、平等相待,信访工作者不应当有居高临下或轻视傲慢的态度。信访人也应该不卑不亢、不急不躁。

(二)相容原则

在接访过程中难免会遇到与对方存在矛盾与不和谐的地方,这就需要互相包容、互相理解。特别是在面对面的接访过程中,有时退一步可能就会化解一场危机。

（三）信任原则

面对信访人，信访工作者应当展现出较好的专业水平和心理素质，这有助于提升彼此的信任感，促进后续工作的开展。

（四）代表性原则

一线信访工作者作为本部门直面群众的窗口工作人员，应当时刻牢记：自己的言行举止所代表的不仅是个人本身，更是政府和部门形象，要保持高标准严要求。

二、仪容仪表礼仪

（一）发型妆容

一线信访工作者作为本单位的窗口工作人员，仪容仪表也代表着本单位的外在形象。信访工作者的发型妆容、服装服饰、面部表情、肢体动作等都传达着某种信息，倍受信访人的格外关注。在接访过程中，应当面容整洁，精神饱满，注意保持个人卫生，选择适当的发型和妆容。女性刘海不过眉，长发宜盘起，化淡妆，不涂有色指甲油，不适宜使用味道浓烈的香水。男性发型前不遮眉、鬓不遮耳、后不过领，不留长胡须和长指甲。

（二）服饰

信访工作者的服装应以工作服为主，有工作服的应当着工作服，无工作服的应选择适当的服饰，与自身的工作性质相符合。服装应完整无破损，整洁无污渍，尺寸适中，不过于宽大或窄小。不得卷起裤脚或衣袖，不着奇装异服，也不佩戴过多或者造型夸张的饰品。

（三）表情

信访工作者面对形形色色的信访人，情绪难免受到这样或那样的影响，要努力做到表情自然、眼睛有神、正视对方，保持微笑和目光接触，不要目光躲闪，也不要四处张望或上下打量。微笑时嘴角微微上翘，可自然露出牙齿，笑的幅度不宜过大，也不要挤眉弄眼或做夸张表情。

三、称呼介绍礼仪

（一）称呼

在接访过程中，少不了要称呼对方，介绍情况，这是做好信访工作的必备条件。那么，什么是称呼？称呼是指人们在社会交往活动中所使用表示彼此关系的称谓语。正确、恰当地使用称谓，是对信访工作者最基本的要求。实际工作中，对待信访人一般称呼为同志，对年长者可用尊称，对有职位者可称其职位。在相互称呼中要善于使用敬语和谦辞，这既是一种尊重，也是对他人的一种礼貌。如果能够正确使用敬语、谦辞，可以缩短人与人的心理距离，自然就会为彼此谈话奠定友好的基础和融洽的气氛。日常生活中的敬语有很多，如"请""您"等。

（二）介绍

1. 介绍内容

信访工作者应当向信访人作简单的自我介绍，介绍应包括工作单位全称和所在窗口名称，根据工作规定要求决定是否向信访人告知工号或姓名。如介绍道："您好，我是××市信访局1号窗口接待人员，请问您要反映或咨询什么问题?"

2. 介绍方式

信访工作者开始自我介绍时,态度要亲切大方、自然友好,眼睛看着对方以示尊重。不要低眉垂眼、面红耳赤,显得不知所措;也不能目光四处飘移,表情随随便便、满不在乎;更不能居高临下、气势压人。必要时可以借助手势,表达自己想要表达的内容。

(三)询问

信访工作者自我介绍后,可以询问对方:"请问,怎么称呼您?"询问时应平和大方,不要咄咄逼人。当对方告知姓名后,可在对话中使用姓名表示尊重。如果对方不愿透露姓名,也可以用"您""先生""女士"等称呼来和对方进行沟通。

四、行为举止礼仪

(一)站立

接访过程中信访工作者两眼应正视前方、头正肩平、下颌微收、挺胸收腹,不要弯腰驼背。两手自然交叉于身前或身后,不宜将双手叉在腰上或交叉抱于胸前。男性双脚分开与肩同宽,女性双脚并拢或丁字步,防止站立时重心偏移或东倒西歪。

(二)坐姿

接访入座时,信访工作者要轻缓身姿,上身正直,腰部挺起,挺胸抬头,双肩放松平放,双手自然搁在工作台上,双目平视,面带微笑,双膝并拢,不能半躺或跷二郎腿。应当保持坐姿端正,不能坐在椅子上前俯后仰、半躺半坐，也不能趴在工作台上或是晃动桌椅发出声响。

（三）行走

行走是肢体语言的表达。在信访工作中，信访工作者要两眼平视正对前方，双臂自然下垂摆动，身体保持垂直平稳，无左右摇晃，不可左顾右盼、摇晃肩膀或是低头看地。需要指引方向时，应五指并拢，指尖朝向引导方向，不可用单个手指指向信访人。

（四）距离

心理学研究表明，任何人都需要在自己的周围有一个自己能够把握的自我空间，这个空间就是安全距离。因此，信访工作者应与信访人保持合适的社交距离，建议在60~100厘米之间。距离太近容易让对方产生压迫感，距离太远则显得过分疏远，也影响交谈。

五、沟通交谈礼仪

（一）倾听

倾听是信访工作者了解信访人信访原因、目的和意图的过程，也是解决信访问题的前提和基础。在倾听信访人诉求时，要目视对方全神贯注，过程中使用"嗯""我在听"等加以呼应，不要随意打断，适当做好记录。信访工作者不仅要注意倾听信访人所传达的言语内容（包括语意表述、语调轻重缓急等），还要注意非言语线索传递的情感信息（例如面部表情、眼神、坐姿等），把注意力全部放在信访人身上。只有这样才能做到有效的倾听和准确的倾听。

（二）交谈

信访工作者与信访人对话时，应当使用普通话，应语速适中、语调平缓、口气谦和。表达要清晰明了、言简意赅。用词应该恰当准确，避免让信访人产生误解。适当使用重复性语句，向信访人重复听到的信息，确保重要信息无误，同时表示专心聆听和积极回应的态度。提供信息时应当具体、详细，不要让对方存在误会或疑惑。整个接访过程中，尽量避免使用专业术语，必要时可以使用当地方言或俚语拉近与信访人的距离，但是坚决杜绝使用粗话、脏话、怪话、气话等用语。

（三）共情

共情也称同理心，是一种正能量，属于人文关怀的一种。简单来说，共情就是你快乐，我能懂；你悲伤，我能感受到；你不孤单，因为我会陪着你。就信访工作而言，共情就是帮助信访人消除压抑的情绪，而不是重复压抑的过程，这是有效共情的要点。这就需要信访工作者尽可能接纳信访人的情感，避免使用批评、教育和评价性语言。要通过合适的语言方式让信访人知道：信访工作者看待自己和表达自我的方式并没有受信访人的情绪影响，从而积极回应。

六、书面礼仪

（一）记录

在使用信访信息系统对信访人的诉求和材料进行登记录入时，应当做到全面、准确、完整，这也是尊重信访人的重要表现。对信访人的姓名、住址、身份证号码、联系方式等个人信息应当登记完备，对其材料应当全部扫描上传系统备查，对信访人口头表述的内容应当选取其中反映问题的部分记录，情绪表达、与诉求无关的内容不宜录入。

（二）回复

对信访人进行回复时，属于本部门业务范围的，应当认真全面做好政策解释和思想疏导；不属于本部门职能职责的，应当告知信访人可以反映的渠道和方式。采用手写等书面方式回复的，应当确保称谓、单位名称、日期等基本信息准确完备，注意笔记工整，字迹清楚，方便辨认，无涂抹修改。

七、规范性接待示例

（一）规范性接待用语示例

（1）信访人到窗口时，信访工作者："同志，您好！请将身份证和序号单交给我。"

（2）询问信访人有关情况时，信访工作者："您有什么诉求，请讲。还有什么补充的吗？"

（3）如信访人携带文字材料，信访工作者："请将文字材料交给我。"

（4）登记后，信访工作者把材料和身份证还给信访人时，信访工作者："请把材料和身份证收好。"

（5）登记完毕后，信访工作者："您反映的情况已登记完毕，请走好。"

（二）接待的忌用话语示例

（1）信访人多次来反映的，信访工作者不能说："你怎么又来了。"

（2）信访人询问政策的，信访工作者不能说："烦不烦，我已经说了多少遍了。"

（3）信访人诉求不在本单位本部门管辖范围的，信访工作者不能说："这事不归我们管，爱到哪儿找到哪儿找去。"

（4）信访人缠访时，信访工作者不能说："你回去找地方政府给你解决。"

（5）信访人问当地政府不解决怎么办时，信访工作者不能说："我们也没办法，你的事在我们这儿也解决不了。"

（三）常遇问题回复示例

（1）信访人：我不和你说，我要见你们领导！

信访工作者：我代表单位来处理您反映的问题。如有必要，我会将有关情况向领导汇报。

（2）信访人：我要求你们将这项政策公开。

信访工作者：我们有专门的信息公开渠道，请您通过规定渠道提出信息公开申请。

（3）信访人：我的案子法院不受理，只能找你们。

信访工作者：已向人民法院、人民检察院提出的事项，信访部门不予受理，请您依照有关法律、行政法规规定程序向有关机关提出。

（4）信访人：我要举报这个领导违法乱纪、贪赃枉法。

信访工作者：请将有关情况向纪检监察机关和人民检察院反映。

（5）信访人：我对当地的信访答复意见不服。

信访工作者：您可以向出具信访答复意见的上级主管部门或上一级行政单位提出复查，如对复查意见仍不满意，可以在规定时间内按照同样的原则，再向申请复查的上一级单位进行复核。

（6）信访人：我的信件已邮寄到你们这里好几天了，你们给办理了没有？

信访工作者：我们将按规定程序，在《信访工作条例》规定的时限内尽快给您回复，请您耐心等待。

（7）信访人：我分不清归哪个部门管，你们就得给我解决。

信访工作者：我们已将您的诉求进行了登记，请您向有权处理部门反映。

（8）信访人：我向地方反映没用才来找你们的，你们是最高领导部门，到你们这里已经到顶了，就得你们管！

信访工作者：同志，根据国家《信访工作条例》"属地管理、分级负责，谁主管、谁负责"的原则，请将诉求依法向有权处理的本级或上一级机关提出，请相信他们会妥善处理的。

（9）信访人：你们连文字材料都不收，怎么给我解决。

信访工作者：同志，您已经向有关部门反映过该情况，在国家信访信息系统上可以查到有关文字记录，我也再次对您反映的问题进行了登记，按照规定我们不能接收纸质材料，请您谅解。

（10）信访人：我的问题已经拖了很久了，再不解决我就不活了。

信访工作者：请您冷静，您反映的问题只要合理合法，有关部门就会认真解决的，请按规定渠道反映诉求。

第三章

信访事项的办理

信访部门在接待群众来访和收到群众来信后,信访工作者要对相关事项进行梳理和办理,这是信访工作中最重要的一个环节。

各级党委和政府信访部门和其他机关、单位要高度重视信访问题的化解处理,要控源治本,掌握信访工作的主动权,将问题从准、从速、从早解决,务求将问题解决在基层,将矛盾化解在萌芽状态。

在信访工作中,要进一步畅通信访渠道,解决群众诉求,化解矛盾纠纷,赢得群众的信赖,为广大群众凝心聚力、共谋发展创造良好的社会环境。

第一节　信访事项受理与办理

根据《信访工作条例》的规定,信访事项受理、办理的主体分为两类:

一是各级党委和政府信访部门,指县级以上党委和政府成立的专门从事信访工作的部门；

二是各级党委和政府信访部门以外的其他机关和单位，指除信访部门以外的各级党的机关、人大机关、行政机关、政协机关、监察机关、审判机关、检察机关以及群团组织、国有企事业单位等。

一、信访事项处理方式

各级党委和政府信访部门收到信访事项，应当予以登记，并区分情况，在15日内分别按照下列方式处理：

（1）对依照职责属于本级机关、单位或者其工作部门处理范围的，应当转送有权处理的机关、单位；情况重大、紧急的，应当及时提出建议，报请本级党委和政府决定。

（2）涉及下级机关、单位或者其工作人员的，按照"属地管理、分级负责，谁主管、谁负责"的原则，转送有权处理的机关、单位。

（3）对转送信访事项中的重要情况需要反馈办理结果的，可以交由有权处理的机关、单位办理，要求其在指定办理期限内反馈结果，提交办结报告。

党委和政府信访部门以外的其他机关、单位收到信访人直接提出的信访事项，应当予以登记；对属于本机关、单位职权范围的，应当告知信访人接收情况以及处理途径和程序；对属于本系统下级机关、单位职权范围的，应当转送、交办有权处理的机关、单位，并告知信访人转送、交办去向；对不属于本机关、单位或者本系统职权范围的，应当告知信访人向有权处理的机关、单位提出。

二、信访事项受理程序

（一）登记

登记是指机关、单位收到信访事项后，对其来源、信访人基本情况、具体诉求及处理方式等有关情况进行记录的行为，是信访工作初始阶段的基本工作。

根据《信访工作条例》规定，各级党委和政府信访部门，以及党委和政府信访部门以外的其他机关、单位收到信访事项，应当予以登记。登记是机关、单位应当履行的一项义务，不履行该义务有可能成为行政复议或行政诉讼的对象，也可能在作为行政复议或行政诉讼当事人过程中因缺失该项证据而处于被动地位，其工作人员还有可能被有关机关追究责任。

1. 登记的内容

登记的内容主要包括以下七个方面：

（1）信访人基本情况。包括姓名、住址、邮政编码、工作单位、联系方式等。

（2）基本事实。信访人反映的主要事实情况。

（3）具体诉求。信访人提出信访事项的目的和要求。

（4）理由依据。

（5）来源。信访事项是由信访人直接提出还是上级机关、单位转送。

（6）处理方式。受理、不予受理、转送等。

（7）收到、受理、答复等环节的时间。

2. 收到信访事项必须登记

各级机关、单位在收到信访事项后，不论其来源，也不论是否属于受理范围，一律予以登记。这主要是因为：

一方面，从信访人信访活动的开始阶段和各个环节就有所记录，便于今后查询；

另一方面，以文字形式记载收到信访事项的情况，也可以在一定程度上促使机关、单位以负责任的态度对待信访人，从而限制机关、单位处理信访事项的随意性。

（二）告知

1. 审查

机关、单位收到信访事项后，应在法定的期限内，依据现有法律法规和政策的规定进行审查，判断该信访事项是否属于其受理范围和管辖范围，作出是否受理的决定。审查的主要内容如下：

（1）是否属于不予受理的事项；

（2）是否属于本级有权受理的信访事项；

（3）是否属于本地区有权受理的信访事项；

（4）是否经过终局性的信访程序；

（5）是否有实质性内容和具体诉求；

（6）是否已经受理或正在办理。

2. 受理

根据《信访工作条例》，信访人向本机关、单位提出的信访请求，且属于其法定职权范围的信访事项，应予受理。

3. 不予受理

不予受理的情形主要有以下几个方面：

（1）已经或者依法应当通过诉讼、仲裁、行政复议等法定途径解决的；

（2）应当但未经下级机关、单位受理、办理的；

（3）有权受理机关、单位已经受理且正在办理期限内的；

（4）对办理（复查）意见不服，无正当理由超出期限未申请复查（复核）的。

4. 不再受理

不再受理的情形主要包括以下几个方面：

（1）已经信访事项复查复核办公室出具复查（复核）意见书的；

（2）对处理（复查）意见不服，且在复查（复核）期限内的；

（3）对复查（复核）意见不服，且无新的证据和诉求的。

5. 告知的形式及其内容

对信访人直接提出的信访事项，有关机关、单位能够当场告知的，应当当场书面告知；不能当场告知的，应当自收到信访事项之日起15日内书面告知信访人，但信访人的姓名（名称）、住址不清的除外。

党委和政府信访部门以外的其他机关、单位收到信访人直接提出的信访事项，属于本机关、单位职权范围的，应当告知信访人接收情况以及处理途径和程序；属于本系统下级机关、单位职权范围的，应当转送、交办有权处理的机关、单位，并告知信访人转送、交办去向；不属于本机关、单位或者本系统职权范围的，应当告知信访人向有权处理的机关、单位提出。

书面告知应包含以下内容，并加盖机关印章或者业务办理专用印章：

（1）拟适用的其他法定途径及依据；

（2）查询或者联系方式；

（3）其他需要告知的内容。

对不符合受理的信访事项，信访人仍坚持要求受理的，应在收到信访事项之日起15日内，书面告知信访人，填发不予受理告知书。

三、信访事项办理

（一）信访事项办理的原则

办理信访事项应当遵守下列原则：

（1）应恪尽职守、秉公办事、全面调查、实事求是，做到客观公正；

（2）依据有关法律、法规、规章和政策处理各类信访事项；

（3）及时、恰当、正确处理，不得推诿、敷衍和拖延；

（4）不得将检举、揭发、控告材料丢失或者透露、转送给被检举、揭发、控告的单位和个人；

（5）与信访案件或者信访人有直接利害关系的工作人员应当回避；

（6）恪尽职守，不徇私情，秉公办理。

（二）信访事项办理的方法

信访事项应当自受理之日起60日内办结；情况复杂的，经本机关、单位负责人批准，可以适当延长办理期限，但延长期限不得超过30日，并告知信访人延期理由。办理的主要方法分为以下四种。

（1）对信访人反映的情况、提出的建议意见类事项，有权处理的机关、单位应当认真研究论证。对科学合理、具有现实可行性的，应当采纳或者部分采纳，并予以回复。

（2）对信访人提出的检举控告类事项，纪检监察机关或者有权处理的机关、单位应当依规依纪依法接收、受理、办理和反馈。

（3）对信访人提出的申诉求决类事项，有权处理的机关、单位应当区分情况，分别按照下列方式办理：

1）应当通过审判机关诉讼程序或者复议程序、检察机关刑事立案程序或者法律监督程序、公安机关法律程序处理的，涉法涉诉信访事项未依法终结的，按照法律法规规定的程序处理。

2）应当通过仲裁解决的，导入相应程序处理。

3）可以通过党员申诉、申请复审等解决的，导入相应程序处理。

4）可以通过行政复议、行政裁决、行政确认、行政许可、行政处罚等行政程序解决的，导入相应程序处理。

5）属于申请查处违法行为、履行保护人身权或者财产权等合法权益职责的，依法履行或者答复。

6）不属于以上情形的，应当听取信访人陈述事实和理由，并调查核实，出具信访处理意见书。对重大、复杂、疑难的信访事项，可以举行听证。

（4）各级机关、单位在处理申诉求决类事项过程中，可以在不违反政策法规强制性规定的情况下，在裁量权范围内，经争议双方当事人同意进行调解；可以引导争议双方当事人自愿和解。经调解、和解达成一致意见的，应当制作调解协议书或者和解协议书。

（三）信访事项办理过程

信访事项办理过程是指信访工作者对信访人来信、来访或者接电，以及网上信访的处理过程。这是信访工作的中心环节，主要包括审阅、登记、办理、统计等环节。

1. 审阅

审阅内容包括群众来信、来访登记、投诉电话记录以及网上信访等。信访工作者对上述材料要认真细致阅看。需要做到：

（1）明确群众反映的主要问题，分清问题的性质，弄清信访人的要求及其他关键细节；

（2）对投诉类信访事项，要弄清被投诉人的姓名、单位、职务，投诉的主要问题，问题发生的时间、地点，其他部门处理的情况等；

（3）对于已经多次信访的，要了解是否经有关相关部门的答复，是否经过复查、复核等。

2. 登记

承办人要根据《信访工作条例》和本单位的有关规定，将上述内容进行登记，并录入信访信息系统。

3. 办理

按有关规定对信访事项进行办理。

4. 统计

对一定时期内（一般以月为单位）受理办理的信访件进行统计分析，为研究信访形势提供依据。

（四）回复

（1）有关机关、单位在办理结束后，应在规定时限内向信访人出具书面信访处理意见书，并将材料上报信访部门。

（2）信访处理意见书应当载明信访人信访请求、事实和理由、处理意见及其法律法规依据：

1）请求事实清楚，符合法律、法规、规章或者其他有关规定的，予以支持；

2）请求事由合理但缺乏法律依据的，应当作出解释说明；

3）请求缺乏事实根据或者不符合法律、法规、规章或者其他有关规定的，不予支持。

（3）信访人应在信访处理意见书中信访人意见栏中签明意见，并同时签署信访人姓名，集体信访应有3人及以上同时签名。

（4）特殊情况信访人不予签字的，经请示上级有关领导同意，上报专门材料说明情况，由责任单位领导和责任人签字上报办结材料。

四、信访调查

在受理信访事项后，要推动信访程序的进一步展开，办理机关、单位必须依据自己的职权进行信访调查，以便在查清有关事实的基础上作出相应的办理决定。

（一）信访调查的原则

1. 主动调查原则

办理机关、单位在开展信访调查活动时，依据职权自主决定调查的方式、范围等，不受信访人请求的限制。

2. 全面调查原则

办理机关、单位应当全面、客观、公正地开展信访调查活动，不能凭主观偏见只收集对信访人有利或不利的事实和情况。

3. 当事人参与原则

一是办理机关、单位进行信访调查时，与信访事项有关的组织、人员以及信访人应当配合，提供相关资料和情况；二是办理机关、单位的调查应充分听取信访人的意见，必要时还应吸收信访人参与调查，但要注意切实保护信访人的安全。

（二）信访调查的方式

1. 听取信访人的陈述

要求信访人说明情况。办理机关、单位可以要求信访人口头说明，对其进行询问；也可以要求其书面说明，提供必要的资料；还可以要求信访人、有关组织和人员双方当事人共同到场说明情况。

2. 向第三人调查

为证实信访人所提供情况的真实性、合法性，扩大信息来源，办理机关单位可以向第三人调查，调取有关资料，以便充分掌握信息，准确认定事实。

3. 举行听证

对重大、复杂、疑难信访事项，可以举行听证。听证应当公开举行，通过质询、辩论、评议、合议等方式，查明事实，分清责任。

（三）信访调查的步骤

1. 事前通知

无论采取哪种调查方式，都应当以适当的方式通知当事人，以便其能够做好必要准备。

2. 表明身份

开展信访调查时，机关、单位工作人员应当表明自己享有调查者的合法身份。一般来说，信访调查人员不得少于2人。

3. 说明理由

信访调查人员应当向调查对象说明开展调查的理由、法律依据，同时告知其在调查过程中享有的陈述权、申辩权等各项权利，以获得调查对象的配合。

4. 实施调查

如询问当事人、调取资料等。

5. 制作笔录

信访调查过程中，信访调查人员应当制作相应的调查笔录并交由当事人签字。对于比较复杂的信访事项，办理机关、单位还应当制作调查报告，基本内容应包括：

（1）调查的事项和问题；

（2）信访人陈述的事实和理由；

（3）信访人、第三人所作的其他说明和提供的材料；

（4）办理机关、单位经查核认定的事实、意见以及不予采纳的事实、意见，并说明理由；

（5）对信访事项的初步处理意见及依据。

第二节　信访事项复查与复核

信访事项复查与复核是信访办理工作中的重要环节，也是信访人的合法权益之一。按照《信访工作条例》的规定，地方政府及相关部门应建立信访事项复查与复核机构，并将所有信访人提出的信访事项按规范程序进行复查与复核。

信访事项复查与复核工作坚持属地管理、分级负责，谁主管、谁负责；依法、及时、就地解决问题与教育疏导相结合；办理信访事项以最低级有权处理机关为起点，坚持高效便民和有错必纠的原则。

一、信访事项复查与复核基本概念

（一）复查

信访事项复查是指信访人因不服办理机关、单位的处理意见而提出请求，由原办理机关、单位的上一级机关、单位对该信访事项处理意见和有关情况进行审查，并作出决定的行为。

（二）复核

信访事项复核是指信访人因不服复查机关、单位的复查意见而提出请求，由原复查机关、单位的上一级机关、单位对该信访事项处理意见、复查意见和有关情况进行审查，并作出决定的行为。

二、信访事项复查与复核工作原则

（1）坚持和加强党的全面领导；

（2）坚持以人民为中心；

（3）坚持落实信访工作责任；

（4）坚持诉访分离、依法分类处理；

（5）坚持程序审查和实体审查相结合；

（6）坚持诉求合理的解决问题到位、诉求无理的思想教育到位、生活困难的帮扶救助到位、行为违法的依法处理。

三、信访事项复查与复核工作机制

（一）省、市、县（市、区）党委、政府信访事项复查与复核职责

成立信访事项复查复核委员会，由党委、政府分管负责同志任主任，信访工作联席会议办公室负责同志任副主任，信访工作联席会议成员单位负责同志任委员。信访事项复查复核委员会办公室设在信访工作联席会议办公室（信访局），承担本地区信访事项复查复核委员会的日常工作。

1. 信访事项复查复核委员会职责

信访事项复查复核委员会履行下列职责：

（1）负责本级信访事项复查与复核工作；

（2）指导、检查和监督本地区各级机关、单位信访事项复查与复核工作；

（3）协调处理各地各部门在信访事项复查与复核工作中出现的争议，对

涉及两个或两个以上机关、单位的信访事项以及重大、复杂、疑难的信访事项，组织会商会办或指定有关机关、单位办理；

（4）定期听取信访事项复查复核委员会办公室汇报工作，审议信访事项复查复核委员会办公室提交的重大、疑难、复杂信访复核意见；

（5）法律法规规定的其他职责。

2. 信访事项复查复核委员会办公室职责

信访事项复查复核委员会办公室履行下列职责：

（1）受理和协调办理应当由本级党委、政府复查与复核的信访事项；

（2）按照职责权限指导、检查和监督本地区各级机关、单位信访事项复查与复核工作，及时向有关机关、单位提出工作建议；

（3）负责本地区各级党委、政府以及机关、单位已复核信访事项的备案工作；

（4）向信访事项复查复核委员会定期报告工作，提交重大、疑难、复杂信访复核意见等；

（5）法律法规规定的其他职责。

（二）机关、单位信访事项复查与复核职责

各级机关、单位是信访事项复查与复核工作的责任主体，履行下列职责：

（1）依法受理办理信访人直接提出的信访事项复查与复核申请；

（2）依法受理办理本级党委、政府信访事项复查复核委员会办公室（党委、政府信访部门）委托办理的信访事项复查与复核申请；

（3）向有关组织和人员调查取证，查阅文件和资料；

（4）对申请复查与复核的信访事项进行审查，提出复查与复核意见；

（5）向信访事项复查复核委员会办公室报备本机关、单位已复查、复核信访事项；

（6）法律法规规定的其他职责。

各级机关、单位应当明确负责信访事项复查与复核工作的机构或者人员，配备相适应的工作力量，提供必要的支持和保障；建立听证、专家论证、会商会办等工作机制，建立信访事项复查复核工作专家库，提升信访事项复查与复核工作水平。

四、信访事项复查与复核的申请

（一）提出信访事项复查与复核申请的条件

提出信访事项复查与复核申请应符合以下基本条件：

（1）信访人不服信访事项原办理机关的处理意见；

（2）有具体的复查与复核请求和事实依据；

（3）属于信访事项复查与复核的范围，并且无法通过行政复议、行政诉讼等其他法定途径得到救济；

（4）属于该接收申请机关的职权范围；

（5）在申请信访事项复查与复核的期限范围内（不可抗力因素除外）。

申请复查与复核的信访事项，应当是有权处理的机关、单位已经出具信访处理意见书或复查意见书的信访事项。申请复查与复核的信访人是申请人，信访事项原办理、复查机关、单位是被申请人。

（二）信访事项复查与复核申请的提出

信访人不服信访处理意见，可以自收到书面答复之日起30日内提出复查申请；不服信访复查意见，可以自收到书面答复之日起30日内提出复核申请。因不可抗拒的事由或者其他正当理由耽误申请期限的，在障碍消除后的15日内，可以申请顺延期限，由有权受理的机关、单位决定是否受理。申请期限自障碍消除之日起继续计算。

申请人应当采用书面方式，通过信息网络、书信、走访等形式向有关机关、单位提出申请。机关、单位在门户网站开通信访事项复查与复核网上受理平台，申请人通过该平台提出申请，实行线上受理、线下办理。

申请人可以书面委托代理人代为提出申请。代理人代为提出申请时，应当在委托授权范围内依法行使代理权。申请人解除或者变更委托代理的，应当在委托事项办结前书面提交复查复核机关。申请人为无民事行为能力人或者限制民事行为能力人的，其法定代理人可以代为提出申请。多人就共同的信访事项提出申请的，应当推选代表，履行授权委托手续，代表人数不得超过 5 人，且代表不得中途变更。

（三）提出信访事项复查与复核申请的要求

（1）对地方各级党委、政府作出的信访处理意见或者复查意见不服的，向其上一级党委、政府提出申请。

（2）对省委、省政府工作部门作出的信访处理意见或者复查意见不服的，向省委、省政府提出申请。

（3）对设区市、县（市、区）党委、政府工作部门作出的信访处理意见或者复查意见不服的，可以向其本级党委、政府提出申请，也可以向其上一级主管部门提出申请。

（4）对实行垂直领导的机关、单位作出的信访处理意见或者复查意见不服的，向其上一级主管部门提出申请。

（5）对县级以上党委、政府依法设立的派出机关作出的信访处理意见或者复查意见不服的，向设立该派出机关的党委、政府提出申请。对政府工作部门依法设立的派出机构以自己的名义作出的信访处理意见或者复查意见不服的，向设立该派出机构的部门提出申请。

（6）机关、单位作出信访处理意见或者复查意见后被分立、合并、撤销的，申请人向继续行使该职权的机关、单位的本级党委、政府或上一级机关、单位提出申请；职责不清的，向本级党委、政府提出申请。

（7）对群团组织、国有企事业单位作出的信访处理意见或者复查意见不服的，向直接管理该组织或单位的上一级组织或机关、单位提出申请。

（四）提出信访事项复查和复核申请的方式

1. 申请书

申请书的主要内容包括申请人基本情况，申请复查和复核的事实、理由，申请人签名（单位盖章），申请日期等。

申请人为公民的，其基本情况包括姓名、性别、身份证号、通讯地址、联系方式等。

申请人为法人或者其他组织的，其基本情况包括单位名称、通讯地址，法定代表人或者主要负责人的姓名、性别、职务、身份证号、通讯地址、联系方式等。

2. 申请人身份证明

申请人为公民的，应当提供身份证（复印件）等有效身份证明；申请人为法人或者其他组织的，应当提供组织机构代码证或者营业执照（复印件）等有效证件、法定代表人或者主要负责人的身份证（复印件）等有效身份证明。委托代理人申请的，还应当提供代理人的身份证（复印件）等有效身份证明和授权委托书。

另外，申请人应当准备的材料还有信访处理意见书或者复查意见书；相关证据和依据材料等。

五、信访事项复查与复核的受理

（一）各级党委、政府收到的信访事项复查与复核申请

各级党委政府收到的信访事项复查与复核申请，由信访事项复查复核委员会办公室（党委、政府信访部门）予以登记，并区分情况，在7个工作日内按照以下方式处理：

（1）属于本级党委、政府复查与复核受理范围的，应当予以受理并告知受理情况；

（2）属于其他机关、单位复查与复核受理范围的，应当转送有权处理的机关、单位，并告知申请人向该机关、单位提出申请；

（3）不属于各级机关、单位复查与复核受理范围的，应当告知申请人并说明理由；

（4）申请人的姓名（名称）、通讯地址、联系方式不清的，不需要告知。

（二）各级党委、政府之外的其他机关、单位直接收到的申请

各级党委、政府之外的其他机关、单位直接收到的信访事项复查与复核申请，应当予以登记，并区分情况，在7个工作日内按照以下方式处理：

（1）属于本机关、单位复查与复核受理范围的，应当予以受理并告知受理情况；

（2）属于本机关、单位职权范围，但不属于复查与复核受理范围的，应当告知申请人处理途径和程序；

（3）属于本系统下级机关、单位职权范围的，应当转送有权处理的机关、单位，并告知申请人向该机关、单位提出申请；

（4）不属于本机关、单位或者本系统职权范围的，应当告知申请人向有

权处理的机关、单位提出；

（5）对信访事项复查与复核委员会办公室（党委、政府信访部门）委托办理的复查与复核申请，不需要告知。申请人的姓名（名称）、住址不清的，不需要告知。

（三）不属于信访事项复查与复核受理范围的处理程序

（1）应当或已经、正在通过审判机关诉讼程序或者复议程序、检察机关刑事立案程序或者法律监督程序、公安机关法律程序处理的，涉法涉诉信访事项未依法终结的，按照法律法规规定的程序处理；

（2）应当或已经、正在通过仲裁解决的，导入相应程序处理；

（3）可以通过党员申诉、申请复审等解决的，导入相应程序处理；

（4）可以通过行政复议、行政裁决、行政确认、行政许可、行政处罚等行政程序解决的，导入相应程序处理；

（5）属于申请查处违法行为、履行保护人身权或者财产权等合法权益职责的，依法履行或者答复；

（6）属于纪检监察机关受理的检举控告类信访事项，按照管理权限转送有关纪检监察机关；

（7）属于意见建议类的信访事项，导入相应程序处理；

（8）法律法规规定的其他情形。

（四）各级机关、单位不再受理的信访事项复查与复核申请

（1）信访处理意见书、复查意见书已送达信访人，信访人无正当理由未在规定期限内提出复查与复核申请的；

（2）告知申请人需补正材料，申请人无正当理由逾期未补正的；

（3）信访事项复查与复核过程中，申请人书面提出撤回信访事项复查与

复核申请的；

（4）复查与复核事项经调解、和解达成一致意见，且协议已履行完毕的；

（5）信访人对复核意见不服，仍然以同一事实和理由提出申请的，复核意见未落实到位的除外；

（6）法律法规规定的其他不再受理情形。

（五）其他注意事项

（1）申请人提交申请材料不全或者表述不清，需要补正材料的，被申请机关、单位应当自收到材料7个工作日内告知申请人需要补正材料的内容和期限，补正材料时间一般不超过30日。收齐补正材料的时间为机关、单位收到信访事项复查与复核申请的时间，受理情况应当自收到补正材料之日起7个工作日内书面告知。

（2）复查与复核机关、单位受理信访事项复查与复核申请后，原处理、复查机关、单位应当在受理之日起5个工作日内，向复查与复核机关、单位提交作出处理意见、复查意见的证据、依据和其他有关材料。

（3）信访事项复查与复核申请已经受理或者正在办理，申请人不得在法定办理期限内向有关机关、单位再次提出申请。再次提出申请的，各级机关、单位不予受理。

（4）申请人向作出不予（再）受理复查与复核决定的上一级机关、单位申诉，上一级机关、单位应当予以审查，并在30日内反馈审查结果。不予（再）受理决定不当的，应当责令作出决定的机关、单位受理；不予（再）受理决定并无不当的，应当书面告知维持不予（再）受理决定的理由。

（5）机关、单位已出具书面告知书维持不予（再）受理决定，上一级机关、单位经审核并无不当的，无需再次出具书面告知书。

（6）机关、单位可以采取直接送达、委托送达、邮寄送达、公告送达等方式，将告知书送达申请人和被申请人，也可以通过信息网络、手机短信等快捷方式送达。通过快捷方式送达的，告知书内容及送达方式应当留档备查。

六、信访事项复查与复核的办理

（1）对属于本机关、单位复查与复核受理范围的信访事项，机关、单位应当自收到信访事项复查与复核申请之日起30日内提出复查与复核意见，并予以书面答复。

对属于本级党委、政府复查与复核受理范围的信访事项，信访事项复查与复核委员会办公室（党委、政府信访部门）应当自收到复查与复核申请之日起10日内委托本级党委、政府工作部门审查，受委托单位应当自收到委托书之日起10日内提出复查复核拟办意见。

（2）被复查与复核的信访处理意见或者复查意见由本级党委、政府工作部门作出的，信访事项复查复核委员会办公室（党委、政府信访部门）不得再单独委托该部门承担审查工作，可以采取组织多部门会商会办、专家论证等方式进行审查。

各级机关、单位及其工作人员办理信访事项复查与复核，应当听取信访人陈述事实和理由，并调查核实。调查中涉及国家秘密、工作秘密、商业秘密或者个人隐私的，机关、单位及其工作人员应当保密。坚持社会矛盾纠纷多元预防调处化解，综合运用法律、政策、经济、行政等手段和教育、调解、引导和解、帮扶救助等办法，促进信访问题实体化解。

经调解、和解达成一致意见的，应当制作调解协议书或者和解协议书。对重大、疑难、复杂的信访事项，复查与复核机关、单位可以举行听证。经过听证的复查与复核意见可以依法向社会公示。

（3）信访事项办理程序合法规范、事实认定清楚、证据充分确凿、依据适用准确、结论明确适当的,复查与复核应当予以维持。

有下列情形之一的,应当撤销或者变更:

1)违反法定程序的;

2)事实不清、证据不足、依据不准确、结论不适当的;

3)适用法律、法规、规章或者其他有关规定错误的;

4)应当适用法定途径或司法、行政程序而未适用的;

5)超越或者滥用职权的;

6)其他应当撤销或者变更的。

(4)信访处理意见或者复查意见被撤销后,作出该处理意见或者复查意见的机关、单位应当在30日内重新提出信访处理意见或者复查意见,并送达申请人和上一级机关、单位。

申请人仍不服重新作出的信访处理意见或者复查意见的,可以依法申请复查或者复核。

(5)机关、单位在信访事项复查与复核过程中有下列情形之一的,中止办理:

1)主要证据需要其他法定程序确认的;

2)复查与复核事项涉及法律、法规、规章或政策适用问题,需要有权机关作出解释或者确认的;

3)其他需要中止办理的情形。

中止办理的原因消除后,应当及时恢复办理。复查与复核机关、单位中止或者恢复办理的,应当告知申请人。

(6)机关、单位在信访事项复查与复核过程中有下列情形之一的,终止办理:

1)申请人撤回复查或者复核申请的。

2)调解、和解达成一致意见或者信访事项已经实体化解的。

3）申请人死亡、下落不明或者被宣告失踪，且未指定代理人或者代理人放弃复查或复核请求的；作为法人或者其他组织的申请人的主体资格被吊销或者注销的。

4）其他应当终止办理的情形。

（7）机关、单位提出信访事项复查与复核意见后，应当出具信访事项复查与复核意见书，并加盖机关、单位印章。复查与复核机关为县级以上党委、政府的，可以加盖本级信访事项复查与复核委员会印章。

（8）机关、单位可以采取直接送达、委托送达、邮寄送达、公告送达等方式，将信访事项复查与复核意见书送达申请人和被申请人。

（9）机关、单位应当将复查与复核事项办理情况以及相关资料，及时录入信访信息系统，并按照档案管理规定，做好立卷归档工作。

七、监督和追责

（1）各级党委和政府应当建立健全备案审查制度。地方党委、政府复核的信访事项，应当报上一级党委、政府备案审查。党委、政府以外的其他机关、单位复核的信访事项，应当报同级党委、政府备案审查。备案审查工作由信访事项复查复核委员会办公室（党委、政府信访部门）具体实施。

（2）复核意见有下列情形之一的，应当退回重新办理：

1）事实不清、证据不足，依据不充分、不准确，结论不明确、不适当的；

2）适用法律、法规、规章或者其他有关规定错误的；

3）违反法定程序的；

4）应当适用法定途径或司法、行政程序而未适用的；

5）超越或者滥用职权的；

6）其他应当退回重新办理的。

（3）有下列情形之一的，由上级机关、单位给予通报批评、责令限期改正；造成严重后果的，对直接负责的主管人员和其他直接责任人员，依规依纪依法严肃处理；构成犯罪的，依法追究刑事责任：

1）无正当理由不受理信访人依法提出的信访事项复查或复核申请的；

2）推诿、敷衍、拖延复查与复核事项办理或者无正当理由未在法定期限内办结复查与复核事项的；

3）对事实清楚，符合法律、法规、规章或者其他有关规定，应当予以支持的复查与复核申请未予以支持的；

4）对可能造成社会影响的重大、紧急信访事项，复查与复核办理不当，导致事态扩大的；

5）对党委、政府信访事项复查复核委员会提出的意见建议重视不够、落实不力，导致问题长期得不到解决的；

6）不履行或者不正确履行信访事项复查与复核意见的；

7）徇私舞弊、弄虚作假、谋取私利的；

8）其他违规违纪违法的情形。

（4）信访人不服信访事项复查与复核意见，仍然以同一事实和理由提出投诉请求的，机关、单位不再受理，做好教育疏导、矛盾化解、帮扶救助等工作。

第三节　信访听证工作

根据《信访工作条例》的规定，对重大、复杂、疑难的信访事项，复核机关、单位可以举行听证，经过听证的复核意见可以依法向社会公示。

一、听证的概念

听证制度属于行政程序中的基本制度，是指在法律规定的条件下，由非本案调查人为主持人，采用准司法的方式听取利害关系人申请、申辩的制度。

听证制度来源于自然正义原则，自然正义原则是英国普通法中的一个古老传统的原则，意指任何权力必须公正行使，对当事人不利的决定必须听取他的意见。自然正义原则是"不同时代广泛流行的自然法思想的一种表现。在司法上，这个原则表现为法官判案时必须听取双方意见，不能偏听一面之词。在行政上，这个原则表现为行政机关的决定对当事人有不利的影响时，必须听取当事人的意见，不能片面认定事实，剥夺对方辩护权利"。听证制度最早是在司法领域实施，继而扩展到立法和行政领域。

听证有广义、狭义之分：狭义的听证是行政机关为了合理、有效制定和实施行政决定，公开举行由利害关系人参加的听证会，听取各方面意见的活动；广义的听证则除了正式听证会外，还包括各种形式的听取意见，范围宽泛，如座谈、调研、征求意见、会议等。

（一）正式听证与非正式听证

这是美国行政程序法对听证所作的一种分类。

正式听证是指行政机关在制定法规和作出行政裁决时，举行正式的听证会，使当事人得以提出证据、质证、询问证人，行政机关基于听证记录作出决定的程序。正式听证也被称为"基于证据的听证""完全的听证"。正式听证的适用不取决于联邦行政程序法的规定，而是取决于法律是否规定根据听证记录制定法规或作出裁决。如果行政程序法之外的法律规定必须根据听证记录制定法规或作出裁决，则行政机关必须举行正式听证，反之，则不受行政程序法约束。

非正式听证是指行政机关在制定法规或作出行政裁决时，须给予当事人口头或书面陈述意见的机会，以供行政机关参考，行政机关不需基于听证记录制定法规或作出决定的程序。也被称为"陈述的听证"。

正式听证与非正式听证的区别主要在于公众参与的方式和程度不同。在正式听证中行政机关必须举行审判型的口头听证，当事人有权提出证据，进行口头辩论，行政机关必须根据听证记录制定法规或作出决定；而在非正式听证中，公众参与表示意见的方式，主要是通过口头或书面的方式提出，没有质证和相互辩论的权利，行政机关制定法规或作出决定时不受参与人意见的限制。此外，二者在听证的主持人上也有所不同。正式听证一般由行政法官来主持，非正式听证不必由行政法官主持，普通行政官员主持即可。

正式听证为公众提供了充分的参与机会，但需要消耗大量人力、物力，影响行政效率，一般公众也不愿意为此耗费时间。因此，正式听证在美国的适用度远不如非正式听证，仅限于涉及相对人重大权益，法律规定必须根据听证记录制定法规或作出决定时才适用。

（二）事前听证、事后听证、混合听证

这也是美国对听证的一种分类。以听证举行的时间在作出决定之前还是之后为标准，听证可分为事前听证、事后听证和混合听证。

事前听证是指在行政机关作出决定之前举行听证。如果行政机关的决定一旦作出，立即会使当事人陷入危难的，因此必须举行事前听证。如终止福利津贴，当事人由于没有其他收入来源，必将影响其生计，所以，行政机关必须举行事前听证。事前听证可以是正式听证，也可以是非正式听证。

事后听证是指行政机关在作出决定之后举行听证。事后听证可以方便行政机关迅速作出决定。利益受到不利影响的当事人，可在事后要求进行符合该决定具体情况的听证。

混合听证是指行政机关对于某些行政决定，事前举行非正式听证，作出决定后当事人不服时，举行正式听证；或者当事人不服行政机关的决定，先举行非正式听证，当事人不服非正式听证时，再举行正式听证。这种情况大都适用于社会保障和福利津贴方面的听证。

（三）书面听证和口头听证

这是葡萄牙和我国澳门特别行政区行政程序法根据听证的形式对听证的分类。听证是采取书面听证还是口头听证，由行政机关根据具体情况决定。书面听证是指利害关系人以书面形式向行政机关表明其意见。在采用书面听证时，行政机关必须通知利害关系人，听取他的意见，给予的期间不能少于10天。

在通知时，行政机关必须提供必需的资料、对作出决定有重要意义的事实和法律事宜，以及查阅卷宗的时间和地点。当事人在答复时，可对构成听证程序标的的问题表明立场，申请采取补足措施并附具文件。

口头听证是指以口头辩论的方式向行政机关陈述意见，相当于美国的正式听证。葡萄牙在行政程序法中规定，行政机关选择口头听证的，最少要提前8天传唤当事人。口头听证要审查所有有利于作出决定的事实和法律问题。听证结束后，制作听证记录，记载关系人的陈述。如果主持听证的机关不是有权作出最终决定的机关，则要制作调查员报告书，对行政决定提出建议，并说明该建议的事实和法律根据。

二、信访听证概述

信访听证，是指国家机关以听证会形式听取信访事项主要相关方的陈述，通过质询、辩论、评议、合议等方式，查明事实、分清责任，依法处理信访事项的制度。

信访听证与一般听证既有联系又有区别。信访听证是在最狭义听证的含义下使用听证一词，仅指相对正式的听证，而不包括简单、快捷的听取意见。信访听证介于行政立法听证和行政执法听证之间，甚至混合了两种听证的形式，目的是了解和调查信访事项的事实情况，也对有关法律问题进行辩论和讨论。需要注意的是，信访听证与一般听证不存在替代关系，信访听证是为了解决信访所涉及的"重大、复杂、疑难"事项，既不是重大决策和立法听证，也不是行政执法听证，而是为了更好地解决信访事项而由信访部门做主持人，主持听证程序的过程。

信访听证与信访调解也有差别，信访调解是对当事人信访事项，由信访部门与信访被反映人和信访人双方沟通协调，促成调解，信访调解可能是单方接触，也可能是将信访被反映人和信访人聚到一起一同解决问题。信访调解适用于事实清楚的信访事项，在可以双方作出协调和让步的事项上达成调解协议，信访部门在其中充当中间人的角色，促成和解。

信访听证与行政复议和行政诉讼不同。公民、法人或者其他组织认为行政机关的行为侵犯了其合法权益，可以通过行政复议或行政诉讼实现权利救济。行政复议中对部分案件也可以举行听证，法院对除国家秘密、商业秘密和个人隐私以外的案件进行公开审理。行政复议听证和行政诉讼审理是法定救济途径，行政复议听证和行政诉讼审理的目的是作出行政复议决定和行政诉讼判决。如果应当进入行政复议和行政诉讼程序，通过行政复议听证和行政诉讼审理的，不应当举行信访听证。民事案件和刑事案件的审理也是一样的，能够通过法院审判程序包括再审监督程序解决的，应当通过司法程序解决，不宜通过信访听证解决。

三、听证范围

（1）涉及人数多、群众反映强烈、争议较大的；

（2）具有一定代表性，群众关注度高、涉及范围广，在执行政策上有不同理解的；

（3）属于法律、法规、规章及政策边缘性问题的；

（4）跨地区、跨行业、跨部门，需要多个有权受理的行政机关共同研究、协调处理的；

（5）法律、法规、规章未做规定，没有明确适用政策导致信访事项久拖不决的；

（6）有权处理的行政机关在作出信访事项复查与复核意见之前，信访人要求举行听证的；

（7）信访人对原办理机关作出的处理决定或对复查机关作出的复查意见不服，要求举行听证的；

（8）有权处理的行政机关认为需要举行听证的。

四、听证受理

信访人要求听证，或被告知听证权利之日起 5 个工作日内，提交书面申请，否则视为放弃听证权利。信访人再以同一理由申请听证的，不再受理。信访人因不可抗力或其他正当事由在规定期限内无法提出听证申请的，在障碍消除后 3 个工作日内，可以提出申请并说明理由。

申请书应当载明申请听证的事由、证据及要求，如有证人，需提供证人名单及证人住址等。

受理机关应当在收到听证申请 5 日内作出是否受理的决定。决定不举行听证的，应当书面告知信访人并说明理由；决定举行听证的，应当征询信访人意见。受理机关应当在作出听证决定之日起 20 个工作日内举行听证，并在举行听证的前 5 日内，将听证时间、地点及相关事项通知信访人和有关参加人。

在举行听证前，信访人撤回听证申请的，应当准许并记录在案。信访人再以同一理由申请听证的，不再受理。信访人未按时参加听证，并且事先未说明理由的，视为放弃听证权利，应当记录在案。

除涉及国家秘密、商业秘密、个人隐私及其他不宜公开的信访事项外，听证应当公开进行。

五、听证机关、听证员、主持人、记录员和听证参加人

（一）听证机关

听证机关是指受理听证活动的行政机关。听证机关履行下列职责：

（1）审核听证申请，并决定是否同意听证；

（2）对信访人未提出听证申请的，经征得其同意，决定听证；

（3）制定听证会方案；

（4）决定或改变举行听证的时间、地点；

（5）根据具体信访事项，决定听证员、主持人、记录员；

（6）决定听证会参加人和旁听人；

（7）制作和送达听证会通知；

（8）决定听证会的延期、中止、终止；

（9）其他需听证机关履行的职责。

（二）听证员

听证员应当由5人及以上单数人员组成，根据信访事项的具体内容，邀请相关专家、学者、法律工作者、新闻记者、人大代表、政协委员或其他社会人士参加。其中，听证机关工作人员担任听证员的人数不得超过2人。

听证员就以下内容发表个人评议意见：

（1）信访人投诉请求是否合法合理，所涉及相关事实是否清楚；

（2）被投诉请求的机关或者单位依据的事实是否清楚、证据是否充分，是否符合法律、法规、规章和规范性文件规定；

（3）是否需要信访人补充其他证据材料；

（4）对信访事项复查或复核提出明确的意见。

（三）主持人

听证主持人由听证机关从听证员中指定。听证主持人履行下列职责：

（1）主持听证会；

（2）接收证据材料；

（3）维持听证秩序；

（4）组织听证员评议；

（5）其他需听证主持人履行的职责。

（四）记录员

记录员由听证机关指定，并履行下列职责：

（1）进行听证征询、通知等有关工作；

（2）核对参加听证会人员；

（3）做好听证记录、评议记录；

（4）其他需记录员履行的职责。

信访人认为听证员、记录员与信访事项处理结果有利害关系或者有其他关系可能影响听证公正的，有权要求其回避；听证员、记录员认为自己与信访事项处理结果有利害关系或者有其他关系的，应当申请回避。听证主持人的回避，由听证机关负责人决定；其他人员的回避，由听证主持人决定。决定听证员、记录员回避的，听证机关应当补充听证员、记录员。

（五）听证参加人

听证参加人包括信访人或委托代理人、信访事项承办人及其他与信访事项有关的人员。信访事项承办人包括作出原处理意见的承办人、作出原复查意见的承办人以及正在进行调查的承办人。信访事项承办人不得担任该信访事项听证会的听证员。多人反映同一信访事项的，应当推选代表，代表人数不得超过 5 人。

听证参加人享有下列权利和义务：

（1）对信访事项涉及的事实、适用依据进行陈述、举证、质证、辩论；

（2）核对、补正听证记录；

（3）本办法规定的其他权利；

（4）按时参加听证会；

（5）如实陈述事实、回答询问、提供证据材料；

（6）遵守听证会纪律。

信访人可以委托 1~2 名代理人参加听证。信访人委托代理人参加听证的，应当出具授权委托书，明确代理事项与代理权限。

听证会可以设旁听席。邀请信访人亲属、知情群众代表、信访人所在乡镇政府、街道办事处、村民委员会、居民委员会或者单位代表等参加旁听。旁听人不得进行发言、提问，不得有扰乱听证秩序的行为。

听证会可以设记者席。与会采访的新闻媒体由听证机关根据报名情况，按顺序或者随机抽取。经有关机关批准，听证机关可以邀请新闻媒体采访听证会，也可以通过电视、广播作现场直播。

六、听证会相关材料

（一）听证会方案

（1）听证会的议程；

（2）信访事项的基本情况；

（3）信访人所提供的证据、依据和理由；

（4）信访人争议的问题；

（5）其他与该信访事项有关的材料。

（二）听证机关应当送达的材料

听证机关应当向听证会参加人送达下列材料：

（1）听证会通知；

（2）听证会议程；

（3）听证会纪律。

七、听证会纪律

（1）按时参加听证会，信访人不能按期参加听证的，视为放弃听证权利并记录在案，因不可抗力未能参加的情况除外；

（2）未经听证主持人许可，不得随意发言和提问；

（3）发言要简明扼要，语言要文明得当，不得使用侮辱性、威胁性等不文明语言；

（4）未经听证主持人准许，听证参加人不得随意退场，信访人中途退场的，视为放弃听证权利；

（5）不得鼓掌、喧哗或者有其他干扰听证活动的行为；

（6）除听证机关指定工作人员外，其他听证参加人、旁听人不得录音、摄像。

对违反听证会纪律的，听证主持人有权制止；情节严重的，责令其退场。信访人不听制止、情节严重的，终止听证。

八、听证会程序

听证主持人宣布听证会开始，公布听证事由及听证员、主持人、记录员、听证参加人名单，并询问信访人是否提出回避申请，告知听证参加人权利和义务，宣布听证会纪律。

（一）主要程序

听证会按照下列程序进行：

（1）信访人或委托代理人进行信访事项陈述并提供相关证据，必要时应允许第三人进行陈述；

（2）信访事项承办人提出处理信访事项的事实、证据和适用法律、法规、规章或者其他有关规定的依据以及处理建议；

（3）信访人或委托代理人进行申辩和质证；

（4）信访事项承办人就有关争议的事实、依据、处理建议进行答辩；

（5）听证员提问、询问或者发表个人意见；

（6）信访人或委托代理人作最后陈述；

（7）信访事项承办人作最后陈述；

（8）主持人可以在最后陈述环节提出调解意见，推动信访人协商解决矛盾纠纷；

（9）主持人宣布休会，信访事项承办人、信访人或委托代理人暂时退场，由主持人组织听证员评议、合议，按照少数服从多数的原则，形成合议意见；

（10）信访事项承办人及信访人或委托代理人入场，听证员、主持人、记录员、听证参加人核对听证记录后分别签字或者盖章，信访人拒绝签名的，记录员在听证记录上予以注明，并经全体听证员签名确认；

（11）主持人宣布听证结论，并宣布听证会结束。评议记录经听证员、主持人、记录员核对后分别签字或盖章。拒绝签字或盖章的，由记录员在评议记录上写明情况。评议记录不对外公开。

（二）听证报告

主持人应当在听证记录、评议记录的基础上制作听证报告。听证报告应当包含听证会的时间、地点、参加人员、听证事由、主要经过和结论，在听证会结束后5个工作日内制作完成。听证资料（包括听证笔录、录音、照片、录像、信访事项承办单位及信访人提供的有关证据）由听证机关立卷归档。

（三）延期听证决定

具有下列情形之一的，主持人可以作出延期听证决定：

（1）信访人因不可抗拒的事由或者其他正当理由无法到场的；

（2）信访人提出回避申请，且理由充分的；

（3）其他应当延期听证的情形。

（四）中止听证决定

具有下列情形之一的，主持人可以作出中止听证决定：

（1）需要通知新的证人到场或者主要证据需要重新确认的；

（2）质证过程中涉及法律、法规、规章或者政策适用问题，需要有权机关作出解释或者确认的；

（3）信访人因不可抗拒的事由无法继续参加听证的；

（4）其他应当中止听证的情形。

延期、中止听证的情形消失后，听证机关应当及时决定恢复听证的时间、地点，并通知听证相关参加人员。

（五）终止听证决定

具有下列情形之一的，应当终止听证：

（1）信访人撤回听证申请的；

（2）信访人或者委托代理人无正当理由拒不出席或者未经主持人许可中途退出听证；

（3）信访人达成和解、调解协议的；

（4）应当终止听证的其他情形。

听证举行前终止听证的，由听证组织机关决定，并通知听证相关参加人员；听证举行过程中终止听证的，由主持人决定并记录在卷。

（六）其他相关规定

信访人达成调解协议的，听证机关应当场或在听证结束后3日内制作调解书，经信访人和有关机关、单位、当事人双方签字并加盖听证机关印章或信访专用章后确认。

听证报告应当作为行政机关作出信访事项复查复核意见的重要依据。听证所需时间不计算在信访事项复查复核期限内。

组织听证的费用，由听证机关承担。听证机关不承担信访人及其委托代理人、与信访事项有关的第三人及其委托代理人、信访事项承办人因听证所发生的费用。

第四节　行政复议与信访工作

一、行政复议与信访的行政救济制度

行政复议与信访都是公民、法人或者其他组织为了维护自己的合法权益，向有关部门提出请求，由有关部门依法解决问题的工作制度。鉴于行政诉讼主要通过人民法院司法监督解决行政争议，因此，行政复议与信访是行政机关自我解决行政争议的主要法定途径。

（一）依法设定

行政复议制度主要通过《中华人民共和国行政复议法》《中华人民共和国行政复议法实施条例》进行规范。行政复议是行政机关内部的层级监督制度，对行政管理相对人而言，是一种事后的救济措施。行政复议是公民、法人或者其他组织认为行政机关作出的具体行政行为侵犯其合法权益，依法向其上一级行政机关或者法律规定的行政机关提出行政复议申请，由受理行政复议申请的行政机关对具体行政行为依法进行审查并作出行政复议决定的法律制度。

信访是为了保持各级党委、政府同人民群众的密切联系，保护信访人合法权益的行政救济制度。信访是公民、法人或者其他组织采用书信、电子邮件、传真、电话、走访等形式，向各级党委、政府工作部门反映情况，表达自身意见，请求解决问题，依法由有关机关、单位处理的活动，其法规依据是《信访工作条例》。

（二）目标相同

行政复议与信访同属于行政救济制度。虽然这两种制度性质有所区别，运行程序有所不同，但都是公民、法人或者其他组织为主张自身合法权益，向有关部门提出投诉请求或反映情况，由有关部门依法解决问题的工作制度。

行政复议主要是通过及时合法审理行政复议案件，解决行政争议；信访通过处理信访事项，妥善解决人民群众的投诉请求，维护信访人的合法权益。

行政复议和信访是并行不悖的处理社会矛盾问题的两种不同途径，都是为了实现维护社会和谐统一、国家长治久安的共同目标。

（三）相辅相成

行政复议与信访同属于法定的行政救济途径，因此，他们各自的适用范围和操作空间是不矛盾的。

由于他们共同的目的是维护人民群众的合法权益，维护社会和谐稳定。所以，这两种制度是互补的，是相辅相成的。

二、行政复议与信访是不同的救济制度

行政复议与信访同作为行政救济制度，依据现行法律法规的规定，行政复议的受案范围、参加主体、受理时限、处理程序、处理结果等由法律严格界定；而对于信访的规定相对宽泛，没有非常严格的法定性。

因此，行政复议与信访是两种不同的行政救济制度。

三、行政复议与信访是平行的救济渠道

行政复议与信访是并行不悖的处理社会矛盾的两种不同途径，他们之间既不能交叉，又不能互相包含，也不能互相代替，是依法设定的平行救

济渠道。

（一）行政复议审查的客体是具体行政行为

具体行政行为是指行政机关为维护行政管理秩序，针对特定的行政管理相对人直接作出影响其权利义务的行为。从理论上讲，具体行政行为具有特定性、直接性、单向性等特点。具体行政行为的种类由法律法规严格规定，行政复议机关审查的具体行政行为，必须是在法定范围内。

（二）信访答复不具有行政属性

信访事项范围比较宽泛，法律法规对信访事项没有作出具体规定。从信访工作看，信访虽然也具有特定性、直接性的特点，但其不具有单向性。即信访答复行为或者处理结果是依申请的行为，故不具有具体行政行为的属性。因此，对信访答复行为提出行政复议申请的，行政复议机关不应受理。

（三）三级终结程序

从《信访工作条例》规定的办理程序看，当事人一旦选择了信访救济渠道，就应走完整个信访程序，即处理、复查、复核三级终结程序。当事人在信访程序过程中，对某一级信访答复不服的，只能继续向下一级信访程序提出申请，直至走完整个程序。在走完信访终结程序之前，不得跳出信访程序，再选择其他救济途径主张其权益。《信访工作条例》对此是有明确规定的。

换个角度考虑，由于行政复议受理期限是法律严格规定的，因此，当事人一旦选择了信访程序，等待处理、复查或者复核的信访结果作出后，往往丧失了申请行政复议的时间，即超过法定的行政复议受理期限。因此，从现行法律法规的规定来看，对信访结果不服再申请行政复议几乎是不可能的。

（四）对复核意见不服不可进行行政复议

《信访工作条例》规定，信访人对复核意见不服，仍然以同一事实和理由提出投诉请求的，各级党委和政府信访部门和其他机关、单位不再受理。从这一规定可以看出，整个信访程序是独立的、封闭的、不与外系统交叉的。信访人一旦选择了信访救济途径，如果在第一、第二级程序未解决问题，就必须要经过最后一级复核程序，而复核程序若仍未解决问题，信访机构和其他行政机关都不能再受理信访人的投诉请求。

从现行法律法规看，行政复议机关属于行政机关范畴。因此，信访人对复核意见不服提起行政复议，行政复议机关不应受理。而且，《信访工作条例》没有规定信访人不服复核意见的接续救济途径，行政复议机关也不应受理信访人不服复核意见的投诉请求。

第四章

信访工作的运行机制

信访工作的目标任务、定位功能确立以后，需要良好的运行机制加以保障。只有建立科学、有序、务实、高效的运行机制，才能使信访工作发挥更大的作用。信访工作的运行机制，除了前述的信访事项受理办理机制之外，还主要包括信访诉求表达机制、信访事项督办机制、信访工作责任机制等。这些机制是一个有机整体，共同构成促进信访工作有机运行、缺一不可的链条。

第一节 信访诉求表达机制

信访诉求表达机制是指信访人通过合法、正当的途径和方式，把自己的情况、建议、意见或者投诉请求向有关机关表达出来，并依法由有关机关处理，以实现和维护信访人合法、正当权益的机制。信访诉求表达机制的功能，是为广大群众提供充分反映自己利益诉求的畅通渠道,切实维护其合法权益;教育引导群众以理性合法的方式表达利益诉求,推动"事心双解",避免矛盾激化影响社会稳定。信访诉求表达机制建设主要包括信访诉求的表达基本方式和信访诉求表达的主要渠道两个方面。

一、信访诉求表达的基本方式

《信访工作条例》规定,信访诉求表达的基本方式有书信、走访、网上信访、电话、传真5种。其中,书信、走访是最主要的方式,也是信访人最常用的方式;网上信访是利用现代网络信息技术为信访人提供的最便捷的诉求表达方式,越来越被信访人广泛应用;电话、传真目前还没有一个全国统一的受理程序、标准和模式。

下面,重点阐释书信、走访、网上信访三种方式。

(一)书信

书信是指信访人将所提出的信访事项以信件的方式向有权处理的机关、单位提出。采用书信方式提出的信访信件,除了对信访事项涉及问题进行文字陈述外,还可以随该信件附上其他证据、材料,比如行政机关决定书、通知书等文书;能够证明事实情况的书面鉴定结论、照片、图片等材料。

《信访工作条例》第十九条规定,信访人一般应当采用书面形式提出信访事项,并载明其姓名(名称)、住址和请求、事实、理由。对采用口头形式提出的信访事项,有关机关、单位应当如实记录。该条款规定的理由:一是保证信访人所提投诉请求的严肃性;二是保证所提信件的真实性;三是便于告知信访人信访信件的处理情况。

1. 联名信

实际工作中,有关机关将5个及以上信访人联合提出同一信访事项,并签署多人姓名的来信称为联名信。信访人有权以联名信的方式提出信访事项，但是现实中还会出现一种情况，就是一个或几个信访人为了达到壮大声势、引起有关机关重视的目的，在未经过他人同意的情况下，将他人姓名签署于信件之上，比如签署姓名的字迹明显雷同、以打印的方式罗列多人姓名、以一人的名义表示代表许多信访人等。这些信件的实质并不是联名信，不应计入联名信处理范围。

2. 匿名信

对于不署名或者不写真实姓名（名称）、住址的来信，均作为匿名信处理。对匿名信的处理，应具体分析、区别对待。如果事实清楚、理由充分，这种匿名应视为信访人自我保护的一种手段和措施，信访部门应谨慎对待、认真处理；如果有歪曲事实、诬陷他人的倾向，可以不予受理；对于事实不清楚、理由不充分、无明确诉求的来信，均作为无价值来信或无效来信，可以不予受理。

因此，为了保证群众来信的有效性，《信访工作条例》严格规定信访人提出投诉请求的来信，必须载明信访人的姓名（名称）、住址和请求、事实、理由。

（二）走访

走访是指信访人本人或委托他人到有关机关面谈，提出信访事项。《信访工作条例》规定，信访人采用走访形式提出信访事项的，应当到有权处理的本级或者上一级机关、单位设立或者指定的接待场所提出。多人采用走访形式提出共同信访事项的，应当推选代表，代表人数不得超过5人。

（三）网上信访

网上信访是指信访人通过互联网向有关机关、单位指定的电子邮箱或网站反映情况，提出建议、意见或投诉请求。随着现代通信技术和互联网的发展，许多行政机关已经开通了网上受理信访事项的电子信箱或网站，这种形式因其方便、快捷传递信息的特点，受到越来越多群众的青睐。

二、信访诉求表达的主要渠道

近年来，为进一步畅通和拓宽信访渠道，完善信访诉求表达方式，各地区、各部门进行了积极有益的探索，取得了明显成效。下面，介绍几种信访诉求重要的表达渠道和方式。

（一）开设市长专线电话

所谓专线电话（即市长、县长热线电话等）是党和政府密切联系群众的重要渠道，也是群众表达诉求的重要渠道。专线电话具有方便、快捷、受众面广的特点，在解答群众咨询的问题、解决群众日常生活中遇到的困难、参与公共事务管理、维护社会稳定等方面具有明显的优势。

开通专线电话的前提条件：

（1）要采用先进技术，设立足够的电话接听座席，保证电话畅通；

（2）要规范电话受理程序，制定受理标准，明确工作要求，使专线电话工作有章可循；

（3）要热情服务，以对人民群众高度负责的态度，耐心倾听群众的呼声，热心解答群众咨询的问题，耐心受理群众投诉的事项，真心为群众解决困难；

（4）要方便群众，尽可能为群众提供更广泛的服务。

（二）全国信访信息系统建设

按照《信访工作条例》等有关规定，国家信访部门充分利用现有政务信息网络资源，建立全国信访信息系统，为信访人在当地提出信访事项、查询信访信件办理情况提供便利。县级以上地方人民政府应当充分利用现有政务信息网络资源，建立或者确定本行政区域的信访信息系统，并与上级人民政府、政府有关部门、下级人民政府的信访信息系统实现互联互通。

《中共中央　国务院关于进一步加强新时期信访工作的意见》也要求，建立全国信访信息系统，为群众反映问题、提出意见建议、查询办理情况提供便利，为督查信访工作提供工作平台，确保群众诉求得到及时反映和有效处理。

建立全国信访信息系统要达到的目的和应具有的功能主要包括以下三个方面：

（1）方便信访人在当地尤其是在基层提出信访事项，并能够及时了解信访事项的受理、办理情况；

（2）监督信访事项的受理、办理，方便上级有关机关、政府信访部门或者其领导干部对有关机关受理、办理信访事项情况进行监督，变"上边着急"为"下边着急"；

（3）方便各级机关、单位对信访事项的受理、处理等信访信息的共享，避免重复受理、处理，降低行政成本，提高行政效率，加快信访事项的受理、办理进程，同时也可以避免信访人一信多投，减轻信访人的经济负担。

（三）建立健全人民建议征集制度

建立健全人民建议征集制度，目的是切实保障公民的知情权、参与权、表达权、监督权，引导群众对党和政府的工作积极献计献策，鼓励和支持群众以各种方式参与国家事务管理。

中央领导同志对建立健全人民建议征集制度高度重视。按照中央领导同志的重要指示精神，各地区、各部门在积极探索实践的基础上，应抓紧研究完善建立健全人民建议征集制度的办法。

（四）人大代表、政协委员联系信访群众

人大代表、政协委员联系信访群众是中央对加强和改进新时期信访工作提出的新要求，是在信访工作中贯彻党的群众路线的具体体现，也是做好新形势下群众信访工作的迫切需要。

第一，建立健全人大代表联系信访群众制度，拓宽群众反映问题、参与管理国家和社会事务、参政议政的渠道。各级人大应定期组织人大代表深入群众、深入基层，尤其要经常深入选区群众中去，倾听群众的意见和呼声；应使人大代表参与信访工作经常化、制度化，充分发挥人大代表的监督作用；通过代表提案、质询政府工作人员等方式，督促有关行政部门解决群众反映强烈的问题，尤其要进一步加强司法监督，从源头上防止和减少涉法涉诉信访问题的发生。

第二，建立健全政协委员联系信访群众制度。发挥政协委员联系界别多、专业性强、文化知识层次高、专家型人才多等优势，组织他们经常深入所联系的群众中，特别要到信访问题多的地方去，广泛征求民意，调查了解产生问题的原因，积极向党委、政府建言献策，提出改进工作的意见和建议，同时热情主动地做好信访群众的思想政治工作，维护社会大局稳定。

三、畅通信访表达渠道的基本要求

（一）衡量信访表达渠道畅通的标准

衡量信访表达渠道是否畅通的标准，从狭义上看，主要看投诉渠道的畅通程度，即信访人不被任何组织或个人以任何名义和手段阻碍、限制，或者进行打击报复。从广义上看，一是群众表达诉求是否方便快捷；二是群众正

当的信访权利是否得到保障；三是民意、民情、民智是否能够顺畅上达领导机关；四是群众的正当要求是否得到满足；五是信访活动是否依法有序进行。具体可以参照以下几个方面：

（1）是否向社会公布信访部门的通信地址、电子信箱、投诉电话、信访接待的时间和地点，以及查询信访事项处理进展及结果的方式等相关内容。

（2）是否在其信访接待场所或者网站公布与信访工作有关的法律、法规、规章，信访事项的处理程序，以及其他为信访人提供便利的相关内容。

（3）是否建立党政机关负责人信访接待日制度，由党政机关负责人协调处理重要信访事项；信访人是否可以在公布的接待日和接待地点向有关党政机关负责人当面反映信访诉求；党政机关负责人或者其指定的人员，是否就信访人反映的突出问题到信访人居住地与信访人面谈沟通。

（4）是否建立或者确定本区域的信访信息系统，并与上级或者下级机关的信访信息系统实现互联互通。

（二）规范信访工作行为的要求

信访工作实践中，绝大多数信访群众的初信初访是理性守法的，往往是在多次反映问题得不到解决，或是能够解决，但由于信访部门或者有关部门及其工作人员官僚主义等原因不认真解决、推诿扯皮后，导致信访群众采取非理性的诉求表达方式。因此，各级各部门首先要规范信访工作行为，切实在解决问题的实际行动上作表率，取信于群众。

1. 必要性

（1）规范信访工作行为是由信访工作性质所决定的。信访工作是密切党和政府同人民群众联系的桥梁和纽带，信访工作者代表党和政府履行信访工作职责，其行为贯穿于信访事项的提出、受理、办理和督办全过程，其工作作风、办事效率和业务能力直接关系到信访事项处理的质量和效率，直接反映着党和政府的信访工作水平，直接关系到党和政府在人民群众心目中的形象。

（2）规范信访工作行为也是由依法行政的基本要求所决定的。依法行政是实施依法治国基本方略的基本要求。依法做好信访工作是各级政府及其工作部门全面推进依法行政的重要环节，依法行政的基本要求是合法行政、合理行政、程序正当、高效便民、诚实守信、权责统一。这就要求有权处理信访事项的机关、单位及其工作人员在信访工作中，严格行政执法，强化行政监督，不断提高依法办事的能力和水平。

（3）规范信访工作行为是由信访工作原则要求所决定的。信访工作原则主要包括方便信访人的原则；属地管理、分级负责，谁主管、谁负责的原则；依法、及时、就地解决问题与疏导教育相结合的原则；治标和治本相结合的原则；责任至上的原则。这些信访工作原则，成为维护信访人合法权益的重要保障，是规范信访工作行为的重要依据。

2. 具体要求

信访工作行为必须遵守相关法律规定，这些规定旨在制约有权处理、办理信访事项的机关及其工作人员。依据《信访工作条例》，对信访工作行为主要应遵循以下要求：

（1）不得打击报复信访人。要切实保障信访人、举报人的权利和人身安全，任何组织和个人不得以任何理由或者借口压制、限制人民群众信访和举报，不得打击报复信访人、举报人。

（2）遵守保密制度。不得泄露工作秘密，不得泄露信访人隐私和信访人依法要求保密的其他内容，不得将信访人的检举、揭发材料及有关情况透露或者转给被检举、揭发的人员或者单位。

（3）各级机关、单位及其工作人员办理信访事项，应当恪尽职守、秉公办理，查明事实、分清责任，加强对信访人的教育疏导，及时妥善处理信访事项,不得推诿、敷衍、拖延。

（4）按要求回避。各级机关、单位工作人员与信访事项或者信访人有直接利害关系的,应当回避。

（5）在规定的期限内按规定程序办理、督办信访事项,并将办理决定书面答复信访人。

（6）互通信访信息。通过建立全国信访信息系统,为信访人在当地提出信访事项、查询信访事项办理情况提供便利;实现上下级机关及其工作部门之间的互联互通,避免信访事项重复处理或没有下文。

（7）接受信访人的查询。信访办理机关对信访人查询与其有关的信访事项办理情况的要求,除涉及国家秘密、商业秘密、个人隐私的事项外,应当如实答复,不得拒绝。

（8）妥善保管信访材料和档案,不得丢失、隐匿或者擅自销毁。

有权处理的机关、单位违反上述规定的,其上级机关可以责令其改正;造成严重后果的,对直接负责的主管人员和其他直接责任人员应当依规依纪依法给予党纪、政纪等处分。

（三）规范信访人行为的要求

在信访工作中,少数信访人采取不理性、不合法的方式表达诉求,这既影响了广大信访人的正常信访活动,也扰乱了当地的社会公共秩序,给当地群众的工作生活带来不便。因此,既要对信访人的诉求表达方式给予保障,又要对其诉求表达方式给予规范。

1. 提出信访事项的对象、范围

信访事项的提出,是指公民、法人或者其他组织依照《信访工作条例》的规定,向各级行政机关反映情况,提出建议、意见或者投诉请求的行为。这一行为是以遵守信访事项提出的形式、程序、秩序等要求为前提的,既要保障公民、法人和其他组织的合法权益；又要维护社会主义法治，正确处理信访与其他诉求表达渠道之间的关系。

信访人提出信访事项，应当注意提出的对象和范围。

（1）提出信访事项的对象。信访人对下列组织、人员的职务行为反映情况，提出建议、意见，或者不服下列组织、人员的职务行为，可以向有权处理的机关、单位提出信访事项：

1）有权处理的机关、单位及其工作人员；

2）法律法规授权的具有管理公共事务职能的组织及其工作人员；

3）提供公共服务的企业、事业单位及其工作人员；

4）社会团体或者其他企业、事业单位中由国家行政机关任命、派出的人员；

5）村民委员会、居民委员会及其成员。

（2）提出信访事项的范围。信访人所提信访事项，应当属于该机关、部门或单位职责范围内的内容，即信访事项提出的管辖权之内。信访事项提出的管辖权，是指信访人可以通过哪些渠道向哪些单位反映情况，提出建议、意见和投诉请求。提出信访事项的范围主要包括：

1）属于国家行政机关职权范围内的信访事项。

2）属于国家权力机关、司法机关职权范围内的信访事项。信访人对各级人民代表大会以及县级以上各级人民代表大会常务委员会、人民法院、人民检察院职权范围内的信访事项，应当分别向有关的人民代表大会及其常务委员会、人民法院、人民检察院提出。国家行政机关无权受理此类信访事项，最典型的就是涉法涉诉类信访事项。

3）通过诉讼、仲裁、行政复议等法定途径解决的投诉请求，依照有关法律、行政法规规定的程序向有权处理机关提出，国家行政机关对此类信访事项不予受理。

2. 提出信访事项的基本原则

信访人提出信访事项时，必须遵循以下基本原则：

（1）遵守真实性原则。要尊重客观事实，对所提供材料内容的真实性负责，不得捏造、歪曲事实，不得诬告、陷害他人。

（2）履行机关、单位做出的处理意见。对处理意见不服的，在法定时限内可以向原办理机关、单位的上一级机关、单位请求复查；对复查意见不服的，在法定时限内可以向复查机关、单位的上一级机关、单位请求复核；经过复查、复核而终结的，信访人以同一事实和理由提出投诉请求的，有关机关、单位不再受理。

3. 提出信访事项的具体要求

少数人在信访时采取过激方式，如围堵国家机关，拦截公务车辆，堵塞公路、铁路交通等，既影响了广大信访人的正常信访活动，也扰乱了当地的社会公共秩序，给当地群众的工作生活带来不便，这是不予允许的。

因此，有关信访法律法规、规章以及文件规定，信访人必须依法信访，遵守《中华人民共和国宪法》（以下简称《宪法》）以及信访相关的法律法规，如《信访工作条例》《中华人民共和国集会游行示威法》《中华人民共和国治安管理处罚法》（以下简称《治安管理处罚法》），要按照《信访工作条例》规定的权限、程序和实体规则依法提出信访事项，进行信访活动。

《宪法》规定，公民在行使自己权利的同时，有遵守法律法规的义务，不得损害国家、社会、集体的利益和其他公民的合法权益。信访人在信访活动中，应当遵守法律法规，自觉维护社会公共秩序和信访秩序。

《信访工作条例》规定，信访人在信访过程中应当遵守法律法规，不得损害国家、社会、集体的利益和其他公民的合法权利，自觉维护社会公共秩序和信访秩序，不得有下列行为：

（1）在国家机关办公场所周围、公共场所非法聚集，围堵、冲击国家机关，拦截公务车辆，或者堵塞、阻断交通；

（2）携带危险物品、管制器具；

（3）侮辱、殴打、威胁国家机关工作人员，或者非法限制他人人身自由；

（4）在信访接待场所滞留、滋事，或者将生活不能自理的人弃留在信访接待场所；

（5）煽动、串联、胁迫、以财物诱使、幕后操纵他人信访或者以信访为名借机敛财；

（6）有其他扰乱公共秩序、妨害国家和公共安全的行为。

4. 信访人法律责任

信访人的法律责任，是指信访人违反《治安管理处罚法》《信访工作条例》等法律法规的规定，扰乱信访工作秩序，诬告陷害他人等而应承担的法律责任。

（1）扰乱信访秩序责任。对扰乱信访秩序行为的处理方法主要包括以下几点：

1）由有关国家机关工作人员对违法信访人进行劝阻、批评或者教育。有关国家机关工作人员不仅指行政机关，而且包括人大、审判、检察等机关工作人员。上述国家机关工作人员对违法信访人具有劝解说服的职责，但非公安机关不具有采取强制手段予以制止的权力。对于违法信访活动，公安机关之外的其他国家机关及其工作人员可以对违法信访活动保存证据，为公安机关采取强制措施、追究法律责任做好准备。

2）经劝阻、批评和教育无效的，由公安机关予以警告、训诫或者制止；违反集会、游行、示威和治安管理相关法律、行政法规的，由公安机关依法采取必要的现场处置措施。对于尚未构成犯罪的违法信访活动，公安机关依照治安管理处罚的相关规定，追究信访人的行政责任，给予相应的行政处罚。

3）构成犯罪的，依法追究刑事责任。扰乱信访秩序的行为大多是妨害社会管理秩序罪的基本构成要件。所谓妨害社会管理秩序罪，是指故意妨害国家机关对社会的管理活动，破坏社会秩序，情节严重的行为。

《中华人民共和国刑法》（以下简称《刑法》）规定本类犯罪，是为了维护社会管理秩序。所谓社会管理秩序，是指社会生活所必须遵守的行为准则以及国家管理活动所调整的社会模式、结构体系，以及社会关系的有序性、稳定性和连续性。公民遵守行为准则与国家从事管理活动，是维护社会管理秩序的基本条件。

《信访工作条例》规定的与扰乱信访秩序活动相关的犯罪主要包括妨害公务罪，煽动暴力抗拒法律实施罪，聚众扰乱社会秩序罪，聚众冲击国家机关罪，聚众扰乱公共场所秩序、交通秩序罪，投放危险物品罪，寻衅滋事罪，非法集会、游行、示威罪，非法携带武器、管制刀具、爆炸物参加集会、游行、示威罪等。有的可能构成侵犯公民人身权利、民主权利犯罪，如遗弃罪或诈骗罪等。上述犯罪行为，由公安机关立案侦查，由检察机关提起公诉，由人民法院作出判决。

（2）诬告陷害责任。信访人捏造歪曲事实，诬告陷害他人，由公安机关根据《信访工作条例》、依照《治安管理处罚法》和《刑法》分别追究其法律责任。

信访人捏造歪曲事实，诬告陷害他人，如果不是意图引起司法机关刑事追究，而是企图使有关机关追究被诬陷人行政责任或给予纪律处分的；或者虽然信访人故意捏造犯罪事实，向国家机关或有关单位告发，意图使他人受到刑事责任追究，但不足以使司法机关启动刑事追究程序，公安机关应当依照治安管理处罚规定，对违法信访人给予行政处罚，而不应追究其刑事责任。

如果涉嫌诬告陷害的违法信访人意图引起司法机关对被诬陷人进行刑事追究，情节严重的，则构成诬告陷害罪。其构成要件有以下四点：

1）侵犯的客体是复杂客体，既侵犯了他人的人身权利，也侵犯了司法机关的正常活动。

2）客观方面表现为捏造他人犯罪事实，向司法机关或有关单位告发，或者采取其他方法足以引起司法机关的追究活动。捏造事实是指无中生有、栽赃陷害、借题发挥、歪曲事实等。捏造的事实必须是他人的犯罪事实，只要足以引起司法机关追究被害人的刑事责任即可，并不要求捏造详细情节与证据。诬告陷害是指不仅捏造了他人的犯罪事实，而且将捏造的犯罪事实向有关机关进行了告发。诬告陷害的对象必须是明确的、特定的对象，但不要求行为人指名道姓，只要告发的内容足以使司法机关确认对象即可。捏造他人的不可能被追究刑事责任的一般违法事实，不构成本罪。诬告陷害情节严重的（这里所规定的"情节严重"，主要是指捏造的犯罪事实情节严重，诬陷手段恶劣，或者社会影响恶劣等），只要诬告陷害的行为符合以上条件，不论被诬陷人是否受到刑事处罚，都不影响本罪成立。

3）主体是一般主体，既可以是普通公民，也可以是国家工作人员。

4）行为人主观上必须是故意。行为人明知自己所告发的是虚假的犯罪事实，明知诬告陷害行为会发生侵犯他人人身权利的危害结果，并且希望或者放任这种结果的发生。行为人具有使他人受到刑事追究的目的，但不要求其将该目的作为唯一目的或者主要目的。是否具有陷害他人的故意，是区分此罪与错告或检举失实的界限，也是区分此罪与诽谤罪的重要界限标准。

诬告陷害罪与报复陷害罪不同。前者侵犯的是公民的人身权利，后者侵犯的是公民的民主权利。前者的侵犯对象是一般公民，后者的侵害对象是控告人、申诉人、批评人与举报人。前者的主体是一般主体，后者是国家机关工作人员。前者的行为表现是捏造犯罪事实，诬告陷害他人；后者则为滥用职权、假公济私，实施报复陷害。前者的目的是使他人受到刑事追究，后者则为一般报复目的。

国家机关工作人员为了报复陷害控告人等，利用职权、捏造事实，并向有关机关告发的，符合诬告陷害罪的特征，应按诬告陷害罪处理，而不以报复陷害罪论处。根据《刑法》规定，犯诬告陷害罪的，处3年以下有期徒刑、拘役或者管制；造成严重后果的，处3年以上10年以下有期徒刑；国家机关工作人员犯本罪的，从重处罚。

信访部门在信访工作中，要注意认真审查信访人的控告、检举、揭发内容的真实性以及信访人的目的或意图，对于信访内容明显失实或者信访意图明显要求追究有关单位或个人的刑事或行政责任的信访人，要讲明有关法律规定，并指明信访失实的法律后果，尽力避免诬告陷害行为的发生。

第二节　信访事项的督办机制

信访事项的督办，是指县级以上信访部门为了使信访事项得到依法及时妥善的处理，依照法定职责对同级工作部门和下级党政机关处理信访事项、执行信访决定的情况予以督促检查的行为。信访部门督办范围既包括信访部门收到信访事项后转送、交办有关机关、单位处理的情况，也包括有关机关、单位直接受理信访事项的情况。信访事项督办机制的内容主要包括督办原则、督办方式、督办程序。

"属地管理、分级负责，谁主管、谁负责"是信访工作坚持的重要原则。这一原则主张信访事项由主管的地方或部门负责处理，力求在基层解决问题，有利于问题的及时、直接和就地解决。但是，这种工作方式也使得有些信访部门成为一个中转站，将具体问题转由下级或相关机关、单位处理，本身基本不处理具体问题。《信访工作条例》赋予信访部门督办权，在一定程度可以避免信访事项的处理流于形式的弊端，促进信访事项被及时、有效处理。

一、督办原则

信访事项督办分为两类：一是对信访事项总体办理情况的督办；二是对交办的信访事项个案的督办。对信访事项总体处理情况的督办，其实质是上下级信访部门的内部督办；对信访事项个案的督办，是对督办事项的承办单位的督办。督办过程中应采取以下五个原则。

（一）实事求是原则

在督办过程中，要求真务实，察实情、说实话，准确、全面、客观，经得起检验。尤其是对重点督办的信访事项，要克服"三化"现象：

一是简单化。敷衍了事，不深入了解信访事项的实质，仅看表面材料。

二是形式化。听、看、查、问等形式一起用，所有程序都到位，却只了解现象，不深究问题，不利于发现问题解决矛盾。

三是主观化。简单类比，凭经验判断现象和问题。

（二）坚持依法办事的原则

严格遵守国家法律法规和相关政策规定，严格把握政策界限，严格工作程序和制度。带着责任和感情认真解决群众合理诉求，推动大量信访事项的有效解决，既要保护好群众的合法权益，又不迁就纵容过高和无理要求。

（三）全面督办与重点督办相结合的原则

既要对信访事项的个案处理予以督办，做到"件件有着落，事事有回音"，也要注意定期对下级信访部门对转办信访事项督促办理的情形予以督办。同时，督办要分清轻重缓急，重点抓住下列内容进行：

（1）中央和地方各级领导同志批示的重大信访事项；

（2）群众反映比较集中，或者不及时解决将可能产生严重后果、造成重大损失的信访事项；

（3）办理机关存在推诿敷衍、拖延不办、虚报处理结果、拒不执行信访处理意见等情形的；

（4）办理机关在处理信访事项过程中，遇到信访问题涉及两个以上地方或部门，需要解决协调等实际困难的。

（四）时效性原则

督办要注重时效，强调按时按质进行。督办之所以重要，在某种意义上就是为了争时间、讲效率、求实效，使信访事项尽快得到依法妥善的处理。敷衍拖延的工作作风必然会延误解决问题的时机，导致督办流于形式、失去意义。

（五）督办与帮助、协调相结合的原则

督办是提醒责任主体发现问题、指导运作、帮助解决困难、总结经验的系统运作过程。承办机关在处理信访事项过程中，常常会遇到一些困难和问题：或因部门之间意见分歧；或因分工不明、职责不清；或因局部利益和整体利益处理不好，出现矛盾、扯皮、梗阻等情况。

因此，在督办时既要了解情况，又要分析原因；既要指出不足，又要帮助协调问题。要坚持"督中有帮、以帮促办、搞好协调、化解矛盾"的督办方法，充分运用督办成果，产生进度加快、问题解决、效果增强等综合效应。

二、督办方式

在信访工作实践中，督办方式有很多。并且，各种督办方式不是相互孤立和排斥的，有时需要同时运用多种方式。以下是几种常见的督办方式。

（一）电话督办

信访部门对处理信访事项的机关、单位出现违反程序规定的一般情形，或者对信访事项结案时间要求紧迫的，可以采用电话督办这种方便、快捷、低成本的督办方式。

（二）约谈督办

对信访事项结案时间要求紧迫的，且属于重大或重要信访事项需要面谈的，采用约谈督办方式，把有权处理该信访事项的机关、单位约到信访部门，以督促指导办理。

（三）书面督办

信访部门通过发函或催办通知等形式，要求处理信访事项的机关、单位整理书面材料、汇报工作进展情况，即书面督办。这种方式操作比较简单，但对那些故意隐瞒、严重违反信访工作处理规定的情形来说，书面督办仅仅审查书面材料，不能避免弄虚作假的现象，难以达到监督效果。

（四）实地督办

信访部门直接派人深入督办对象和信访人中调查了解情况，掌握第一手材料，并提出相关建议，促进信访事项的办理和执行，即实地督办。这种督办方式工作效率较高、效果好。

（五）会议督办

由信访部门召开专门会议，组织与处理信访事项有关的机关、单位共同协商，使各方意见和看法得到充分交流，有利于形成共识，促进信访事项依法及时处理。

（六）联合督办

因为信访工作涉及面广，有些信访事项专业性强、情况复杂，单靠信访部门督办可能力不从心，效果也不会很理想；而有关职能部门是承办机关的主管机关，对其约束力大、督促力度大，又熟悉相关法律法规和政策，了解情况，因此职能部门督办更容易奏效。充分发挥职能部门的长处，开展联合督办，密切配合，可以形成合力，效果会更好。

（七）领导督办

对某些重大、疑难信访事项，由各级领导同志分别敦促各自主管部门，亲自领导、组织和协调相关部门和人员，实现问题尽早尽快解决。

（八）网上督办

已实现信访信息系统互联互通的机关、单位，可以利用信访信息系统对其进行督办。

三、督办程序

对信访事项总体办理情况进行督办，其目的在于互通信息、掌握情况，没有严格的程序要求；而对交办的信访事项个案的督办，则必须严格按照《信访工作条例》和各地各部门规定的程序进行。

（一）督办信访事项总体办理情况

发现有权处理信访事项的机关、单位有下列情形之一的，应当立项，并及时督办：

（1）无正当理由未按规定的办理期限办结信访事项的；
（2）未按规定反馈信访事项办理结果的；
（3）未按规定程序办理信访事项的；
（4）办理信访事项推诿、敷衍、拖延的；
（5）不执行信访处理意见的；
（6）其他需要督办的情形。

（二）督办信访事项的交办

督办信访事项经由信访部门批准后进行交办。交办的信访事项原则上送交相关下一级地方党委、政府或同级人民政府工作部门；需要送主要负责同志的，一般应由相关地方党委、政府或相关工作部门办公厅（室）转呈。

承办单位在收到交办信访事项之日起，一般应在60日内办结。党委、政府主要领导同志交办且另有要求的，按要求办理。

（三）督办的实施

在规定时限内承办单位未办结交办的，应及时跟进督办，并要求其说明理由或书面报告进展情况。

信访部门将重要信访事项直接向有权处理的机关、单位交办后，不能等到超出法定或指定办理期限仍未办结的时候才开始履行督办职责，此时有权处理的机关、单位的错误无法被及时纠正，信访人的合法权益已经遭受损害，督办的效果也将大打折扣。

因此，信访事项被交办后，信访部门应当主动对有关办理和执行情况进行一般性跟进督促，或者要求下级信访部门代为跟进督促，直至办结；如果发现有权处理的机关、单位在处理信访事项过程中有轻微不当的行为，要及时通过电话或信件形式予以提醒和督促纠正，以使信访问题得到妥善处理。

（四）提出建议

信访部门对专门立项督办的信访事项进行调查了解，掌握实际情况后，应当针对信访事项处理过程中存在的问题及时向有权处理的机关、单位提出改进工作、完善政策、解决问题、给予行政处分的建议，并且应当督促其在30日内反馈对建议的采纳情况。收到改进建议的有权处理的机关、单位拟采纳改进建议的，应当说明实施步骤和举措；拟部分采纳或不采纳建议的，应当说明相应理由。

在实际工作中，信访部门认为有权处理的机关、单位有严重违反有关规定的情形，拒绝采纳改进建议又缺乏正当理由的，可以报请本级人民政府及其负责人裁决。

（五）汇报材料的审核

督办信访事项的承办单位在规定时限内上报汇报材料；汇报材料应由直接交办的承办单位以公文形式报送；党政主要领导同志批示交办的，应由相关地方和部门的领导同志审核签报；其他单位报送的汇报材料，须有直接交办的承办单位签署的审核意见。

对督办信访事项的汇报材料（包括经有权处理的机关、单位调查处理并经复查复核的汇报材料），要按照"事实清楚、定性准确、适用法律法规和政策正确、处理意见恰当、程序规范、手续完备"的要求，严格审核。经审核后，符合要求的，应及时上报或办结存档；不符合要求的，退回直接交办的承办单位补充查报或重新查报。

（六）处理情况的上报与反馈

对需要向上级机关或领导同志反馈的信访事项办理结果，信访部门应当按照有关规定及时报告反馈。

（七）立卷归档

一个信访事项经督办结案后，要将督办过程中领导同志批示、查办原件、调查情况、处理结果、落实情况和来往文件等材料整理归档。有条件的，要输入信访信息系统，以备查索。

四、督办特征

（一）监督性

信访督办是信访立项机关交办给下级信访部门（即承办机关）后，立项机关对承办机关工作进展情况的监督检查措施。针对处理中存在的问题，立项机关可以对承办机关提出督办建议，甚至对于某些违法失职行为提出追究责任的意见。

（二）间接性

督办存在的前提就是立项机关已经将信访事项转交承办机关处理，所以立项机关并不直接处理事项，而是以间接的方式督促信访问题的解决。

（三）实体正义性

与其他救济手段相比，信访更加注重实体正义的实现，而督办就是这一特点的重要体现。

目前一些机关、单位在处理信访事项时，有一种走向行政复议或行政诉讼，关注形式正义忽视实体正义的倾向，在形式上走完了办理答复、复查、复核的三级审查程序，但没有在实体上解决任何问题，导致当事人反复不断信访。督办立足于解决信访人反映的问题,通过多种督办方式,严把信访事项办理的质量关,避免形式化,确保信访事项能够得到切实妥善解决。

五、督办与交办、转送的关系

交办、转送、督办都是信访工作的重要制度,既相互关联,又各不相同。

交办是信访部门受理信访事项后,按照"谁主管、谁负责"原则将其交相关有权处理的机关、单位办理,并要求汇报结果的制度。

转送是接访机关、单位按照"属地管理、分级负责,谁主管、谁负责"原则,把信访材料转给有关地方、机关或单位处理。

二者的区别在于,交办是信访部门受理立案后,将有关信访事项交给本级或下级有权处理的机关、单位处理,而转送事项往往并非接访机关、单位的受理范围,一般是应当由同级或下级有权处理的机关、单位处理的信访事项,因此接访机关、单位并不受理,而直接将信访事项转给有权处理的机关、单位处理。

督办与前两者都不同。首先,在介入时间上,交办、转送是在信访事项受理时出现的工作程序,而督办是在信访事项交办、转送后才会出现的工作程序,并一直持续到信访事项完全终结为止。其次,在流程性质上,交办、转送属于对一般信访事项进行甄别、分类的一种分流处理程序,而督办是对信访事项处理情况的监督审查机制。最后,在处理对象上,交办、转送针对的是信访事项本身,而督办的对象则是承办机关的处理和执行情况。

交办、转送、督办之间也存在着千丝万缕的关联。信访事项的处理原则"属地管理、分级负责,谁主管、谁负责"将三者串联在一起,不可分割。信访部门交办、转送职责的目的就是将信访事项交给适当级别的业务主管部门处理。而督办则是为了避免"转而不办"、使信访流于形式的现象发生。督办作为信访部门的一项职责,使其能够跟踪交办、转送事项的办理情况,对办理情况进行督导和协调。督办也能督促各主管部门行使职权、相互合作，共同促进信访矛盾的化解和解决。在时间上看，督办与交办、转送有承继关系，没有交办、转送也就不存在督办，只有在信访事项交办、转送后，信访部门才可以对信访事项进行督办。

总之，督办与交办、转送是不同的工作程序和环节，但也相互关联、相互影响，共同构筑了信访工作制度，为信访事项的及时有效解决服务。

第三节　信访工作责任机制

信访工作责任机制是指有关各级党委、政府及其工作部门在处理信访事项中所担负责任和后果的机制，其内容主要包括领导责任、属地责任、部门责任。

健全信访工作责任机制，进一步划清各级各部门在信访事项处理各个环节中的责任，将更有效地保护信访人的合法权益。

一、领导责任

领导责任是指领导者对某项工作或某一事件所担负的责任。落实信访工作责任，就是要按照"党政同责、一岗双责，属地管理、分级负责，谁主管、谁负责"原则，把领导责任落实到位。要坚持党政主要领导同志负总责、分管领导同志直接抓、其他领导成员"一岗双责"，通过领导同志的示范带动，把信访的大事要事统起来，把疑难信访事项化解掉。

同时，对违反信访工作纪律、造成不良后果的，要加大责任追究力度，以儆效尤、推动工作。明确和强化领导责任，是做好新时期信访工作的关键。

(一)党政主要领导责任

党政主要领导同志是信访工作的第一责任人,对本地区本部门的信访工作负总责,对重要信访事项要亲自推动解决。

1. 对信访工作负总责是党政主要领导同志义不容辞的职责

党政主要领导同志是一个区域、一个部门经济社会发展的领导者和决策者代表,不仅要对社会管理和经济发展负总责,也要对社会稳定工作负总责。信访工作是党和政府的一项重要工作,各级党委、政府都应担负起这个责任,既要加强领导、进行宏观指导,也要身体力行、带头化解信访事项。当前,构建信访工作领导责任体系,落实"一把手"的领导责任,实行"一岗双责",进一步加强对信访工作的组织领导十分必要。实践证明,要求各级领导同志重视信访工作,切实加强对信访工作的领导,对于促进信访问题的解决、推动信访工作发展起到了积极的作用。

2. 党政主要领导责任的主要内容和具体要求

《中共中央 国务院关于进一步加强新时期信访工作的意见》和《信访工作条例》明确了领导负责制的主要内容和具体要求,各级党委、政府要高度重视信访工作,切实将信访工作列入重要议事日程,定期听取信访工作汇报,认真研究部署信访工作;各地区各部门负责人要经常分析信访工作形势,认真研究解决信访工作中存在的实际困难和问题;要建立和完善党政领导干部处理群众来信、接待群众来访制度;对于重大和疑难信访问题,领导同志要亲自研究处理,提出处理意见和解决方案;各级领导要经常深入问题多、矛盾突出、信访工作薄弱的地区调查研究、指导工作,帮助基层解决问题。

3. 党政主要领导同志负总责应有严格的范围限制

党政主要领导同志负总责,并非要求领导同志事无巨细,亲自过问和处理每一件信访事项,对此要有严格的范围限制。之所以如此,一是由于信访工作只是党委、政府领导工作的一部分，要求领导同志对信访问题凡事亲自过问，会牵涉过多精力，在实际工作中也无法做到；二是过分强调领导同志亲自处理信访问题，会形成错误导向，使信访人只信任主要领导同志，不信任政府工作部门和信访部门；三是信访问题的解决，如果只依靠领导批示及其权威，而不靠一整套完善的信访工作制度，就无法为解决人民群众的信访问题提供长效、稳定的保障。因此，主要领导责任要有严格的范围限制。

（二）分管信访工作领导同志责任

分管信访工作的领导同志负直接责任，抓各项具体工作的落实。

1. 明确分管信访工作的领导同志

各级党委、政府必须明确分管信访工作的领导同志，对本地区信访工作负直接责任，抓各项具体工作的落实，形成强有力的领导机制。

2. 分管领导责任的主要内容和具体要求

具体主持、部署、指导和组织本地区信访工作；及时阅批重要的群众来信、接待重要的群众来访；研究上级党委、政府交办的重要信访事项，查处重要信访积案，督促按时限办结、上报；督促、检查和落实信访工作领导责任制和责任追究制；授权有关部门查处重要信访事项，协调各部门工作；抓好信访部门建设，努力为信访部门和信访工作解决实际困难；部署安排越级信访群众的劝返工作等。

（三）其他领导责任

其他领导责任，应当按照各自分工，履行"一岗双责"，抓分管方面的信访工作。

"一岗双责"，就是领导同志在一个领导岗位应同时担负起分管的业务工作和分管部门的党风廉政建设工作两种职责。对于信访工作而言，就是要求各地区各部门的领导同志，在工作中必须坚持"两手抓"，一手抓分管范围内的业务工作，一手抓分管范围内的信访工作，做到一起部署、一起落实、一起检查、一起考核。

其他领导责任的主要内容和具体要求有以下三点：

1. 从源头上预防和减少信访事项

其他领导同志熟悉和掌握分管领域的方针政策，了解分管部门的具体情况，特别是了解涉及群众利益信访事项的反馈情况，在制定政策时，要加强信访评估工作，把改革的力度、发展的速度和群众的可承受度有机统一起来，使出台的政策更加符合实际，更加符合群众的意愿，更加有利于社会稳定；在落实政策时，注意收集信息反馈，对群众反映强烈的问题，从政策层面上及时修订完善，从源头上防范信访事项的发生。

2. 同步部署、推动分管工作和信访工作

其他领导同志最了解各自分管单位工作人员的作风状况、业务状况和素质状况，最了解政策执行过程中容易发生的问题和情况，最能够及时掌握群众对一些工作安排的反映。因此，在安排部署工作时，要把信访稳定工作摆上位置，严格防范工作过程中信访事项的发生。对一些有可能发生信访事项的工作，在部署工作时制定相应的预防或解决信访事项的方案，确保有问题时发现得早、控制得好、解决得了。

3. 及时妥善处理分管范围的信访事项

其他领导同志要充分发挥其拥有的职权优势和政策优势，通过定期接待来访群众制度，教育引导信访群众，督促调动分管部门及时解决群众反映的问题。对分管领域的重大疑难信访事项，要调动分管部门的力量包案解决。要经常组织分管部门负责同志一道深入分管领域困难多、信访问题多的地方，积极主动地帮助这些地方的群众解决他们关心的实际问题，把影响社会稳定的矛盾消灭在基层、消除在萌芽状态。

二、属地责任

属地责任主要强调的是地方政府在处理信访事项中的主导作用,即强化"属地管理、分级负责"原则,坚持一手抓"源头预防",推动科学发展,着力改善民生,努力使信访事项不发生或少发生;一手抓"事要解决",对已经发生的问题,综合运用各种措施,及时化解在当地,力争矛盾不积累、不上行。

(一)属地责任的界定

属地责任存在两种情形:其一,以信访人户籍所在地为划分标准;其二,以信访事项发生地为划分标准。原来认定属地责任,大多以信访人户籍所在地为准,但随着经济发展,人口在不同地域间流动已成常态,从有利于解决问题角度考虑,现在则是把信访事项发生地认定为信访事项属地。

强调属地责任,是为了适应市场经济条件下,中央、地方合理分权的管理体制,便于信访事项尽快、就地得到解决。除垂直管理系统外,信访事项的处理首先要划分层级,以地方各级党委、政府为主,依靠信访事项发生地解决。原则上,信访事项由事发地党委、政府解决,事发地党委、政府解决不了的,也可以由其上一级党委、政府解决,下级党委、政府不能将矛盾直接推给上一级党委、政府解决,这有利于分清各级党委、政府间的责任。

实践证明,大部分信访事项发生在基层,也应该在基层得到解决,而不应聚集到在京各中央机关、单位。

(二)属地责任的主要内容和具体要求

属地责任的主要内容和具体要求主要包括以下五个方面。

1. 坚持依法按政策解决问题,切实维护人民群众合法权益

(1) 在政策制定中统筹兼顾各方面利益;

(2) 认真解决人民群众合理诉求;

(3) 着力解决信访突出问题;

(4) 坚持解决实际问题与加强思想政治工作相结合。

2. 进一步畅通信访渠道,依法规范信访秩序

(1) 完善信访诉求表达方式;

(2) 广泛征集人民群众的意见和建议;

(3) 大力推行领导干部接待群众来访制度;

(4) 认真履行信访工作职责;

(5) 依法规范信访行为。

3. 建立健全长效工作机制,努力提高信访工作效率和管理水平

(1) 建立健全信访工作综合协调机制;

(2) 建立健全信访事项排查化解机制;

(3) 建立健全信访信息汇集分析机制;

(4) 建立健全信访督查工作机制。

4. 着力加强基层基础工作,提高基层预防和妥善处理信访事项的能力

(1) 提高基层化解矛盾的能力;

(2) 加强县级信访工作。

5. 进一步加强对信访工作的领导,构建信访工作新格局

(1) 健全信访工作领导体制;

(2) 认真落实信访工作领导责任制;

(3) 切实加强信访部门领导班子建设和干部队伍建设。

（三）"三跨三分离"信访事项的责任主体

"三跨三分离"信访事项是指跨地区、跨部门、跨行业和人事分离、人户分离、人事户分离的信访事项。明确属地责任，是解决"三跨三分离"信访事项的关键。处理"三跨三分离"信访事项，原则上坚持以事发地或属事单位为解决和化解的责任主体。

（1）解决和化解此类信访事项，以有权处理信访事项的事发地或属事单位为主，负责牵头组织协调化解，户籍地负责做好信访人的思想教育或行为处置以及相关的稳控工作。

（2）户籍地与常住地（指信访人取得暂住资格一年以上的生活基础所在地，不包括信访人滞留地）不属同一行政区的，由常住地负责做好信访人的思想教育、行为处置和相关稳控工作。

（3）涉及省际、省和中直单位之间的"三跨三分离"信访事项，由事发地或属事单位负责牵头协调解决和化解；协调解决和化解确有困难的，按程序逐级报请中央联席会议办公室协调指定责任主体。

三、部门责任

部门责任主要强调的是职能部门在处理信访事项中的具体承办作用，即严格落实"谁主管、谁负责"的原则，属于哪个部门的问题，就由哪个部门负责处理，属于哪一级的问题，就由哪一级负责解决；对涉及地方和部门之间的信访事项，主管部门作为责任主体工作要主动，不得推诿扯皮。

（一）部门责任的界定

对于非垂直管理系统，信访事项的处理以属地管理为主，先"块"后"条"。也就是说，信访事项发生后，首先依据信访事项的性质，按照"属地管理、分级负责"原则，确定信访事项管辖和处理的层级；在明确信访事项归哪一级党委、政府负责后，主管此项工作的机关、单位应当承担具体处理责任，不能把矛盾推给党委、政府。

对于垂直管理系统，信访事项的处理以"条"为主。信访事项发生后，首先按照信访事项的性质确定其主管部门，再由主管部门根据情况直接处理或交由直属部门处理。

（二）部门责任的主要内容和具体要求

部门责任贯穿于承担引发信访事项的责任和信访事项受理、办理的各个职责环节。

1. 承担引发信访事项的责任

通常体现于"责任倒查"之中，是指责任部门因某些违法行为或不当行为侵害了信访人的合法权益而引发信访事项。造成引发信访事项的情形主要有以下四种：

（1）超越或者滥用职权，侵害信访人合法权益；

（2）有关机关、单位应当作为而不作为，侵害信访人合法权益；

（3）适用法律法规错误或者违反法定程序，侵害信访人合法权益；

（4）拒不执行有权处理的机关、单位作出的支持信访请求意见。

2. 信访事项受理职责

《信访工作条例》明确规定，有权处理的机关、单位信访事项受理有两个方面：

（1）信访部门转送、交办有权处理的机关、单位的信访事项，有权处理的机关、单位自收到之日起15日内决定是否受理并书面告知信访人，并按要求通报信访部门。

（2）信访人按照《信访工作条例》规定直接向有权处理的机关、单位提出的信访事项，有权处理的机关、单位应当予以登记；对符合《信访工作条例》规定并属于职权范围的信访事项，应当受理，不得推诿、敷衍、拖延；对不属于本机关、单位职权范围的信访事项，应当告知信访人向有权处理的机关、单位提出。

有权处理的机关、单位收到信访事项后，能够当场答复是否受理的，应当当场书面答复；不能当场答复的，应当自收到信访事项之日起 15 日内书面告知信访人。

3. 信访事项办理职责

办理是指有权处理的机关、单位依据职权，对已经受理的信访事项进行研究论证或者调查核实后，依法作出决定、予以处理的行为。信访事项办理程序，主要包括办理、复查、复核以及信访事项终结。《信访工作条例》主要明确了以下五个方面信访事项的办理制度：

（1）办理信访事项人员的行为规范；

（2）调查核实制度；

（3）听证制度；

（4）时限制度；

（5）复查和复核制度。

4. 重大、紧急信访事项和信访信息报告职责

公民、法人或者其他组织发现可能造成社会影响的重大、紧急信访事项和信访信息时，可以就近向有权处理的机关、单位报告。有权处理的机关、单位接到报告后，应当立即报告本级党委、政府和上一级主管部门；必要时，通报有关主管部门。

机关、单位对重大、紧急信访事项和信访信息不得隐瞒、谎报、缓报，或者授意他人隐瞒、谎报、缓报。

5. 对信访人检举、揭发信息保密的职责

《信访工作条例》规定，机关、单位及其工作人员不得将信访人的检举、揭发材料及有关情况透露或者转给被检举、揭发的人员或者单位。

6. 保护信访人的职责

《信访工作条例》规定，任何组织和个人不得打击报复信访人。

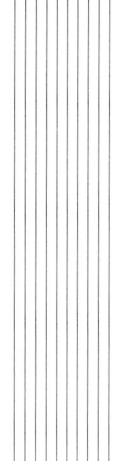

第五章

信访办公管理

信访工作是一门综合性、专业性较强的工作,有一定的规范和流程,这就要求信访工作者必须掌握信访工作的各种知识,熟悉信访办公业务。在信访办公业务的开展方面,信访工作者要严格按照工作制度、工作程序处理各项工作。

信访办公管理主要内容包括信访文书写作、规范类文书写作和处理、信访统计及统计数据分析、信访档案管理和信访办公自动化等。

第一节　信访文书写作

一、信访文书

（一）信访文书的分类

1. 信访文书

信访文书是指信访工作活动的记录，包括有关机关、单位和信访部门接收与处理人民群众来信或接待人民群众来访所形成的全部文书材料。

2. 来信文书

来信文书是指信访人的来信及附属材料，包括信函、邮件、传真、照片、录音录像等。

3. 来访文书

来访文书是指信访人走访有关机关、单位和信访部门所形成的来访记录、记录摘要以及有关材料（含电话记录）。

4. 信访工作文书

信访工作文书是指接受信访的有关机关、单位和信访部门在调查处理来信来访工作中形成的文书材料，包括各类调查材料、公函、信访事项请示与信访事项批复、信访事项报告、处理结论与意见、来信（访）摘要、信访简报等。

（二）信访文书的特点

（1）特殊的文书形成和形成特点；

(2）特殊的文书处理原则与处理程序；

(3）专门文书部门负责其办理。

（三）信访文书的处理

1. 信访文书处理的工作制度

信访文书处理的工作制度主要包括登记制度、呈阅制度、交办制度、转办制度、催办制度、督办制度、回告制度、审查结案制度、复信制度、归档制度、保密与回避制度等。

2. 信访文书处理的基本原则

信访文书处理应当坚持实事求是、精简高效的原则，做到及时准确、安全，也应严格执行国家保密法律法规，确保信访人反映的信息安全。总之，信访文书处理的基本原则为：

(1）实事求是原则；

(2）精简高效原则；

(3）安全保密原则。

二、信访摘报

（一）信访摘报的作用

1. 畅通信息

及时向各级领导同志和信访主管部门通报比较重要和相对集中的情况，使领导机关及时了解社情民意，掌握社会动向，发挥信访"晴雨表"的作用。

2. 争取主动

通过及时梳理信息，分析研究信访情况，提出建议，有助于领导机关正确决策和制定有效的工作措施，起到参谋助手的作用。

3. 推动信访业务办理

这种形式必将大大增强各方面的关注度，为主管领导同志督办营造有利氛围，从而可以加大办理力度，及早解决信访人的信访事项，实现信件审结。

4. 准确报送信息

有利于推进信访工作者工作作风改进，可以培养良好的工作习惯，锻炼干部，提高工作效率，提高信访工作者综合素质。

（二）信访摘报的写作要求

1. 信访摘报的编写要求

信访摘报在编写过程中应按四点要求进行：一是"准"；二是"快"；三是"简"；四是"新"。

2. 信访摘报的编写方法

信访摘报有综合简报和单件简报两种形式，在写作方法上有所区别：

（1）综合简报，是将多件信访材料反映的情况综合起来编写而成的；

（2）单件简报，一般依据一件信访材料反映的问题编写。

三、信访会议纪要

（一）信访会议纪要的概念

信访会议纪要是指对信访会议进行记录，如实反映会议主要情况和议定事项等，以备查考。

（二）信访会议纪要的行文要求

（1）时间、地点、主持人、参会人；

（2）会议题目、会议议程、发言人发言要点及形成的决议等；

（3）抄送地、报送地及是否有附议等；

（4）记录人、审核人。

四、信访公函

（一）信访公函的概念

信访公函是信访部门办理重要信访件的一种常用文书，它既是发函单位进行某项工作的标志，又是受函单位办理有关信访件的依据。

（二）信访公函的写作要求

1. 格式

信访公函主要包括函字函号、受函单位或受函人、正文、落款等内容。

（1）函字函号。函字是该函的类别，函号是在该类函中的序号。可使用机关的流水函号，也可用信访业务往来的专用函号，如×信函字〔2022〕××号、×信办函字〔2022〕××号。

（2）受函单位或受函人。受函单位或受函人指的是交办单位或交办人。

（3）正文。正文包括收到信访件的时间、信访件反映的主要问题、信访件的承办单位、对信访件的处理结论、呈报单位对处理结论的意见、其他需说明的问题等。

（4）落款。落款指呈报单位及呈报时间，落款必须与交办函的抬头相对应。

需要注意的一点是必须用信访工作机构或者政府工作部门文头纸或信签纸。

2. 写作要求

函字函号一般标在公函右上角；受函人包括受函单位和受函人，顶格写在正文之前；落款是指发函单位名称及发函时间，在单位名称上要加盖公章。公函只能使用陈述句和祈使句，不准使用疑问句及反问句等句式。

五、信访工作总结

（一）信访工作总结的概念

所谓信访工作总结，是指对一定时期的工作加以分析研究，找出经验教训，用来指导今后工作的文书。

（二）信访工作总结的写作要求

（1）标题要有单位名称、时期和内容，结尾要有署名和日期；

（2）前言一般概述基本情况，写出成绩和经验；

（3）成绩、经验、存在问题和努力方向可以一项项来写。

（三）信访工作总结的写作注意事项

（1）要真实准确，符合实际；

（2）要总结归纳出一般性、规律性的内容和经验；

（3）切忌冗长。

六、信访典型材料

（一）信访典型材料的概念

信访典型材料是对某个典型事件或某个典型人物的总结。

（二）信访典型材料的写作要求

（1）标题一般揭示典型事件或人物的实质，副标题写出典型事件或人物的名称；

（2）正文一般先描述事实，然后挖出典型事件或人物的精神实质。

（三）信访典型材料的写作要点

（1）要拥有大量基础材料；

（2）典型事件或人物事实一定要真实，选材要注意典型、动人；

（3）要从列出的事实中挖掘出典型事件或人物的精神实质，并升华为主题。

七、信访调查报告

（一）信访调查报告的概念

信访调查报告是为了深入地研究个案问题或事件，进行细致调查研究而写成的文件。

（二）信访调查报告的写作

1. 标题

正标题揭示主题，副标题写出调查的事件和范围。

2. 正文

第一部分说明目的、时间、地点、调查对象、调查范围、调查内容等。第二部分是主体，一般把调查的主要情况、经验或问题归纳为几个方面，分为几个小部分写，加上小标题或序号。

（三）信访调查报告的写作注意事项

（1）要大量拥有基础材料，以便做到全面科学；

（2）要仔细分析其中的关系，整理归纳，发现其中的问题；

（3）要有明确的观点，以便起到参考建议的作用。

八、信访报道性短文

信访报道性短文实际上就是反映即时情况的概要消息。只需要将信访事项时间、地点、单位、人物、事件过程、原因、结果、善后等因素反映出来即可，不需要做细致分析，也不要求针对问题提出对策。

九、信访文献摘要和提要

（一）信访文献摘要

信访文献摘要是对篇幅较长的文献内容所作的精确再表达，其作用是深入明确地揭示文献内容，节省读者阅读文献的时间。

（二）信访文献提要

信访文献提要是对文献内容的简要介绍和评价，其作用是向读者概要提示文献内容，向其提供阅文线索，了解文献的价值和特点。

十、信访文献综述

（一）信访文献综述的概念

信访文献综述是指针对某一个问题，对一段时间内所收到的有关文献进行全面系统的归纳、整理、分析后，写成的综合材料。

（二）信访文献综述的作用

信访文献综述的作用主要是使各级领导同志和其他有关人员以较少的精力、较短的时间对某一问题的内容、历史、现状、水平、意义、发展趋向等有一个完整系统而明确的认知，以作为制定政策、编制规划、确定发展方向等决策性工作的依据和参考资料。

（三）信访文献综述的写作要求和行文特点

信访文献综述的题目应具体而不宜过于宽泛，其内容应具有较强的倾向性、代表性和政策性。标题经常可以写作《××××简介》《××××动向》《××××概述》《××××纪要》《××××综述》等。

十一、数据资料汇集

（一）数据资料汇集的概念

数据资料汇集是指根据一定的需要和题目，对分散在多份文献中的有关基础数据资料加以汇编集合而成的系统材料。

（二）数据资料汇集的写作特点和行文规范

数据资料汇集的写作特点是形式灵活；内容直观明了，系统而真实。其形式有文章式、报表式等多种形式，标题常为《××××基础数据汇编》《××××基本情况统计》《××××概况》《××××情况汇总》等。

第二节 信访规范类文书

一、信访规范类文书的概念

信访规范类文书是指以强制力推行的,用以规定各种信访行为规范的文书。

二、信访规范类文书的类型

(一)行政法规

行政法规是指国务院为领导和管理国家各项行政工作,根据宪法和法律,按照《行政法规制定程序条例》的规定而制定的政治、经济、教育、科技、文化、外事等各类政策规范的总称。

(二)地方性法规

地方性法规是指省、自治区、直辖市的人民代表大会及其常委会根据本行政区域的具体情况和实际需要,在不与宪法、法律、行政法规相抵触的前提下,为领导和管理地方行政工作,按法定程序在本地区或特定范围内制定和颁布的政治、经济和社会发展等各类规范性文件的总称。

(三)行政规章

行政规章是指由国务院各部委,省、自治区、直辖市人民政府,以及省、自治区人民政府所在地的市和设区市的人民政府,根据宪法、法律和行政法规等制定的涉及政治经济、教育、科技、文化和外事方面行政管理工作的规范类文书。

（四）规章制度类文书

规章制度类文书是指各级社会组织为满足社会管理和内部管理的双重需要，在其自身范围内制定发布的具有行政、纪律或道德约束力，并要求管理职权所涉及的范围以及本组织范围内有关人员共同遵守执行的规范类文书。

（五）会务管理文书

会务管理文书是指从会议的筹备到善后的一系列活动中形成和使用的文书，包括会议通知、签到簿、会议议程、会议主旨文书等。

（1）会务管理文书具有三个特点，即多样性、成套性、时效性。

（2）会务管理文书的形成与处理程序：

会务管理文书材料的准备（收集、撰写）—分发—阅读（讨论、学习，审议、批准）—办毕会务管理文书的处置（立卷归档、清退、暂存、销毁）。

（3）会务管理文书清退有以下两种方式：

1）对于部分会后需要收回的会务管理文书材料，应分别将清退会务管理、文书目录提前发给与会者，督促其按发文登记和文书编号；逐人逐组清退，限期退还会务管理、文书人员；如不愿退还，需作宣传解释工作并辅以必要的制度规定。

2）对于部分与会者带走的会务管理文书，应要求与会者使用完毕后，交给所在单位或部门登记管理，纳入该单位收文渠道，对这类"账外文件"，应与其他收文一样处理。

（4）会务管理文书的组卷方式：一会一卷，一会数卷，数会一卷。

三、信访规范类文书的特点

规范类文书具有作用的约束性、作者的限定性、体式的规范性、效用的稳定性、制发的程序性、内容的严密性等特点。

四、各类规范类文书的发布形式

（一）法律的公布

经全国人民代表大会或人民代表大会常务委员会通过后，由国家主席以令的形式发布。

（二）行政法规的发布

行政法规的发布，主要分为两种方式：一种是由国务院总理签署发布令，且由新华社发稿，《国务院公报》《人民日报》全文刊登，国务院不另行文；一种是由国务院批准，国务院主管部门或其主要领导人签署发布令发布。

（三）地方性法规的发布

经省级人民代表大会及其常委会通过的地方性法规，以公告的形式发布。

（四）国务院部门规章的发布

由主管部、委、局以令的形式发布。

（五）地方政府规章的发布

草案经省级人民政府常务会议审议通过后，由省长签署省级人民政府发布令发布，同时以"政府机关报"的形式全文发布。

（六）规章制度类文书的发布

一种凡属对外进行社会管理之用的，应张贴在适当场所或行文，以便公众了解执行；另一种凡属内部管理之用的，根据需要，或张贴，或发文，或汇集成册供周知使用。

第三节　信访统计分析

一、信访统计的概况

（一）信访统计的概念

信访统计是指对信访方面有关数据的收集、整理、统计和分析等。它是以信访工作中的大量现象为对象，通过了解量的变化，观察和研究信访活动的发展过程、状况及其一般的规律性，做到"胸中有数"，便于指导工作的一种有效方法。

（二）信访统计的发展

各级信访部门在信访数据统计、形势分析研判、服务决策管理等方面发挥了重要作用。当前，随着信访工作制度改革的深化和信访法治化建设的推进，对信访统计工作提出了新的更高要求。

各级信访部门高度重视信访统计工作，切实加强基础工作和技术规范，在确保及时、准确、全面的基础上，努力实现信访信息资源整合共享、关联分析、综合研判，为党委、政府决策和信访工作水平的提升提供有力支撑。

近年来，全国各级联席会议办公室、信访部门充分发挥职能作用，认真做好信访统计工作，科学研判信访形势，为领导机关提供了大量有价值的决策参考，提升了信访工作整体水平，信访统计工作在制度化、规范化建设上取得了长足发展。

信访统计工作的发展主要体现在五个方面：一是对信访统计工作的重视程度普遍提高；二是信访统计制度体系逐步规范；三是信访统计技术手段不断完善；四是信访统计成果转化水平有了新的提升；五是信访统计队伍建设进一步加强。

与此同时，目前的信访统计工作依然存在不少与形势任务"不适应""不符合"的问题。

二、信访统计的作用和原则

（一）信访统计的作用

（1）总结阶段性信访各方面工作的量化成绩；

（2）凸显有待解决的信访工作中的问题；

（3）为信访分析提供有效数据。

（二）信访统计的原则

（1）信访统计是信访部门一项重要的基础性工作，及时、准确、规范地报送信访数据是各级信访部门应尽的职责。业务部门和各县、区信访部门要充分利用全国信访信息系统，对各级信访数据库中的数据进行收集、整理、分析和报送，如实反映情况，不虚报、瞒报，不迟报、漏报，切实做到编制、报送信访统计报表全面、及时、准确。主管信访部门的办公室要加强业务指导，确保网络畅通。

（2）信访统计的内容基本可分为两类：一类是来信来访、电话举报的情况；另一类是信访工作情况。信访统计要求真实准确，迅速及时，规范统一，科学合理，保密。

（3）建设沟通覆盖中央、省、市、县四级信访部门互联互通、信息共享、安全可靠的全国信访信息网络；建立方便、快捷、畅通的信访投诉受理体系、统一规范的信访业务处理体系、督查督办管理体系、信访信息分析预测体系、严密的系统安全保障体系、科学规范的标准化体系以及方便可靠的系统运行维护体系。

（4）各级信访统计人员要建立历史资料统计台账和日常统计台账，健全原始记录、登记表和统计资料档案管理制度，确保统计数字数出有据，准确无误。

（5）对涉及机密的信访统计资料，应严格遵守保密制度，不得遗失或泄露。

（6）各级信访部门要保持信访统计人员相对稳定，专职统计人员的调整要及时报告上级信访部门。

（7）各级信访统计人员除及时完成日常信访统计工作外，还要经常深入实际，进行各种专题调查，运用多种统计分析方法、现代统计理论和电子计算机技术，不断提高信访统计分析水平。

三、信访统计的分析

（一）要分析出本地区的信访形势

（1）要捕捉亮点，及时发现和总结本地信访工作中行之有效的新鲜经验和做法；

（2）要反映特点，贴近本地实际，突出本地信访工作的特点；

（3）要关注热点，关注新出现的带有普遍性的问题、涉及有关政策或工作举措不到位的问题、存在影响社会稳定的隐患问题等；

（4）要剖析难点，及时反映经济和社会生活中的深层次矛盾，不仅要善于发现和反映问题，而且要深入剖析原因，提出对策建议。

（二）要通报重要内容

（1）受理群众来信来访总量、重信重访量和同比变化情况（含越级访和市级受理访）；

（2）来信来访反映的主要问题及其所占比例；

（3）信访量、重信重访较多、增幅较大的县、区和市直部门。

（三）要写出信访形势综合分析及预测报告并提出相关内容

（1）群众信访反映的突出热点问题或带有苗头性、倾向性的问题及典型案例；

（2）上级交办的、领导批办的信访事项，重大集体到京、省、市信访案件和赴京非正常信访案件及其他重大信访事项的交办、督办及立结案情况；

（3）社会舆情汇集值得引起重视的问题、信访形势预测预警和分析研判的内容；

（4）有针对性、可操作性的意见、对策建议等。

第四节　信访档案管理

一、信访档案立卷

（一）信访档案立卷的基本要求

按照信访工作的规律，保持文件材料之间的历史联系，反映出信访工作的历史面貌，并便于保管和查找利用。

为方便保管，信访档案要划分保管期限。保管期限大体上可以分为永久保存、长期保存和短期保存三个类型。

1. **永久保存的档案**

主要是领导机关的负责同志阅批的重要信访材料；中央和各级党政机关下达的有关信访工作方面的政策文件、规定、指示；信访工作会议文件；上级党政机关要求反馈办理情况的信件；信访部门直接派人调查处理的案件；重大的信访事项资料；信访部门的规章制度、统计报表、简报等。

2. **长期保存的档案**

一般是指保存十五年以上的材料。主要有来信来访登记卡片或簿册、接访记录等；要查报办理情况的信件和已结案的信访老户材料。

3. **短期保存的档案**

主要是指不需要向上级有关部门反馈办理情况的信访转办单、来往便函；各地各部门的抄报材料；来访介绍信存根；不要下转的信件等。

（二）群众来信来访材料的立卷方法

1. 上报领导同志阅批的重要来信来访

应将来信来访的登记卡片、来信来访摘要或综合摘要（包括原稿、打印件）、领导同志批示（如原件要发往承办单位，要将批示复印或抄录下来，如领导阅后退回存档的，原信也要一起保存）一起装订立卷，承办单位报来的调查处理报告，也要一起装订。这类材料以信访人立户，一人一案进行立案。

领导同志有批示的重要信访信件，也可以信访人立户，按领导人姓名组卷，即把某领导同志阅批的来信来访材料，按时间顺序排列编号，分年组卷，单独存放。

2. 本单位函送各级各部门主要负责同志阅处和上级发函交办的信访案件

应将来信来访的摘要卡片、信件底稿（包括打印件）、承办单位主动报送的查处情况报告，收集在一起，按一人一案立户，分年分地区组卷。

3. 本单位直接处理或立案交办（包括上级立案）要求报处理结果的信访信件

要将信访人的申诉材料（或摘要）、谈话记录、领导人对该案的批示、立案交办和催办信件、查证材料、调查报告、处理意见或决定、结案报告等全部收集整理立卷，按一人一案组卷。

4. 一般信访

大都采用卡片或簿册登记，登记项目包括信访人姓名、地址、内容摘要、受信人、承办单位、收信和转办日期、处理结果。卡片按年度、按地区装入卷盒保存，簿册按年度装订成卷。

（三）匿名信的立卷

一般采用收发信地点的省、市、地名称作为信件当事人的立卷。无署名、无地址的，则以邮戳地址立卷。如属控告、揭发信，也可以按被告人姓名立卷，在姓名后面加括号注明系控告。

（四）案卷材料及排列顺序

排列顺序依次为：信访人的原信或来信、来访摘要；批转函正文及底稿；呈报或承办单位的审理意见；调查报告和组织处理意见；检举、控告人和被检举、控告人对调查、处理结论的意见。

（五）信访档案立卷归档的要求

信访档案立卷归档的应符合的要求主要包括：文件齐全；科学组卷；按规定要求加工整理；随时立卷、及时归档，按规定要求移送；必须用毛笔或钢笔书写。

二、信访资料的归档

信访部门在工作中形成的文件、资料很多，要根据历史价值，分为永久、长期、短期三类归档保存。如果不加区别的全部归档保存，既不便于保存和利用，又会造成人力、物力浪费。需要归档保存的主要有以下几类：

（1）中央和各级党政机关下达的有关信访工作方面的政策性文件、规定、指示、简报、电话记录、重要信件等；

（2）本单位整理编印上送的重要信访摘报、综合摘报、简报、刊物（包括所附原信）和负责人的批示意见；

（3）党政领导同志给群众的复信、复制件；

（4）本单位直接办理或联合调查处理或向下交办的重要信件材料，包括申诉材料，负责人或上级机关的批示、信件，交办、催办信件和电话记录，查证材料，案情分析研究或联合办案会议记录，调查处理报告，结案报告，审理结案材料，领导批结件等；

（5）办信和接待来访的登记、记录材料，如来信来访登记卡片或簿册、接访记录等；

（6）信访工作会议的通知、报告、讲话、会议记录、简报、日程安排、参加人员名单及会议所发的典型材料等文件；

（7）信访部门的工作计划、总结、请示报告、业务建设资料、规章制度、统计报表等；

（8）信访部门、人事变动方面的有关资料。

三、信访档案案卷的要求

（一）卷内文书材料排列和编号

卷内文书材料的排列是对每个案卷材料的系统化，给每份材料以固定位置。排列时要保持它们之间的联系，有条理，便于查阅。可以按时间、问题性质、地区、作者名称、重要程度、人名的姓氏笔画或拼音字母或四角号码的顺序等进行排列。根据每个案卷的情况和利用率的高低，灵活选用其中一种或结合使用两三种方法进行排列。通常是按时间先后顺序或重要程度排列。如按文书材料形成的时间先后排列，其顺序是来信来访结案报告单、上级或本单位领导人批示立案的通知及附件（如调查报告及处理意见）、旁证材料。

登记卡片或登记簿册通常是按姓氏笔画或拼音字母顺序排列，也有按姓名的四角号码顺序排列的，即取姓名的前两字的左上角、右下角号码编号。

卷内文书材料经过系统排列以后，凡属永久、长期保存的案卷，都应编号张数，以固定排列顺序，统计页数，便于保护和查阅文件。编号的位置，一卷之内应当统一，左侧装订的案卷编在右上角，右侧装订的编在左上角。双面书面或筒子页的材料都只编一个号。

（二）案卷封皮、卷内目录和备考表的填写

信访案卷最好用专用卷皮装订。信访信件专用卷皮的封面共十二个项目，第一项空白处填写信访部门名称，第二项填写立案时年代和发文号，第三项填写案由。填写案由时要抓住立卷特征，用简练的文字加以准确概括，力求字少意明，使读者一看就知道案卷内容。

卷内目录用以介绍卷内文书材料的成分与内容，放在卷内文书材料的前面，便于查阅。长期、永久保存的案卷均应逐卷填写卷内目录。卷内目录除放入卷内一份外，还可以复制一份填上卷号，按案卷排列顺序汇集装订成册，作为查找文书材料的工具。卷内目录的项目有六个，顺序号是按文书材料先后，一份文书材料编一号。文书材料所在的页数，前面的可只填写起始的页数，最后一份填写起止两个页数。

备考表可以印在卷皮的封底上，用来说明卷内文书材料的状况，又可以保护文件，并便于保管人员和读者了解。备考表内的全宗号、卷内目录号、案卷号由保管人员填写。日后卷内文书材料如有变动情况，由保管人员随时在备考表上注明。

（三）案卷装订

案卷装订是为了固定和保护卷内文书材料，避免散失和损坏。对某些特殊珍贵的手稿，不便装订时，可采用卷盒、卷袋保管。案卷装订之前，必须去掉订书针、别针等金属物，以防年久锈蚀文件。未留装订线的文件材料，应补贴加边。大张文件要折叠，以保持全卷文书材料大小整齐。

（四）案卷的排列与编制案卷目录

案卷经过编目装订后，要将一个年度的案卷进行系统化排列。排列的方

法，首先按永久、长期、短期保管期限分别排列，然后在每一种保管期限下再分类排列，最后将系统排列的案卷逐一编号登记，就形成案卷目录。案卷目录是案卷的名册，可以作为查找利用档案的最基本工具，又可以作为向档案部门移交案卷的目录。

（五）案卷的归档

整理好的信访案卷，根据档案部门的规定，有些要移交档案部门统一保管。归档期限，可与同级档案部门商定。根据信访工作档案利用率高的特点，为方便工作，又减少频繁调阅给档案室工作带来的麻烦，信访档案的归档时限可适当延长一些。

有些信访档案如来信来访登记卡片、登记簿册等，则由信访部门保存，若干年后自行处理。

四、信访档案的管理与利用

（一）配备档案设备和管理人员

信访档案要固定存放并有专用柜橱，以保证档案的安全。档案保管工作不是为保管而保管，其最终目的是满足工作需要，便于查找和利用档案。因此，既要保护档案，又要方便利用，要配备专职或兼职信访档案保管员管理。档案保理员不仅要熟悉本部门的档案情况，而且要有一套科学的管理制度和方法，方便查阅档案，做到有档能立即查到。

（二）加强档案保管

对档案要定期检查整理，防止错放、丢失，并做到"六防"，即防潮、防光、防火、防霉、防虫和防腐变工作。对应该销毁的档案，要及时报请领导批准，按规定予以销毁。

（三）严格执行保密制度

凡属机密档案，必须严格控制借阅范围，档案保管员不得泄露机密。

（四）建立健全借阅档案资料制度

信访部门内借阅，要由借阅人登记签字，用完立即退回销号。信访档案部门在一般情况下，一律不外借。如确因工作需要到信访部门查阅信访档案材料，必须持有单位证明，经有关上级党政组织批准。如地方到中央信访部门查阅信访档案资料，要持有关领导人签名的介绍信。是否给予查阅，中央信访部门还要视其查阅的内容和原因来决定。对控告、检举揭发和批评方面的材料，除已查明确属诬告陷害者外，一律不予查阅，以保护信访人的正当民主权利。

第五节　信访办公自动化

一、信访办公自动化的意义

（一）信息化是当今世界经济和社会发展的趋势

由于互联网信息技术的快速发展，"互联网+"在全球范围内兴起了新一轮的信息化浪潮。信息技术强大的渗透性和信息资源应用的广泛性，引发了国际经济、政治等领域的深刻变革，加快了经济全球化的进程，成为推动世界经济发展的巨大引擎。我国各级党政机关已经开始进行以办公自动化为主要内容的信息化建设，一些地方和部门开展了网上办公和信息流转，通过互联网更好为人民服务。

（二）信息化是信访工作改革和发展的必然要求

随着改革开放的深入，信访工作作为党和政府联系群众的一项重要工作，也出现了一些新情况、新变化，主要体现在以下三个方面：

一是群众的信访量特别是来信量呈逐年递增的趋势，对大量的群众来信来访进行准确统计、合理分类、科学分析和及时处理，就必须采用现代化办公手段提高工作质量和效率；

二是大量具有苗头性、预警性的信访信息，特别是重大紧急信访信息，需要领导科学决策，及时妥善处理，为此必须提高信息的传递速度；

三是为了有效解决信访事项，各级各部门之间必须及时沟通情况，加强相互间的协调与合作，建立畅通、快捷的联系渠道。

同时，群众通过传真、电子邮件等方式进行信访活动的情况日益增多，客观上也要求信访部门运用现代化的手段处理信访事项，提高服务群众和社会的工作水平。

因此，加快信访系统信息化建设步伐，是新形势下信访工作改革和发展的必然要求和紧迫任务。

（三）信息化是信访工作新发展的战略举措

面临信息化带来的有利机遇和严峻挑战，党中央、国务院制定了一系列政策措施，形成了促进信息产业发展的强大动力。各级信访部门要与时俱进，进一步提高对信访系统信息化建设重大意义的认识，增强使命感，切实把信息化作为信访工作新发展的战略举措紧紧抓在手里，努力做到适应新形势，抓住新机遇，增创新业绩，赢得新发展。

二、信访办公自动化的要求

（一）做好科学规划

信访系统的信息化建设是一个相互配合、共同建设的系统工程，不只是一个单位、一个地区的事情。

因此，要着眼于信访工作全局和今后发展，在信访工作应用软件的开发、网络连接等方面，要从全国和全省信访系统信息化建设的大局出发，统筹兼顾，科学规划，既要结合自身的实际情况，又必须留有发展余地，避免盲目建设和重复建设。

（二）加大资金和技术投入

信访系统信息化建设是一项建设周期长、资金投入多的系统工程，信访部门要积极主动地争取党政领导和主管部门的重视。专项建设资金已落实的，要周密计划，合理使用；尚未落实资金的，要改变等、靠、要和观望的思想，一方面积极争取有关部门的支持和帮助；另一方面，通过内部挖潜，综合运用行政运行等办公经费项目争取资金支持，投入信访系统信息化建设中来。

各级信访部门要充分估计到信访系统信息化建设工作的艰巨性和复杂性，以积极务实的态度努力解决各种困难，创造性地工作，争取早建设、早见效、早受益，充分实现其实践层面的倍增效应。信访系统信息化建设的投入一定会赢得社会和经济的双重回报。

（三）加强信访工作者培训与应用

信息化工作需要掌握大量的计算机、网络技术等专业知识和技能，这对信访工作者提出了新的更高要求。因此，要加强对信访工作者有关专业知识和技能的培训，以适应信访系统信息化建设的需要。信访部门的领导同志要带头学习专业技术知识，提高计算机操作技能，在本部门信访系统信息化建设中带好头。花费大量人力、物力、财力建设的硬件系统能不能发挥出最大的作用，关键要看信访系统的干部职工应用工作做得如何，能否把计算机网络技术的应用与信访业务工作的完善和创新有机结合起来，改变传统的、低效率的、不科学的工作流程，形成办公高效、业务规范、运转协调的新型信访工作格局。发展要有新思路，改革要有新突破，开放要有新局面，各项工作要有新举措，不断提升信访工作水平。

三、信访办公自动化的实现

（一）硬件设施

建设计算机主机房，铺设光纤专线，安装网络专用设备，建立内部办公局域网。

（二）软件设施

采用较为成熟的应用软件，办公管理系统是信访部门高效管理的必备工具，包括了人员管理、信息管理、报表统计和系统设置等。软件系统必须及时更新，信访工作者必须及时掌握，熟练使用。

（三）提高使用率

为了提高办公管理系统的使用效率，应加强对信访工作者的培训，加快制度的建立，严格实行耗材的管理及设备的维护等。

（四）建立广泛的联系

省、地、县三级有关部门实现统一平台、统一标准、互联互通、资源共享，最大限度地提高信访信息资源的利用率。

四、信访办公自动化的安全保密要求

安全是信访部门办公自动化正常运行的基本要求，它既是一个技术目标，又是一个管理目标。保密是信息、文字储存、传输系统等必须保证的工作前提，作为信访办公自动化主体技术的计算机技术本身包含着不安全因素，这些不安全既有系统自身的也有人为的，因此在办公自动化建设过程中，必须做到以下三点：

（1）坚持安全保密原则，建立信访办公自动化系统安全保密原则，建立信访办公自动化系统安全保密工作的科学管理体系；

（2）主管机关成立计算机安全保密工作领导小组，加强对计算机、信息载体的规范管理，杜绝设备技术故障，消除环境不安全因素；

（3）完善保密配套设备和保密工作督察制度，改变传统办公方式，实现标准化、规范化管理，建立起新的科学工作秩序。

五、推进信访信息化建设

（一）加强基础建设，构建信访信息平台

信息化技术为信访工作带来了机遇和挑战。充分利用信息化技术，有利于信访部门及时掌握社情民意、增强工作的预见性和主动性，进一步提高工作效率和领导科学决策水平。对此，信访部门应当推进信访信息化进程，建设信访信息系统，搭建起集投诉、办理、查询、跟踪、监督、评价于一体的网上信访综合运用工作平台，使群众足不出户随时随地就可方便快捷反映诉求。实现全国"一网通"，即纵向联通国家、省、市、县、乡五级，横向覆盖有权处理信访问题的责任部门，各级各类信访内部信息资源共享的总体规划，

做到业务全覆盖、信息全录入、数据全生成、办理全公开。

1. 加大硬件投入，实现办公自动化

必要的硬件投入是实现信访信息化的重要物质基础。在办公经费缺乏、人员紧张的情况下，积极解决信访部门的硬件设施，配备计算机、打印机、扫描仪等硬件设施，实现信访部门办公自动化，更加高效地处理信访工作。

2. 强化业务培训，提高操作技能

近年来，各地信访部门通过知识讲座、培训等形式，对全体信访干部进行了信息网络、信息系统操作使用等方面内容的轮训，并结合信访工作实际，对信访干部有针对性地开展了利用信访信息系统进行接信接访、登记、转送、督办、数据统计的培训。

（二）建设多元载体，广辟信息渠道

随着形势的发展，人民群众要求解决各种矛盾的迫切性进一步增强，传统获取信息的手段和方式已不能适应当前信访信息工作的实际需要。为适应现代信息社会发展的需要，更好地运用网络载体拓宽群众信访渠道，将互联网的优势与信访工作紧密结合起来，可以开辟网上投诉、意见建议征求等栏目，开展信访相关政策和法律法规知识的宣传。

同时，利用互联网公开透明、覆盖面广、交互性好的特点，更快捷地受理群众的投诉，及时化解各种矛盾，做到件件落实并处理到位。有条件的地方还可设立网上信访自助服务设施，进一步减轻群众信访成本；也可以把分散的网上信访"小窗口"整合到一个网上投诉大厅，减少群众重复投诉、部门重复交转；围绕优化界面、简化操作改善网上信访体验，为群众提供更加便捷人文的服务。

（三）发挥信息系统效用，强化服务功能

在多渠道收集信访信息的基础上，信访部门应充分利用信息资源，重视

发挥信访信息的最大效用，在服务大局中体现出信访信息化的优越性。

1. 网上信访已成为主渠道

"阳光信访"理念催生的网上信访呈现良好发展态势，提高了信访工作的整体效能和公信力，具有公开透明、快捷高效、便于监督三项优势，实现了可查询、可跟踪、可督办、可评价，是网上信访发展具有里程碑意义的重要标志，开启了网上信访阔步前行、发展壮大的新征程。

经过共同努力，网上信访渠道持续畅通拓宽，及时、就地、快捷、高效解决问题成效明显，网上信访成为群众信访的"直通车""主渠道"，较好实现了让"数据多跑路、群众少跑腿"，有力促进了信访工作制度改革目标的实现。网上信访工作成效得到中央领导同志充分肯定，也得到群众和社会各界广泛好评，已成为展示信访工作制度改革成效的重要窗口。

2. 信访信息系统提升了服务群众的能力

一是办理情况向群众全过程公开。依托信访信息系统，将信访事项办理流程、方式和结果在网上公开，群众可实时查询，做到件件有回音，提高工作透明度；

二是办理过程受群众多渠道监督。采取公开听证、民主评议、媒体曝光、网站公开等形式，把信访工作情况"晒"在阳光下，接受群众监督；

三是办理结果让群众全方位评价。国家信访局出台并完善《信访事项办理群众满意度评价工作办法（试行）》（详见附录六），把评价权交给群众，并大力推动各地提高参评率。

这些做法保障了群众知情权、表达权、参与权、监督权，提升了网上信访工作公信力。

3. 信访信息系统切实提高了解决问题的效率

一是以业务规范促进办理质量提升。国家信访局出台《信访事项网上办理工作规程》（详见附录四），坚持业务规范化检查，定期开展自查、抽查、联查和责任倒查，促进网上信访业务规范化标准化。

二是以快速办理促高效解决诉求。国家信访局出台《信访事项简易办理办法》（详见附录九），各地抓好落实，对诉求简单明了的，做到日收日清，当天答复；对一般事项10天内办结。

三是以督查督办促疑难问题化解。加大督查督办，以责任到位推动网上信访事项解决到位。在2022年信访矛盾化解攻坚中，国家信访局交办的网上信访事项，绝大多数经跟踪督办、重点督查得到妥善解决，带动了整个信访问题的有效化解。

4. 信息系统提升了信访智能化水平

一是依托智能化助推基础业务规范。国家信访局积极开展信访业务智能辅助系统研发，完善信息系统功能，实现更清晰推送、更精准甄别、更智能判重和更规范办理。

二是依托智能化全程跟踪督办问效。国家信访信息系统自动对超出办理期限、不符合业务规范的事项进行提醒催办、跟踪督办，对群众评价不满意事项设置显红标识，指导责任单位重点关注、认真办理。

三是依托智能化加强综合分析研判。国家信访局紧扣民生领域信访问题和涉众型问题加强专题分析，向中央报送了大批重要情况和意见建议。各地也运用大数据加强对社会热点、民生动态的综合分析，为科学民主决策提供服务。

第六章

信访工作队伍建设与管理

信访工作是党和政府体察社情民意、听取群众呼声的重要渠道，是政府和群众面对面直接沟通、建立信任关系的重要方式，是帮助群众解决实际问题、对群众进行引导的重要手段。加强信访工作队伍建设，是维护社会和谐稳定、巩固党的执政基础的必然要求，是加强和创新社会管理的迫切需要，也是做好新形势下信访工作的重要组织和力量的保证。新时代的信访工作，能不能取得新的成功、开创新的局面，关键在班子、在队伍。因此，信访部门必须大力加强信访队伍和领导班子建设。

要建设敢担当、有作为、群众信任的信访工作队伍，就必须全面提升信访干部综合素质。建设高素质的信访干部队伍，就是要着力提高信访干部的政治业务素质，强化政治意识、大局意识、责任意识；提高分析判断能力、应对复杂局面能力、综合协调能力、语言文字表达能力等实际工作能力。

新时代的信访干部，要以高度的政治责任感和紧迫感，统一思想、明确认识、振奋精神、树立信心，牢记为民服务宗旨，强化理论武装，提高业务水平，加强能力建设，切实转变作风，全面提升信访工作整体水平，为构建社会主义和谐社会和实现中华民族伟大复兴中国梦做出积极贡献。

第一节　信访干部素养与能力建设

一、信访干部的素养

作为信访部门的领导干部，一定要不断加强政治理论和信访业务学习，不断提高自身的综合素养。

（一）完善信访干部的学习培训机制

中国共产党有一个显著的特点，就是党的集中统一性，这为对各级信访干部进行集中系统培训奠定了组织基础。作为靠科学理论武装起来的中国共产党，历来特别重视干部的学习培训。当下我们按照党中央提出的要求，建设学习型社会，既要继续发挥好这些优势，更要发展和创新，进一步适应时代的发展要求，不断完善和健全各级信访干部的学习培训机制。通过有计划、有组织、有针对性的学习培训，使各级信访干部不仅受到系统深入的思想教育，学习领会习近平总书记关于加强和改进人民信访工作的系列批示指示精神，掌握指导工作实践的科学理论知识，还能学习到胜任本职工作的专业知识，以及历史、经济、法律、科技等相关知识。

（二）推进信访干部任用制度改革

政策导向是最具影响力的。中国共产党始终重视干部的革命化、年轻化、专业化、知识化建设，不断制定和完善干部培养、选拔、录用的制度和政策。

随着党在不同历史时期的任务变化和工作重心的调整，选人、用人标准也在进行必要的调整和完善，这对于提高各级信访干部素质起到了重要的导向作用。这既是我们党的成功经验，也是党的政策优势。时代呼唤人才，在人才辈出的今天，如何正确识才、选才、育才、用才，实现人尽其才、才尽其用，仍然是摆在我们党面前的重大现实问题。解决这一问题，出路在改革。

推进信访干部任用制度改革，关键在于坚持科学的标准，努力营造一个公开、公正、透明、不拘一格的选人用人环境；重点在于形成干部能上能下的机制，努力为优秀年轻干部脱颖而出、健康成长创造良好的环境和条件。通过深化干部人事制度改革，真正让提高素质成为全党同志特别是各级信访干部推进党的事业、谋求自身发展的终身追求。

（三）加强对信访干部的监督管理

中国共产党历来重视走群众路线、开展批评与自我批评和搞好统一战线工作，这是党长期保持的光荣传统。通过走群众路线加强群众监督，开展批评与自我批评加强党内监督，搞好统一战线工作加强民主党派监督，对于各级党的信访干部保持立党为公、执政为民的政治本色具有十分积极的意义。

党的各级组织要切实加强对信访干部的教育、管理和监督，既要加强党内监督，健全对信访干部自下而上、自上而下以及党委内部的监督制度，还要拓宽党内外监督渠道，发挥群众监督和舆论监督的作用；既要教育大家自重、自省、自警、自励，始终注意讲学习、讲政治、讲正气，还要充分运用批评和自我批评的武器，开展积极的思想斗争，坚持真理，修正错误。同时，要把党员干部特别是各级信访干部"八小时之外"的活动纳入组织管理的视野，避免出现管理真空，实现对信访干部的全方位监督和管理。

二、信访干部的作风管理

（一）端正领导作风

民主集中制是党的根本组织制度，这要求信访干部必须不断改进领导方式，坚持和完善民主集中制，建设团结和谐的领导集体，纠正领导的不正之风，信访干部之间多唱"将相和"，不搞"一言堂"，使党内生活更加规范化、民主化。

（二）端正工作作风

发扬党的优良传统作风，坚持立党为公、执政为民，把实现好、维护好、发展好人民群众的根本利益作为自己思考问题和开展工作的根本出发点和落脚点，这是对信访干部的基本要求。

信访部门、信访干部必须始终不渝地坚持全心全意为人民服务的宗旨，忠实地贯彻执行党的群众路线，当好人民公仆，做到权为民所用、情为民所系、利为民所谋。要大力弘扬求真务实的工作作风，诚心诚意为群众办实事、解难事、做好事。

（三）端正生活作风

千里之堤，溃于蚁穴。对信访部门、信访干部来说，生活作风绝不是小事。一些信访干部走上腐败犯罪的道路，都是从生活作风不检点开始的。要教育和帮助各级信访干部保持正确的生活态度，追求高尚的生活情趣。要认真贯彻落实《中国共产党党内监督条例》和《中国共产党纪律处分条例》，从决策和执行等环节加强对权力的监督，形成一种以法制权、以权制权的执政党权力监督体系，使信访干部的权力受到有效监督和制约，自觉做到廉洁奉公，按照自重、自省、自警、自励的要求，常修从政之德，常怀律己之心，常除非分之想，常省自身之过，经得起金钱、物质、美色的考验，始终保持共产党人的蓬勃朝气、昂扬锐气和浩然正气，以共产党人的高风亮节和人格力量影响和带动广大群众。

三、正确树立信访干部的权力观

（一）正确认识权力的性质

权力是指能实施支配、控制的能力或职位，属于上层建筑，具有时代性和阶级性。在以私有制为基础的社会里，权力被用来压迫和剥削人民。在以公有制为基础的社会里，权力的人民性才真正得到体现。我国宪法规定："中华人民共和国的一切权力属于人民。"党章也明确规定，党的干部是"人民的公仆"，必须"行使人民赋予的权力"。正确的权力观点应该是，在权力来源上要树立"权力是人民赋予的"的观点；在权力目的上要树立"权力是为人民谋利的工具"的观点；在权力价值上要树立"权力就是责任、领导就是服务"的观点；在权力态度上要树立"不要做大官，要做大事"的观点；在权力评价上要树立"人民是权力的最高评判者"的观点。

然而一些信访干部还没有真正认清权力的性质。有的人认为上级有权决定自己升迁和前程，是权力的源泉。这种错位的权力观，导致了他们以"上"为本，唯"上"是从，任何事"不怕群众不满意，就怕领导不注意"，结果是形式主义、官僚主义、跑官要官现象时有发生。有的人则认为"自己是权力的土壤""权力是自己奋斗的结果"。有了这种认识，就会产生"一朝权在手，便把名利捞"的思想，最终步向深渊。还有的人认为"机遇是权力的太阳"，认为当官升迁不靠天、不靠地，就靠自己的好运气。这些把机遇绝对化的人掌权后，必会不可一世、横行霸道、滥用职权、营私舞弊。

因此，权力是一面双刃剑，具有两重性，正确运用它，可以造福社会，造福人民；滥用权力，则是造孽社会，祸害人民。信访干部务必清醒地认识权力的性质，近代经济学鼻祖亚当·斯密曾说："权力是毒药。它不仅会弄瞎人们的道德慧眼，而且还会腐蚀和摧毁人们的道德心智。"孟德斯鸠也说："一切有权力的人都易滥用权力。这是亘古不变的一条经验，有权力的人们使用权力直到终止。"

（二）代表人民掌好权用好权

全心全意为人民服务，立党为公，执政为民，最重要的是必须首先考虑并满足最大多数人的利益要求，这始终关系党的执政全局，关系国家经济政治文化发展全局，关系全国各族人民团结和社会安定全局。

1. 始终保持与人民群众的血肉联系

中国共产党最大的政治优势是善于组织群众、宣传群众、联系群众，党执政后的最大危险是脱离群众。中国共产党是马克思主义政党，一切工作的出发点和落脚点都是为了最广大人民群众的根本利益。共产党作为执政党，是国家和人民利益的忠实代表，各级信访干部来自人民群众，又是人民群众的公仆。党的形象不是抽象的，而是具体地体现在每一个党员干部身上，只有切实做好关心群众、服务群众的工作，我们党才能始终保持同人民群众的血肉联系，才能无往而不胜。

2. 坚持立党为公、执政为民

党的权力来自人民，人民是衣食父母，权力必须用之于民。一切的工作都要立足于为民办实事、为民解困难、为民谋利益，把执政为民贯穿于我们的一切工作之中，坚持执政为民是摆在各级干部面前的重大课题。

（1）要一切从人民群众的根本利益出发。各级党委、党组，想问题、作决策、办事情都必须始终坚持从人民群众的根本利益出发，把人民群众的呼声作为第一信号,把人民群众的要求作为第一目标,把人民群众的满意度作为第一标准。广大群众的最大利益是什么?毫无疑问是民生和发展,只有加快发展才能满足人民群众的物质生活和精神生活需要。因此,执政为民必须体现在抓发展、快发展上,切实把人民群众的根本利益实现好、维护好、发展好。

(2)要学习和掌握新形势下做好群众工作的本领和方法。各级信访干部要深入基层、深入群众,了解基层群众的所思所想,大力宣传上级精神和地方党委决策,加强对各项工作的指导,帮助群众正确认识自己的利益,使党委的决策及时转化为群众的自觉行动。要把工作做深做透,有事多与群众商量,不搞简单化,不搞强迫命令,以自己的诚心换取群众的真心,取得群众的理解和支持,依靠群众来推进改革、发展与稳定工作。

(3)切实增进与人民群众的感情。我们党来自人民,植根于人民,服务于人民。各级信访干部要进一步密切与人民群众的联系,增强与人民群众的感情,时刻把人民的冷暖安危放在心上。当前尤其是要满腔热情、满怀深情地关心弱势群体的生产生活问题,一抓到底,求真务实地解决好人民群众反映强烈的问题,真心实意、时时处处维护好人民群众的政治利益、经济利益和文化利益。

3. 提高思想境界和道德修养

信访干部在实际工作和现实生活中要经得起来自方方面面的诱惑,时时处处必须自重、自省、自警、自励。只有时刻牢记立党为公、执政为民的宗旨,才能以不变应万变,抵御住各种诱惑,防范各种风险。具有自控能力,是对信访干部起码的要求。如果连自己都管不住、管不好,还有什么资格教育和领导别人?

因此,加强理论学习、提高思想政治素质是第一位的。理论素养是内在的觉悟,作风是外在的体现。要坚持不懈地用习近平新时代中国特色社会主义思想武装头脑,从思想上筑牢拒腐防变的堤坝。提高思想政治素养,最重要的是牢固树立全心全意为人民服务的思想。正确对待权力、地位和自身利益，才能经得起执政的考验、改革开放的考验和发展社会主义市场经济的考验。

同时，信访干部要自觉接受人民群众监督和党纪国法约束，要自觉使自己的权力置于有效监督之下，要诚恳接受批评，在领导班子内部要发扬批评与自我批评的优良作风，互相帮助克服缺点和错误。只有牢固树立了执政为民的正确权力观，干部道德才有牢固基础，干部行为才会高效廉洁。

四、正确认识信访干部的能力

党的各方面建设，最终都要体现到提高党的执政能力上来，体现到巩固党的执政地位上来。党的各级信访干部，在加强执政能力建设过程中起着关键作用。因为党的路线、方针、政策要靠信访干部去贯彻，发展目标任务要靠信访干部去推动，改革中各种矛盾冲突、利益关系要靠信访干部去调整，许多新情况、新问题要靠信访干部去把握和解决。各级信访干部应该把握好个人短期从政与党长期执政的关系、个人从政能力与党的历史使命的关系、个人从政作风与党的制度建设的关系。不断改革和完善领导方式和执政方式，不断提高领导水平和执政水平，这是加强党的执政能力建设的一个重要内容。

信访干部要着力提高如下三个"力"。

（一）提高发展力

发展力是信访干部所具备的把握和推动经济社会和谐、稳定、持续发展的能力。信访干部要善于运用辩证唯物主义和历史唯物主义的开阔视野观察社会经济环境的变化，把外部世界变化与本地、本部门发展前景相联系，学会在普遍联系中把握发展大局，抢抓机遇，找准自身发展方位，科学准确地提出符合本地、本部门实际的发展方略，从而推进社会经济快速健康发展。

（二）提高决策力

决策力是信访干部所具备的作出最佳决策的能力。决策力是执政能力的综合性表现，看执政能力强不强，很重要的一方面就是看决策力到底怎样。信访干部如存在失误，最大的莫过于决策的失误。信访干部决策力的高低，直接关系一个地方、一个部门信访工作发展的进程。优秀的决策力，必须做到认识理智、理性执政，而不轻率用权、感情行事；既能勇于决断，又能集思广益，从而确保在最佳时机作出最优决策，增强决策的科学性、系统性、创造性和预见性，为有效地推动经济社会和谐发展做出贡献。

（三）提高驾驭力

驾驭力是信访干部所具备的应对社会经济形势发展变化的适应能力和控制能力。信访干部的领导水平和能力，首先表现在能否正确处理各种复杂矛盾和利益关系上。随着我国改革开放不断深化，市场经济瞬息万变，社会矛盾也层出不穷，要适应和控制好这种变化，信访干部就必须具有较强的驾驭力。对经济发展形势的变化能够科学判断，及时调整；对发展过程中出现的新问题，能够及时协调化解，确保社会的平稳发展和经济的稳定运行。

第二节　信访干部队伍建设

一、信访人才

（一）信访人才的概念及内涵

所谓信访人才，是指德才兼备、具有信访工作业务特长或专长的信访干部。具体地说，就是政治过硬、业务精通、作风优良、创新进取、能力突出、解决问题能力较强的信访干部。要达到这个标准，其基本内涵应该包括以下三个方面。

1. 理论基础扎实

信访人才应具有扎实过硬的政治理论和业务理论基础，有较强的逻辑思维能力和发现问题、分析问题能力，能从理论层面上对信访工作存在的突出问题提出自己独到的见解和看法，并能及时地将各种学术性、基础性的研究成果，转化运用到信访工作实践中去，指导和推进信访工作。

2. 业务水平过硬

信访人才应具有较强的实务能力和水平，能担当重任，独当一面，是实干家，是解决问题的能手。信访部门高层次人才必须是信访干部公认的权威，其中，专家型人才必须是省（市、县）干部公认的权威；高层次复合型人才必须是本地区公认的权威；业务尖子必须是所在单位公认的权威，是某一方面或某几方面信访工作实务的权威。

3. 创新能力突出

信访人才应具有较强的创新思维和创新能力，能紧跟信访工作发展形势，创造性地开展工作，勇于探索，大胆实践，不断开创新的亮点，形成新的特色。

可以说，信访人才是具有一定的政策法律知识和专业技能，能创造性地完成信访工作任务，在信访机关各项工作中发挥骨干作用的人，是信访队伍的中坚力量，是支撑信访事业的中流砥柱。

（二）信访人才的成长规律

信访人才的成长，离不开专业知识的学习和工作实践的经验总结，此外还包括领导重用、工作环境、竞争机制、福利待遇等方面。

二、信访部门领导者的人才观

（一）信访干部的素质要求

1. 过硬的政治素质

当前，群众信访所反映的问题，80%以上是改革发展中的问题，80%是有道理或有一定道理的，大多数问题通过各级党委、政府是可以解决的，大部分是基层应该解决的问题。做好信访工作，需要信访干部不断增强党性观念，增强群众观念，增强公仆意识，在具体工作中把习近平新时代中国特色社会主义思想贯彻落实到位，自觉维护党的形象，维护广大人民群众的根本利益，全心全意为人民服务。信访工作接触的多是社会阴暗面，听到的多是老百姓的委曲。面对这些，信访干部更应坚定共产主义信念。只有这样，才能客观地看待和分析这些社会问题，才能不被这些社会发展过程中的支流问题所迷惑，不被这些改革开放中难以避免的问题撼动信念。

2. 全面的知识结构

群众信访反映内容的多样性，对信访干部的知识结构提出新要求。与以前相比，申诉类信访事项减少，求决类信访事项增加，涉法涉诉类信访事项不断增多。当前群众信访内容以反映现实问题为主，约占总量的80%。这就要求优化信访干部队伍的知识结构，要对不同的专业领域都有所涉猎，如政治、经济、法律、文化、社会等相关专业知识。

3. 优良的心理素质

近年来，群众信访总量一直在高位运行，集体访、串联访、越级访，以及举旗、静坐、下跪、拦车等过激行为时有发生。面对群众不满怨气的发泄和辱骂、攻击，信访干部要善于随时调整好情绪，免受影响；面对集体访要沉着冷静，妥善处理；面对非正常信访和过激行为，要勇于制止，无所畏惧。

4. 较强的协调能力

现在的很多信访事项，往往牵涉多个政策领域和多重利益关系，仅靠信访部门努力是根本无法解决的，而需要多个部门、多个地区共同协调处理，才能解决问题，满足群众的要求。信访干部必须在改革创新过程中，增强全局意识，不断提高组织协调能力和驾驭复杂局面能力。特别是近些年，随着改革开放的不断深入，深层次问题不断出现，大规模的集体访增多，社会突发事件也时有发生，日益增多的政策性信访对信访干部的协调能力提出了更高要求。

5. 强健的身体素质

《信访工作条例》的实施，特别是信访积案的有效化解，大量的信访事项得到有效解决，但信访工作形势依然严峻，信访工作压力依然较大。特别是近年来各地在转变政府职能和干部作风中都作出了"有事找政府"的承诺，信访部门成了群众反映问题的主渠道。面对任务重、责任大的现实问题，信访干部一定要有好的身体素质，才能担起这个重任。

6. 深入的研究能力

信访干部不仅要做好信访接待工作，解决信访事项，更重要的是做好信访事项的研究分析，增强工作预见性，超前提出解决问题的措施和建议。企业转轨、改制、破产等原因造成长期拖欠职工工资和医疗费报销落实问题，拆迁安置问题，农民土地征用补偿，村务政务公开问题等都涉及群众的切身利益，由于解决难度大、拖延时间长，往往导致群众重复信访、越级信访，成为信访工作的热点难点。这些信访事件的发生，从表面看好像是偶然因素造成的，但其背后却有着必然因素存在。如果我们能加强分析研究，准确认识和把握这种必然的、规律性的因素，就能更快更好地解决这些问题。因此，要求信访干部增强研究问题的能力。

7. 良好的文字功底

随着信息化进程的推进，信访案件的报结要求越来越高，要求快速反应、准确处理，既要符合政策又要解决问题，既要把握原则又要有说服力。这都需要信访干部有深厚的文字功底和良好的书面表达能力。

（二）信访干部队伍建设现状

随着社会的发展，信访工作地位不断提升，领导对信访工作更加重视，信访队伍的整体素质得到极大提高，初步形成了一支思想政治素质比较好、理论水平比较高、业务能力比较强的信访干部队伍。但也应看到在信访干部队伍建设中仍存在一些具体问题，这与信访工作的新形势新任务要求不相适应，主要体现在如下五个方面。

1. 编制相对紧缺

目前，大多数信访部门虽已按照一级局设置，但在人员配置上，仍停留在二级局上，普遍存在人员不足的情况，"人少事多"的矛盾非常突出，不能很好地适应繁重的工作任务和严峻的信访形势需要。

2. 结构不尽合理

从抽样调查情况看，当前信访干部队伍无论从年龄结构、知识结构还是从专业结构来看，都与信访形势不相适应，急需改善。具体体现在如下三个方面：

（1）年龄结构不合理。从调查情况来看，信访干部队伍年龄普遍偏大，年轻干部占比较小，很多年轻干部不愿意从事信访工作。

（2）学历结构不合理。高层次、复合型人才少，特别是专门信访专业的高学历人才缺乏。

（3）专业结构不合理。传统专业人才比较多，文秘、管理专业人才多，熟悉经济、法律、城建、社保等方面知识的人才少，特别是有法律专业背景的人才不多。

3. 干部缺乏交流

调查发现,绝大多数信访干部在信访岗位上默默奉献,长期从事信访工作,缺乏交流,整体活力不够。信访干部"能进不能出"的现象表现较突出,在一个单位、一个岗位往往一待就是几年甚至十几年,职级上不去、待遇上不去,晋升渠道狭窄,已在一定程度上影响到了信访干部的积极性、主动性和创造性。

4. 责权利不能对等

信访干部每天面对和处理不同的矛盾问题,挨骂受气,长期加班加点,身心疲惫,工作压力巨大。绝大部分信访干部反映信访工作太辛苦,权利与职责不相称。信访部门的性质决定了信访干部手中没有任何"实权",导致在协调处理某些信访事项时手段和办法不多,协调力度不大,工作起来力不从心。

5. 调查研究欠缺

信访干部由于整日忙于具体烦琐的接访、登信等工作,很难保证平时对法律法规、经济知识和各项政策的学习,深入研究相对缺乏。这就难以适应飞速发展的信访工作,难于驾驭复杂的信访局势。加强信访干部队伍建设势在必行。

(三)加强信访干部队伍建设的对策

信访干部队伍建设必须以习近平新时代中国特色社会主义思想为指引,认真贯彻落实习近平总书记关于加强和改进人民信访工作的重要批示指示精神,努力提高政治素质和理论水平,增强政治敏锐性,增强大局意识、责任意识,坚持爱岗敬业,无私奉献,与时俱进,勇于创新,做到政治强、业务精、作风实。

1. 把好信访干部选拔的"入口关"

信访工作具有很强的政治性、政策性、业务性和纪律性，因此在干部的选拔任用上尤其要从严。要认真贯彻《党政领导干部选拔任用工作条例》，积极拓宽用人视野，大力推行公开选拔、竞争上岗等制度，以好的作风选拔作风好的人充实到信访干部队伍中来。要注重信访干部的综合素质，坚持宁缺毋滥的原则，坚持公开、平等、竞争、择优的原则，面向社会、公开考试、严格考核、慎重选人。要善于和敢于挑选一些年富力强、精力充沛的年轻干部，不断增强队伍的战斗力。

2. 把好信访干部培养的"育人关"

（1）提高理论水平。努力提高政策理论水平，明确职责，增强做好新形势下信访工作的使命感和责任感，增强政治意识、法治意识、责任意识、大局意识和奉献意识。

加强职业思想教育、提升职业价值是职业培训的首要任务。只有将职业价值提升到与个体生命价值追求相一致的高度，才能最大限度地使个体投身于工作，并使之成为生命的一部分。特别是在当前信访工作的烦琐、苦累与待遇极不相称的现实下，更应注重信访干部的敬业思想教育，切实做到让信访干部带着感情接待信访群众，诚心诚意为人民群众解决实际问题。要加强政治理论学习，结合学习贯彻党中央颁布的《中国共产党党内监督条例》《中国共产党纪律处分条例》，使信访干部坚持立党为公、执政为民，树立科学的发展观、正确的政绩观和牢固的群众观，树立亲民、爱民、为民思想。开展热心、爱心、信心和责任心"四心"教育，提高信访干部的政治思想素质。

切实提高业务理论水平是保证提高信访处理质量的必经之路。信访干部要提高业务素质，最根本的途径在于牢固树立终身学习的理念，以孜孜不倦的精神，大兴学习之风，要做到：坚持结合有关法律法规贯彻学习；坚持结合当前热点难点学习；坚持结合信访实践案例的学习；坚持同事之间相互交流学习。

（2）建立培训制度。建立培训制度要注重以下几方面内容：

1）要科学规划信访干部培养选拔目标，尽快制定明确的、量化的、硬性的、操作性强的培养措施。注重科学理论、市场经济知识、法律法规、业务知识和新技能的学习，只有了解相关的法律法规和政策，才能指导工作、处理问题、化解矛盾。特别是当前经济政策的信访事项，只有了解经济政策与经济活动之间的关系，了解经济政策对经济活动的适应程度，寻找两者之间的矛盾症结所在，才能真正站在理性的高度，提早做好化解政策性信访矛盾的准备工作。

2）要构建发展性培训机制，鼓励自我超越。要不断激发信访干部内在潜能和动力，引领信访干部养成良好的自学习惯，处理好工作与学习的矛盾，克服忙于应酬、浅尝辄止、不求甚解的毛病，挤出时间多读书、多思考问题，不断走向新起点。

3）有计划选拔年轻干部到高等院校进修、到经济发达地区考察学习等多渠道、多形式的培养，切实提高科学判断的能力、应对复杂局面的能力、依法行政的能力和总揽全局的能力。

（3）完善管理制度。管理出质量，管理出效益，管理出人才，要建立健全信访管理制度，使信访工作有章可循，坚持用制度管人管事。健全信访工作领导责任制、首问负责制、责任追究制等行之有效的制度。建立信访工作评价制度，坚持平时考核和年终考核相结合，全面考核德能勤绩廉，注重考核实绩，客观公正地评价信访干部，考核结果和年终奖励挂钩。推进信访干部人事制度改革，把信访干部的工作效能与干部任用结合起来，优胜劣汰，实行末位淘汰制度，激发信访干部的积极性和创造性，不断提升信访干部的素质。

(4）增强调查研究能力。调查研究是获得真知灼见的源头活水，是信访干部工作的重要方法，是正确决策的必要途径，信访工作过程中一定要注意开展调查研究工作。信访干部要全面分析情况，要善于研究信访对象。只有弄清信访人的真正意图，才不至于被信访人所左右，才可以灵活运用思想疏导、经济补助、法律援助等综合手段，既满足其合理要求又拒绝其无理要求。要善于研究信访事项。信访事项的类型有很多，既有群众合理反映问题的，也有少数人想借机谋取不正当利益的。对于群众反映的合理问题，要认真对待、合理解释，能解决的尽快解决，不能解决的及时向上级或其他部门反映，积极做好化解矛盾的准备工作，对于借机谋取不正当利益的决不姑息。

（5）健全干部交流锻炼制度。以推进干部横向交流和轮岗交流为重点，切实增强干部队伍的活力。

1）加强基地建设。进一步强化信访部门作为干部培养锻炼基地的职能，组织部门继续将信访部门列为培养锻炼干部的定点单位。积极发挥基地作用，把中青年干部到信访工作培养锻炼制度化；注重培育基地自身建设，组织部门要对定点单位的工作进行检查和指导，不断增强培养锻炼干部的实效。

2）挂职锻炼重点培养。对表现优秀的、有培养前途的中青年干部，可安排到信访部门挂职工作1~2年，让这样的干部在风口浪尖上经受摔打，接受考验，这对干部驾驭复杂问题局面的能力是最有效的锻炼和提高。

3）实行干部双向交流制度。通过实行干部双向交流，扩大信访工作对培养锻炼干部的影响力和推动力，进得来出得去，进来的能得到锻炼和提高，出去的能带走成果发挥作用。

（6）营造良好的工作环境。队伍建设关键就是充分发挥人的积极性、主动性、创造性，解决这一问题最有效的办法是满足个体不同层面的需求：一是提高待遇，政府要加大投入，给予信访工作更多的财政支持，确保信访干部的福利待遇，特别是信访工作津贴的落实；二是提高地位，创造良好的工作环境，使信访工作在社会中有较高的地位，能受到社会的尊重；三是创造发展机遇，要积极做好推荐、输送等工作，使信访干部有发展机会，大力激发他们的工作热情和事业心。总之，要真正做到事业留人、待遇留人、感情留人。

（四）构建信访队伍大网络

构筑党和政府联系群众的全方位、多层次、多渠道的信访工作大格局，形成"人人皆是信访干部，人人都有化解矛盾义务"的共识。构建市、县（市、区）、乡镇、村四级信访队伍网络，健全以各级党政领导信访工作责任制为主体的纵到底、横到边的信访工作领导体制。进一步加强职能部门和村级组织建设，将信访责任分解落实到具体的工作责任干部身上，充分发挥基层信访干部的积极性和主动性，强化驻村干部的职责，把工作做在基层，将矛盾和纠纷化解在基层。建立兼职信访干部队伍，将机关离退休干部和律师、心理咨询师等不同行业的志愿者吸收到信访干部队伍中来。让群众意见有处提、烦恼有处说，即使是偏激的情绪，也有地方得到宣泄，从而理顺情绪、缓解矛盾、凝集人心，使党群关系、干群关系更加和谐，为改革开放和经济建设营造稳定、宽松的社会环境。

三、加强信访人才队伍建设

（一）疏通进口，广纳贤才

基层信访作为信访部门的前沿，负担着80%以上的信访业务，基层信访干部处在信访工作的第一线，直接面对面地与群众打交道，是信访部门的窗口和形象。基层信访干部业务素质和工作水平的高低直接影响着整个信访队伍的形象。因此，加强信访人才队伍建设，重点和关键在基层，最明显的效果也直接体现在基层。积极创造条件,定期、不定期地引进一定数量的高质量人才,是加强基层人才队伍建设,保持队伍活力的一种强有效措施。引进人才应注意几个突出的问题:一是一定要坚持引进人才,不能简单地理解为引进人来,要严把进口,堵死所有"捷径",坚持逢进必考、公开公正的原则,从政治素质、业务水平、群众基础等多方面进行考察,优中选优,精益求精,力争引进一批综合素质高、德才兼备的人才;二是要不拘一格引进人才,打破陈规,唯才是举,只要适合信访工作需要,对信访事业发展有利的可塑之才都要大胆吸收引进,充实完善信访人才队伍;三是要有长远规划,根据实际工作需要,制定科学合理的人才引进方案,要牢固树立科学的发展观和人才观,未雨绸缪,早部署、争主动,放眼长远,逐步形成一个科学合理的人才梯队储备,使信访干部队伍的层次结构逐步进入一个科学有序的良性发展轨道。

(二)健全机制,加强培养

改善环境、创造条件引进高素质人才,只是加强基层信访人才队伍、建设的一个方面,是起点工程。更为关键的是如何挖掘这些人才的潜能,发挥他们的积极作用,将其所掌握的先进理论以最短的时间融入信访工作实践中去,以更快的速度推动信访事业快速发展。

1. 创建完善的人才教育培训机制

一要狠抓学历教育,努力提高队伍的学历层次。要通过组织规划、政策引导,鼓励信访干部参加国民教育序列的政策法律专业学习,大力培养高素质、复合型的政策法律专业人才。

二要狠抓岗位培训,不断提高信访人才队伍的专业化水平。要结合工作实际,广泛开展岗位练兵,干什么学什么,学什么会什么,使每名干部都成为专业的业务尖子。要适应新形势新任务要求,大力开展以金融、证券、保险、工商、税务、财会知识为重点的经济、法律法规专业知识培训和以计算机网络技术为重点的现代科技专业技能培训，不断促进信访人才队伍的知识更新。要注意培养计算机网络管理专业技术人才和优秀调解人才、信访办案能手等专家型人才，不断提高队伍的专业化水平。

三要坚持训用结合，在挂职培训上加大力度。要结合工作实践，每年确定2~3名实绩突出、群众公认的先进典型作为重点培养对象，积极为其创造学习深造的条件，要敢于将其放在不同的岗位上进行锤炼，力争在短期内培养出一批拿得出、叫得响的专业型信访人才，并以此带动信访干部整体素质的提高。对特别优秀的年轻干部，要敢于破格使用，让其在一定的领导岗位上接受锻炼和考验；对有培养前途和发展潜力的优秀年轻干部，要采取上派下挂、异地挂职、设置助理等形式，让他们在新的职位上开阔视野、增长才干，加快成长步伐。

四要加强思想政治教育。突出教育活动的作用，丰富教育活动的内容，使信访干部时刻绷紧弦、不松懈，确保信访干部不出事，确保信访事项不出事。特别对新进年轻干部重点加强政治理论、业务实践技能、组织纪律观念、职业道德规范、执法思想、执法理念等方面的教育，可使其迅速树立正确的世界观、人生观和价值观，在思想上牢固树立起立党为公、执政为民的宗旨意识，尽快地完成信访干部角色的转变。

2. 要创建完善的公平竞争机制

有竞争才能激活干部的内在潜能。衡量人才的标准是知识、能力和业绩，而不能唯学历、唯职称、唯资历、唯身份。要坚持公开、平等、竞争、择优的原则，大胆选用人才，打破陈规，不拘一格，任人唯贤，唯才是举，使优秀人才脱颖而出。特别要通过竞争多给年轻干部创造施展才能的机会，引导其步入正常的竞争渠道，增强危机意识，为信访事业的健康发展积蓄一批合格的后备人才。同时，通过公开平等的竞争，也势必给中层、老层干部带来压力和挑战，从而形成相互竞争、相互促进、相互提高的良好氛围，形成良性的人才梯次储备。

3. 创建完善的用人机制

把人才引进来、把人才培养出来的目的都是为了让其发挥聪明才智，推进信访工作快速健康发展。所以，创建完善的用人机制就十分重要。要高度重视人才的使用，切实把引进人才、培养人才和用好人才结合起来，既要有识才的慧眼，更要有用才的气魄，使我们用心引进和培养的人才施展有机会，干事有舞台，发展有空间，社会有地位。光引进人才、培养人才是不够的，关键在于使用人才，要让各方面的人才在各项信访工作中担重任、挑大梁、建功立业，切实做到人尽其才、才尽其用，小才小用、大才大用、人人成才。

要深化竞争机制，选准用准人才，及时把优秀人才放到重要工作岗位上培养锻炼，放手支持人才施展技能，在他们工作遇到困难时多鼓励、多帮助，不泼冷水；对工作中出现的一些问题和失误，要勇于为他们承担责任；正确看待某些人才的个性，把握主流，敢于大胆使用。

4. 要创建科学完善的激励机制

要建立健全科学有效的人才绩效考核体系，通过民主测评、组织考察等形式，加强对人才的绩效考评。要树立无功就是过，绩平就是劣的思想，严格实行任期制、引咎辞职制、末位淘汰制等制度，形成能者上、平者让、庸者下的机制，彻底砸烂用人上的"铁交椅"，使信访人才队伍始终保持蓬勃朝气和昂扬锐气。

要完善分配制度，做到奖惩分明，贡献与报酬挂钩，充分调动人才的积极性，鼓励创新、鼓励创造、鼓励奉献，对贡献特别突出的要实行重奖，要在工资、职称、住房、培训等方面切实向做出突出贡献的人才倾斜。同时，对在基础工作、关键岗位和经济不发达地区的人才要有政策倾斜，不能使默默奉献者吃亏。要让所有人都能在适合自身发展的工作岗位上人尽其才，愉快高效地开展工作。

5. 要创建完善高效的保障机制

所有人才都是一定环境中的人才，人才的发展离不开良好的环境，环境对培养、造就人才具有至关重要的作用。在市场经济条件下，人才总是向着最能发挥作用的地方聚集，技术总是向着最能够转化为成果的地方转移。所以，各级信访部门一定要切实树立人才战略意识，把信访人才队伍建设工作摆上重要议事日程，明确任务，落实措施，加强检查督促，为信访人才队伍建设创造良好的环境，提供优质的保障。要增强服务意识，切实转变职能、转变作风、提高效率，大力弘扬尊师重教、崇尚人才的优良传统，为信访人才的创造性劳动搞好服务，要用满腔的热情关心人才，真心实意地爱护人才，政治上关心、生活上热心、感情上贴心，千方百计地帮助他们解决实际困难，认真落实奖励、晋级等方面的政策，探索和实行信访人才分类管理，对不同类型的人才走不同的途径，及时落实其职级待遇和专项津贴，充分调动各类人才的积极性，使优秀人才引得来、留得下、用得好，切实形成尊重知识、尊重劳动、尊重人才、尊重创造，优秀人才脱颖而出的良好局面。

6. 要创建合理有序的人才流动机制

信访人才的合理流动有利于人才的成长，有利于充分发挥人才的潜能，有利于信访事业发展大局，要突破信访部门条、块分割的管理体制，逐步建立信访一体化的领导体制，积极克服阻碍人才流动的体制障碍，优化配置。采取从下级局遴选干部，上下级局、兄弟局之间互派助理等形式，促进信访系统内部的人才合理流动，拓宽人才视野，加快人才成长步伐。要积极向党委推荐和输出人才，促进人才资源的充分利用，激发信访人才队伍活力，形成育人、用人的良性机制。

（三）拓宽范围，广泛育才

应当说，信访人才的范围很宽泛，只要是政治业务素质过硬、创新进取能力突出、解决问题能力较强的干部都可称为人才，加强信访人才队伍建设，不能只把目光局限于引进几名大学生上，特别是基层，更具备这种条件。所以要根据工作实际需要，脚踏实地地培养一批看得见、摸得着、用得上、起效果的信访人才队伍。

要培养一批基层领导人才。基层领导人才是块宝，只要把这个重点抓好、抓实，抓出成效，基层人才队伍匮乏的现状就会有很大程度上得到缓解。要培养一批技能突出的业务骨干人才，要下功夫在每个重点岗位重点培养 1~2 名业务骨干，形成一批专业技能过硬的接访、办案和理论研究等专业人才，在现有水平上努力挖掘他们的潜力。

要实现以上这两个目标，就需要在人才培养上分开层次，分别对待，分别对不同人才采取不同培养方式，使其各行其轨、各走其道、各成其才，最终实现百花齐放。

（四）争取政策，创造环境

加强信访人才队伍建设，是一项事关信访事业全局的系统工程，涉及思想观念、管理体制、工作机制等各个方面，必须努力争取党委和上级有关领导部门的大力支持。引进人才、培养人才、提拔使用人才等都要牵扯到当地的组织、人事、财政等方方面面，都是十分敏感的问题，协调不好关系，处理不好外部环境，加强信访人才队伍建设无异于空中楼阁，再美好的设想也落不到实处。每引进和培养一名人才，都是当地财政的一项不小开支，经济条件好的地方，也许解决起来容易一些，但一些经济欠发达地区，面对这样的难题，党委、政府是很慎重的，这就需要我们积极协调争取，多请示、勤汇报，多出成绩，用出色的业绩赢得领导的理解和支持，为我们的信访人才队伍建设营造一个宽松灵活的环境。

第三节　信访领导班子建设

一、信访领导人才的管理

（一）加强信访领导班子政治理论素养锻炼

习近平总书记指出，要建设一支对党忠诚可靠、恪守为民之责、善做群众工作的高素质信访工作队伍。面对信访工作新情况、新挑战，提高信访领导班子做好信访工作的能力和素质至关重要。这一要求，有利于引导各级信访领导干部始终把学习作为自觉追求，有利于培养造就一支真学、真懂、真信、真用党的创新理论的高素质信访领导班子，有利于在全党营造崇尚学习、追求真理的浓厚氛围，这是建设马克思主义学习型政党的重要举措。

1. 理论素养是衡量信访领导班子综合素质和能力水平的重要指标

理论既是科学化、系统化、观念化的复杂知识体系，也是认识问题、分析问题、解决问题的思想方法和工作方法。信访领导班子的理论素养具体表现为运用科学理论认识，分析和解决实际问题的思维视野和能力水平。个体能力水平的差异，在很大程度上表现为理论素养的差异，信访领导班子理论素养的高低，不仅影响和决定着信访干部的工作能力、创新素质和发展潜力，而且影响和决定着信访干部的政治品格和道德品行。这是因为科学理论不仅是严谨思维的工具，而且是理想信念的支撑和道德品行的规范，是工具性与价值性的有机统一。对于科学理论，只有真学才能真信，只有真信才能真用。

一个优秀的信访领导干部，只有做到理论上清醒坚定，才能做到政治上方向明确、信念上矢志不渝、品行上言行一致。推进改革开放，发展中国特色社会主义，迫切需要成千上万具有深厚马克思主义理论功底和人文素养、知识渊博、追求崇高的信访干部。

2. 提高学习能力是提高理论素养的根本途径

学习能力是一种吸收、感悟、转化新理论、新知识、新信息的能力，是连接主观世界与客观世界、必然王国与自由王国的桥梁纽带，是信访领导班子成员必备的基本能力。提高理论素养，要求信访领导干部不仅要勤于学习，更要善于学习，特别是善于探索总结学习的特点和规律，努力提高学习的质量和效率。

信访领导干部必须牢固树立辩证唯物主义和历史唯物主义的世界观和方法论，按照科学理论武装、具有世界眼光、善于把握规律、富有创新精神的要求，深入学习中国特色社会主义理论体系；坚持理论联系实际的优良学风，紧密结合推进改革开放和社会主义现代化建设的伟大实践，紧密联系不同地区、不同领域、不同行业的具体实际，以破解发展难题、推进科学发展、提高发展水平为着眼点，广泛学习现代化建设所需要的经济、政治、文化、社会、科技等各方面知识，努力做到在厚积的基础上薄发、在吸收的基础上创新，学以致用、用以促学、用有所成，把学习的体会和成果转化为高举中国特色社会主义伟大旗帜的坚定信念，转化为运用科学理论分析和解决问题的实际能力，转化为增强党性修养、提高思想觉悟的自觉行动。

3. 必须与深化干部人事制度改革结合起来

制定信访领导干部德才考察标准，应把信访领导班子成员的理论素养和学习能力纳入考察视野，与考察信访干部的政治品格和道德品行相结合，与考察信访干部的履行岗位职责能力相结合，与考察各级领导班子的整体理论素养和学习能力相结合。

同时，切实加强对信访领导干部学习的管理和服务，建立完善学习考核制度，大力宣扬和表彰学习型信访领导干部和学习型党组织先进典型，充分发挥党校、行政学院、干部学院和国民教育体系在信访领导干部学习培训中的重要作用，构建多元一体、互相补充的信访领导干部学习培训保障体系，形成促进信访领导干部勤奋学习、终身学习的长效机制。

（二）把信访领导班子作风建设放在更加突出的位置

（1）党在革命、建设和改革的各个时期，一贯重视加强作风建设。作风是无形的力量，能够发挥出难以估量的政治作用。加强作风建设，形成良好的作风，能够在党内和人民群众中产生巨大的影响力、凝聚力，为党和人民的事业注入强大的动力。相反，如果忽视作风建设，放任不良作风形成气候，必然会给我们的信访干部队伍建设和党的事业发展带来严重灾难。

（2）在以习近平同志为核心的党中央坚强领导下，经过各级党组织的共同努力，特别是经过全党开展的党史教育活动，各级信访干部的思想作风、学风、工作作风、领导作风、生活作风建设不断加强，取得了显著成效，为我们党团结带领全国各族人民不断夺取改革开放和社会主义现代化建设的新胜利提供了重要保障。

（3）我们也应该清醒地看到，在一些地方信访部门和信访干部中，还存在一些不良作风，有的不能坚持解放思想、实事求是、与时俱进，因循守旧、不思进取；有的不善于理论联系实际，既存在照抄照搬的教条主义倾向，也存在轻视理论的经验主义倾向；有的不能正确贯彻执行民主集中制原则，民主意识、大局意识和纪律观念淡薄，独断专行，自行其是，搞"上有政策，下有对策"；有的对中央精神不甚了了，对基层情况懵然不知，却习惯于夸夸其谈，做表面文章；有的热衷于沽名钓誉、哗众取宠、弄虚作假、欺上瞒下，不关心群众疾苦，甚至作威作福、欺压百姓；有的以权谋私，贪图享乐，吃喝玩乐，骄奢淫逸，甚至贪赃枉法，腐败堕落。这些问题，虽然发生在少数信访领导干部身上，但其消极影响不可低估。如果我们不保持警惕，不抓紧治理，听任不正之风侵蚀党的肌体，不仅会严重损害党的威信和形象，损害党群关系和干群关系，影响社会和谐，干扰党和人民事业的发展。

（4）要从党的事业和党的建设的全局出发，针对现实存在问题的严重性危害性，整治不良作风。要在继承党的优良传统和作风的基础上，加强对各级领导班子、信访干部在新的形势任务和环境中所要求的良好作风进行提炼、归纳与总结。

1）必须重视经常性教育。作风是世界观、人生观、价值观的反映，信访领导干部的作风是其党性修养、政治品质、道德情操的具体表现。长期以来，一些信访领导干部放松对自己的严格要求，产生脱离群众的危险。实行对外开放和发展市场经济，也容易使一些信访领导干部受到腐朽思想观念的侵蚀。在这种情况下，如果党组织忽视对党员干部的日常教育，就可能使一些不良风气滋生蔓延开来。因此，必须紧紧抓住思想教育这个根本，积极开展对信访领导干部的经常性教育。

要把树立马克思主义世界观、人生观、价值观作为经常性教育的主要内容，继续深入开展理想信念教育、党性和党纪学习教育、廉洁自律和警示教育，坚持社会主义核心价值体系，加强廉政文化建设，不断夯实廉洁从政的思想道德基础，筑牢防腐拒变的思想道德防线。

要注重发挥上级对下级、一把手对成员的特殊教育作用。上级领导对下级领导、一把手对班子成员，不仅要进行工作领导，而且要经常有针对性地进行思想作风方面的教育、提醒和批评。这方面的作用发挥好了，一定会收到良好的效果。加强经常性作风教育，既要注重言教，也要注重身教，上级领导、一把手以身作则，身正行端，对下级或班子成员将会产生无形的示范作用。

加强经常性作风教育，应把倡导良好的生活作风和健康的生活情趣作为一个重要方面，给予特别的重视。如果信访领导干部生活作风不检点、不正派,就会降低甚至丧失防腐拒变的能力,就会解除反腐倡廉的思想武装,最终滑入腐败堕落的深渊。

2）切实加强对信访领导干部的日常管理和监督。使信访领导干部在高度的自觉和严格的约束中保持良好作风,是各级党组织的责任。

党组织应定期研究信访干部作风建设问题,认真分析本地区、本部门、本单位作风建设的情况,查找存在的突出问题,研究改进措施,作出相应部署。对信访干部在作风方面存在的问题,要及时提醒、批评或做必要的处理。

要严格执行党内监督的各项制度,把近年来中央制定的一系列党风廉政建设规章制度认真落实到信访干部的工作和生活中去,规范信访干部的日常行为。同时,积极探索新的行之有效的管理办法,把信访干部八小时之外的表现纳入群众评议范围,作为信访干部考核的重要内容,通过民主测评、民意调查、个别谈话等,全面了解和掌握信访干部的作风、表现,并作为衡量信访干部德才素质的重要方面,作风不好的不能进班子,坚决防止干部"带病提拔""带病上岗"。

要充分发挥巡视工作在干部监督中的作用,及时掌握群众反映的苗头性、倾向性问题,早发现、早纠正。要加大社会舆论监督的力度,发挥先进典型的示范引导作用,形成惩恶扬善、祛邪扶正的舆论氛围,让保持优良作风的干部能够心情舒畅地工作,让搞不正之风的人在党内没有市场。

3）努力把握新形势下信访领导干部作风建设的规律。加强信访领导干部作风建设,就要不断深化对作风建设规律的认识,自觉把握和遵循规律,既坚持已有的成功经验,又不断改进工作方式,贴近实际,切实增强针对性。

要把严格自律和强化监督结合起来。作风的发展变化,是内因和外因相互作用的过程,而内因又具有决定性意义。这就要求把抓好信访领导干部的自律放在第一位。要引导信访领导干部把党的理想、宗旨、纪律内化为自己的信念,作为自己立言立行的根本准则,时刻注意检点自己的工作和生活的方方面面，自觉发现和解决自身作风存在的苗头性问题，做到台上和台下一个样儿，工作时间和业余时间一个样儿，有监督和没有监督一个样儿，始终保持共产党领导干部的政治本色。与此同时，也要重视他律，强化外在约束。特别要对干部职权的行使、权力的运用进行全方位、全过程监督，努力形成用制度管权、按制度办事、靠制度管人的有效机制，使信访领导干部既接受来自党内特别是班子内的监督，又接受来自广大群众和社会各方面的监督；既接受自上而下的监督，又接受自下而上的监督，形成完善的监督机制，增强监督的合力和效果。

要把继承优良传统和不断培育新作风结合起来。作风建设具有继承性，必须继承党的优良传统作风。同时，作风建设又具有时代性和不断发展变化的特点，处于什么样的时代，面对什么样的形势，担负什么样的任务，就需要有什么样的作风。在新的历史条件下，我们一定要弘扬党的优良传统和作风，总结历史经验，同时还要紧跟时代，研究新情况，解决新问题，从新的实践中汲取新的营养，勇于创新，积极培育适应时代要求的新作风，使信访领导干部作风建设充分体现时代精神和时代风貌。

要把整体推进与解决突出问题结合起来。加强信访领导干部的作风建设是一项长期而艰巨的任务，不能抓一抓、放一放，不能有空白点，要标本兼治、综合治理，统筹兼顾、整体推进。要结合从事不同工作、居于不同层次的信访干部的特点，有针对性地推进作风建设。在整体推进中，要特别注意抓重点，致力于解决突出问题。对那些涉及全局、情况复杂、一时难以解决的深层次问题，要持之以恒、常抓不懈，避免前紧后松、时紧时松的现象；对那些涉及面广、危害性大、反映强烈的重点问题，要不失时机地进行治理整顿，一个问题一个问题地解决。

（三）把握不同层次信访领导干部素质能力的特点

针对信访领导干部成长规律这一主题，把握中央国家机关和地方政府机关局级、处级、科级干部的工作特点、岗位要求以及应当具备的素质能力特点。

1. 局级信访干部应着力培养战略思维、谋划发展、科学决策、带好队伍等能力

局级信访干部是中央国家机关和地方政府机关干部队伍的中坚力量,在制定和执行政策、协调各方面关系中具有重要作用。应着力培养战略思维能力,想问题、办事情要有大局观念,多一点远见、少一点短视,防止各自为政、因小失大;培养谋划发展能力,把更多的时间和精力放在推进工作和事业发展上,深入研究如何创新发展思路、转变发展方式,把握发展的主动权;培养科学决策能力,坚持以人为本、求真务实,把维护最广大人民群众的根本利益作为决策的出发点和落脚点;培养带好队伍能力,提高识人用人的本领,坚持关心人、培养人、激励人、团结人,积极为下属创造学习的机会、提供干事的舞台,努力带出一支过硬的队伍。

2. 处级信访干部应着力培养决策参谋、组织执行、应对复杂局面等能力

处级信访干部是中央国家机关和地方政府机关干部队伍的骨干力量,在工作中既是指挥员,又是战斗员。应着力培养决策参谋能力,积极出主意、想办法,科学拟订决策方案,当好上级领导的参谋助手;培养组织执行能力,坚持真抓实干、依法办事,善于运用法律手段处理各种事务,不断提高执行能力,认真抓好工作落实;提高应对复杂局面能力,不断增强政治敏锐性、政治鉴别力和政治坚定性,在原则问题上头脑清醒,在急难险重任务面前勇于担当。

3. 科级干部应着力培养坚定的理想信念、扎实的业务能力、良好的工作作风

科级干部是机关工作的具体执行者,是积极活跃、富有生机的基础力量。应注意打好三个基础:一是坚定的理想信念,坚持用中国特色社会主义理论体系武装头脑,以理论上的清醒保证政治上的坚定,把个人成长和党的事业发展紧密结合起来；二是扎实的业务能力，认真钻研本职业务，掌握政策法规，提高工作质量；三是良好的工作作风，谦虚谨慎而不盲目自大，脚踏实地而不心浮气躁，联系群众而不脱离群众。

二、优化信访领导干部队伍结构的基本原则

（一）健全信访体制，完善信访部门工作体制

各级各部门必须明确，信访工作不只是信访部门的事情，党委、政府的各级职能部门和单位都有不可推卸的责任。要充分发挥各级党委、政府的主导作用，整合社会管理资源，努力构建统一领导、部门协调、统筹兼顾、标本兼治、各负其责、齐抓共管的大信访工作格局；要建立信访联合接待中心，发挥优势、增强权威、规范程序、提高效率，形成集中有效的接访机制；建立信访信息网络，实现办公自动化；通过明确责任、完善制度，形成合力，狠抓落实。

（二）规范诉求秩序，坚持依法依规处理信访问题

合理、合法信访是群众的民主权利，必须减少对抗性思维，引导群众依法信访，理性表达利益诉求。深入开展信访干部开门接访、带案下访和包案约访等制度，进一步拓宽社情民意表达渠道。加强思想教育工作，做好解疑释惑、疏导情绪工作，以真诚和耐心取得群众理解和支持，使他们心悦诚服地息诉息访。坚持依法管理，保护合法信访，解决合理信访，教育无理信访，惩处违法信访，营造畅通、有序、务实、高效的和谐信访。

（三）提高工作水平，积极主动解决社会矛盾

信访要抓好，基层是关键。要牢固树立固本强基思想，做到重心下移、

关口前移，及时化解矛盾，就地解决信访问题。要着力加强基层党组织和基层政权建设，下大力气抓好基层领导班子和干部队伍建设，选好配强基层领导班子，充实加强群众工作队伍，增强基层组织解决矛盾的能力。要教育引导基层干部改进思想作风和工作作风。换位思考，真心为民，以诚待人、以情感人、以理服人，防止因滥用职权、作风粗暴侵害群众合法利益而引发信访问题。要高度重视并认真解决群众初信初访反映的问题，把问题解决在基层、消灭在萌芽状态。要加强基层信访部门建设，乡镇、村要有相应的机构或人员负责信访工作，形成层层有人抓、有人管的基层信访工作网络。

（四）切实改善民生，从源头上消除不稳定因素

当前，随着经济发展和社会进步，反映教育、就业、分配、社保、医疗、安居等方面问题的民生信访事项越来越多，已成为新时期信访工作的重点。民生问题无小事，一叶一枝总关情。我们要把解决民生问题放在首位，把改善群众生活作为正确处理改革、发展、稳定的结合点，提高决策的科学性，统筹发展的协调性，注重成果的普惠性，谋民利，解民困，消民忧，让发展成果惠及广大人民群众。要清醒地认识到加快发展是解决民生问题的根本途径，把发展中的矛盾解决在发展过程之中。

三、优化信访领导干部队伍结构的主要途径

（一）健全和完善依法信访的法律体系

推进依法信访，必须有法可依。《信访工作条例》是我国关于信访工作的行政法规，本条例以习近平新时代中国特色社会主义思想为指导，深入贯彻习近平总书记关于加强和改进人民信访工作的重要思想，总结党长期以来领导和开展信访工作经验特别是党的十八大以来信访制度改革成果，坚持和

加强党对信访工作的全面领导，理顺信访工作体制机制，是新时代信访工作的基本遵循。认真贯彻执行《信访工作条例》是实践依法信访的首要任务。同时，各级各部门还可结合本地、本部门的实际情况制定实施细则，建立完善各项工作制度，使信访工作真正做到有法可依、有章可循。

（二）探索和实践依法信访的新途径

1. 引入法律援助制度

在信访工作中引入法律援助，将信访工作纳入运用法律手段解决问题的过程。邀请律师参与涉法信访事项的接待处理，为信访群众提供法律咨询和解难释疑服务，引导信访群众正确运用法律手段并通过司法途径解决信访事项。律师参与信访工作，为依法信访提供了法律保证，也有利于妥善处理涉法信访问题，促进和加强信访工作法制化建设。

2. 引入听证会制度

对重要疑难的信访事项以及信访老户问题的处理，通过召开听证会，让有关各方面包括信访人在内共同参与，由信访人向信访部门提交证据，陈述自己的意见，使信访人平等、有效参与信访程序。在广泛听取各方面意见和要求的基础上，按照合情、合理、合法和公平、公正、公开的处置原则处理信访事项，使信访人真正感受到信访权益得到了保障，促使信访人放弃过高要求或无理要求，既保证了信访事项的有效处理和提高了信访案件的结案率，也能较好地解决信访人无理纠缠和信访部门重复受理的问题。

3. 引入社会矛盾纠纷调解服务制度

建立各级社会矛盾纠纷调解服务中心，对一些涉及面较广或跨地区、跨部门、跨行业的信访事项，可实行各相关部门联合办案的方法，邀请相关部门的领导和专家共同参与信访接待和处理，研究协商各方均可接受的处理方案。特别是要加强与司法、仲裁等部门之间的联系和沟通，使一些属于司法、仲裁部门处理的信访事项直接由司法、仲裁部门处理。要定期召开由政法委、公安、司法、检察院、法院和信访等部门参加的联席会议，排查研究重大疑难信访事项，提出解决问题的思想和方法，把行政行为与法律行为有机结合起来，充分发挥好综合效能的作用。

（三）营造依法信访的良好社会环境

1. 充分认识实现依法信访的必要性和重要性

各级领导和广大信访工作者应当充分认识到依法信访是社会法制化的要求，是信访发展的总趋势。加强信访法治建设，有利于维护最广大人民群众的切身利益，有利于构建良好的信访秩序。实施依法信访，对于加强社会主义政治文明建设，保证改革开放和现代化建设的顺利进行，都具有十分重要的意义。要进一步增强法制观念和依法信访的自觉性，加强对依法信访的研究和实践，提高自身依法办理信访的素质和水平，并严格依法依规处理信访事项。

2. 注重加强依法信访的宣传教育工作

一是要加大宣传力度，通过新闻媒体、培训讲座以及开设宣传栏等到多种形式，积极地宣传《信访工作条例》和有关信访法律法规，增强信访工作的社会性和透明度，要把学习信访法律法规知识和普法教育结合起来，在全社会形成一个学法、讲法、用法、守法的良好氛围，使人民群众懂得如何依法信访，自觉遵守和维护信访秩序。二是要通过宣传教育活动，引导信访人到依法有权处理问题的部门去反映问题，使信访人能做到依法、逐级、有序信访。

3. 实行民主监督，强化依法信访的管理手段

在推进依法信访的过程中，要充分发挥民主监督机制的作用，把信访事项的处理与信访人的行为都纳入法律、社会和舆论监督之中，加强和完善人

民群众与社会各界对国家行政机关的监督，确保严格依照法律法规的要求规范信访程序，确保实现信访案件处理程序的公开性和公正性，对不能依法履行职责而激化矛盾造成严重后果的，要严肃追究领导责任。

同时，必须强化依法信访的管理手段，对违反信访法律法规，破坏信访秩序，甚至冲击国家机关、堵塞交通等行为，要加大制裁力度，并视情节轻重追究法律责任。对个别带头煽动闹事人员，凡构成犯罪行为的，应由司法机关依法惩处，确保信访工作规范有序地发展。

第七章

突发事件管理与处置

根据《中华人民共和国突发事件应对法》的规定，突发事件是指突然发生，造成或者可能造成严重社会危害，需要采取应急处置措施予以应对的自然灾害、事故灾难、公共卫生事件和社会安全事件。

在信访工作中，会时常遇到各种突发事件需要及时处置。因此，对于突发事件必须有清晰的认知。信访突发事件是指在信访过程中出现的紧急、必须特殊处理的群体性聚集或重大伤害和死亡事件。就信访突发事件而言，对规模性集体访、负面舆情等处置不力，导致事态扩大，对可能造成社会影响的重大、紧急信访事项和信访信息隐瞒、谎报、缓报，或者未依法及时采取必要措施，都将追究其相关责任。

第一节　突发事件应急管理

一、突发事件应急管理概述

突发事件，国际上一般称为危机事件，简称危机。研究危机管理的美国资深学者罗森豪尔的定义是：危机是指对一个社会系统的基本价值和行为准则架构产生严重威胁，并在时间压力和不确定性极高的情况下，必须对其作出关键性决策的事件。

在我国，突发事件一般有狭义和广义两种解释。

从狭义上来讲，突发事件是指在一定区域内，突然发生的、规模较大的，对社会产生广泛负面影响的，对生命和财产构成严重威胁的事件和灾难。

从广义上来说，突发事件是指在组织或者个人原定计划之外，或者在其认识范围之外突然发生的，对其利益具有损伤性或潜在危害性的一切事件。

突发事件由于发生的规模不同、地点不同、危害性质不同、事前准备不同，而会产生不同的影响和后果，这些事件的发生具有随机性和不确定性，如果应对不当可能发展成为更大规模的事故，会对生命、财产产生伤害、损失和破坏。对这些事件的处理都可以看作是突发事件应急管理的内容。

（一）突发事件的分类

突发事件应急管理中的主体是指处理突发事件的人员、组织和机构，客体是指处置对象，即各类突发事件。突发事件应急管理的执行者是政府机构或者代表政府的组织。目前，我国将突发事件分为自然灾害、事故灾难、公共卫生事件、社会安全事件等四类。

1. 自然灾害

自然灾害指那些由于自然原因而导致的突发事件，如地震、龙卷风、海啸、洪水、暴风雪、酷热或严寒、干旱或昆虫侵袭等。

2. 事故灾难

事故灾难主要是由人为原因造成的紧急事件，包括那些由于人类活动或者人类发展所导致的计划之外的事件或事故，如化学品泄漏、核放射线泄漏、设备故障、车祸、城市火灾等。

3. 公共卫生事件

公共卫生事件主要是由病菌、病毒引起的大面积的疾病流行等事件，如非典疫情、新冠肺炎疫情、多人食物中毒等。

4. 社会安全事件

社会安全事件主要是指突然发生，造成或者可能造成重大人员伤亡、重大财产损失，对区域经济社会稳定、政治安定构成重大威胁或损害，有重大社会影响的涉及社会安全的紧急事件，主要包括重大刑事案件、重特大火灾事件、恐怖袭击事件、金融安全事件、规模较大的群体性事件以及其他社会影响严重的突发社会安全事件。

近年来，我国重大火灾、爆炸、危险化学品泄漏、公共交通等重特大事故时有发生，给公共安全和应急救援工作敲响了警钟，使人们逐渐认识到加强对重大突发事件应急管理的重要性和紧迫性。

（二）突发事件应急管理的四个阶段

突发事件应急管理的过程主要包括预防、准备、响应和恢复四个阶段。尽管在实际工作中，这些阶段往往存在重叠现象，但是每一阶段都有单独的目标，并且成为下一阶段内容的一部分。应急管理四个阶段的具体内容如下：

1. 应急预防

应急预防就是为了预防、控制和消除事故对人类生命、财产和环境的危害所采取的各种行动,如制定安全法律法规、安全规划,强化安全管理、安全技术标准和规范,对广大社会成员进行应急宣传与教育等。

2. 应急准备

应急准备主要是指在事故发生之前所采取的行动,目的是应对事故发生而提高应急行动能力及推进有效的响应工作。应急准备是应急预案制定下的结果,明确所需应急组织及其职责权限、应急队伍建设和人员培训、应急物资准备、应急预案演习、签订互助协议等。

3. 应急响应

应急响应是在事故发生前及发生期间和发生后所采取的行动,目的是通过发挥预警、疏散、搜寻、营救以及提供医疗服务等应急活动,保护生命财产安全,使人员伤亡、财产损失、环境破坏等减小到最低程度,并有利于恢复。

4. 应急恢复

应急恢复就是使生产、生活尽快恢复到正常状态或得到进一步改善所采取的行动。恢复工作应在事故发生后立即进行,它首先使事故影响地区恢复最基本的功能,然后继续努力使整个地区全面恢复正常状态。要立即开展的应急恢复工作包括事故损失评估、废墟清理、生活用品供应等。

(三)加强突发事件应急管理

1. 加强宣传培训

必须加强突发事件应急管理宣传培训工作,提升全社会的应急意识和能力。通过各种形式在社会层面开展突发事件应急管理知识和技术培训,并适时组织人们进行应对突发事件的演习和训练,不断提高每个人的危机意识和应对危机的能力。要特别重视市、区、县各级领导干部、政府机关工作人员的应急管理教育，充分利用党校、行政学院等培训基地，将应急管理知识作为领导干部和公务员培训的必修课程，培养他们的危机意识，掌握预防突发事件的措施和处理危机手段。

2. 加强应急预案编制工作

（1）要抓紧应急预案的编制工作。在现有应急预案的基础上，做好前瞻性应急预案编制工作，确保有风险就有应急预案，不断扩大应急预案的覆盖面。

（2）要加快已有应急预案的修订完善工作。应急预案修订要密切联系本地、本部门实际，密切关注形势发展变化，最大限度地保证应急预案的科学性和可操作性。

（3）加大应急预案的演习力度。应急预案演习一方面是检验应急预案的科学性与可行性；另一方面是锻炼应急队伍。在实践中，各地、各部门要加大投入，尽可能实战演习，在条件不具备的情况下也可以进行桌面推演，使应急预案的各个环节和程序深入人心并能有效转化为技术能力。

3. 加强应急管理人才队伍建设

（1）要确立系统全面的应急管理人才队伍建设理念，充分认识到现代应急管理是全过程的应急管理。

（2）制定应急管理人才队伍建设的规划。要结合本地实际做好长期规划，包括应急管理人才的引进、培养和使用工作，保证各方面的人才结构合理、有序发展。

（3）要针对不同类型的人才制定不同的培训方案。不同的工作有不同的要求，只有实施分门别类的培训才能更好地增强培训效果。

4. 构建应急处置指挥平台系统

（1）要对本地的应急资源进行系统全面的调查，做到登记在册，心中有数；

（2）要建立应急资源的统一调配使用机制，确保平时有管理，紧急情况发生时能调能用；

（3）要抓紧推进政府应急总指挥平台系统建设，以此提升应急决策指挥能力。

5. 提升基层应急管理能力

突发事件应急管理重在基层。为深入贯彻落实《国务院办公厅关于加强基层应急管理工作的意见》（国办发〔2007〕52号），要坚持以社区、乡村、企业、学校等基层组织和单位为重点，初步形成"政府统筹协调、群众广泛参与、防范严密到位、处置快捷高效"的基层应急管理工作机制，使广大群众公共安全意识和自救互救能力普遍增强，基层应急保障能力全面加强，基层应对各类突发事件的能力显著提高。

二、突发事件的特征与分级

突发事件具有突发性、社会危害、严重性三大特征，会产生人员的伤亡、财产的损失、秩序的破坏三重危害。因此，需要及时采取特别的处置措施。

突发事件与紧急状态是两个完全不同的概念。二者的联系在于，当国家或地区处于紧急状态时，一定是发生了特别重大的突发事件。

紧急状态是指发生了特别重大的突发事件，导致国家或地区社会面临极端严重的危害和威胁，需要国家机关依法行使紧急权力，采取非常措施予以控制、消除其危害和威胁时，有关国家机关按照宪法、法律规定的权限决定并宣布局部地区或者全国进入紧急状态的一种临时性的严重危急状态。

紧急状态有四个特征：一是发生了特别重大的突发事件；二是该突发事件导致国家或地区社会面临极端严重的危害和威胁；三是该危害和威胁采取《中华人民共和国突发事件应对法》及其相关法律法规规定的应急措施不能

消除或者有效控制、减轻其严重危害和威胁，需要行使紧急权力，采取非常措施；四是有关国家机关根据宪法和法律的规定宣布进入紧急状态。

根据《中华人民共和国宪法》和《中华人民共和国戒严法》的有关规定，宣布进入紧急状态涉及三个主体，即全国人民代表大会常委会、国务院和国家主席。对于全国或者个别省、自治区、直辖市的紧急状态，由全国人民代表大会常委会决定，国家主席根据全国人民代表大会常委会的决定宣布进入紧急状态。对于省、自治区、直辖市的范围内部分地区的紧急状态，由国务院决定并宣布。

紧急状态期间的非常措施，包括戒严措施和其他非常措施，《中华人民共和国戒严法》对戒严措施做了规定，其他非常措施由全国人民代表大会常委会另行规定。

按照社会危害程度、影响范围等因素，自然灾害、事故灾难、公共卫生事件分为特别重大、重大、较大和一般四级，预警时分别采用红、橙、黄、蓝四种颜色表示。由于社会安全事件的特殊性，《中华人民共和国突发事件应对法》没有对其作出分级规定。因此，突发事件的分级只适用于自然灾害、事故灾难和公共卫生事件。

三、应对突发事件决策能力

在面临突发事件进行应急管理时，如何快速准确地收集信息，制定干预方案，直接关系突发事件应急管理的成败。因此，科学决策就成为突发事件应急管理的关键。

（一）突发事件决策的概念和特点

1. 突发事件决策的概念

突发事件决策是人们为实现一定的目标而制定行动方案并准备实施的活

动。心理学中给决策下的定义是：对一个缺乏确定情境的事情的抉择反应。突发事件决策的中心问题是解决事情（或事件、对象）本身的不确定性。

2. 突发事件决策的特点

突发事件决策活动是以事物的未来发展和人们的未来行动为对象的，它具有以下特点：

（1）突发事件决策是行动的基础；

（2）突发事件决策具有超前性；

（3）突发事件决策具有明确的目的性；

（4）突发事件决策方案的可选择性；

（5）突发事件决策的过程性。

正确的突发事件决策是处理突发事件的关键。由于突发事件具有突发性和不可预测性的特点，通常情况下难以防范，一旦发生即对公众的健康和生命造成严重威胁。突发事件发生后如果不能得到有效应对和及时处理，往往诱发危机，造成社会经济秩序的严重破坏。因此，要求决策者在时间压力和不确定性极高的情况下必须作出关键性决策。

（二）突发事件中常见的决策类型

应对突发事件，首先考验的是政府及其有关部门的决策意识、体制、方法和能力。回顾历史我们不难发现，过去由于受条件的限制，对于突发事件应急管理，决策者常常采用的是少数人参与的基于个人智慧的经验决策。这种决策方式主要是凭借决策者个人的知识、才智和经验。决策是否成功，主要取决于决策者和个别高明"谋士"的认识和经验，而经验决策所能处理的信息量有限。一般说来，这是一种定性不定量的决策。

在突发事件处理中，面对信息很不完备、演变极为迅速、时间非常紧急、级别不确定的情形下，政府部门需要对一些特定问题及时作出决策，这种决策有时不可避免地具有非常规性甚至具有非程序性。因此，经验决策具有一定的合理性，甚至在特定条件下是不可替代的，它在特定的程度和范围内是行之有效的。

突发事件决策是行动的前提，其目的是为行动提供方案，但决策的结果可能是获得了最佳方案，也可能选择了最差方案。如果决策合理，有利于事件的迅速掌控，避免危机的发生；反之，如果决策不合理甚至是错误的，必然会导致事件的扩大和蔓延，直至社会经济秩序破坏，从而使单一的突发事件演变为影响社会和谐安定的重大危机。

由于人的决策过程不可避免地带有情绪色彩，社会因素对于决策行为具有不可估量的影响。在突发事件发生后，社会的压力和影响甚至会导致决策者作出完全非理性的决策。因此，在决策中如何做到尽可能合理周全，既可以防止事件的进一步发展，又可以减少不必要的成本，避免新的损害等，科学决策就显得尤为重要。通过运用科学的思维方式和决策程序，借助各种科学的分析手段和方法，能够有效地弥补经验决策的不足，避免非理性的决策后果。

科学决策是就突发事件决策方式而言的。科学决策是指应对突发事件，决策者遵循科学的原则、程序，依靠科学的方法和技术进行的决策活动。决策的科学性主要体现在决策过程的理性化和决策方法的科学化上。

科学决策是提高应对能力的保障。通常情况下，人们对科学决策的理解有两个方面，一方面是指决策的方法和程序符合科学的要求；另一方面是指决策的结果符合客观规律。决策失误在很大程度上与没有遵循科学决策过程有关。

科学决策的主要特点表现在以下两个方面：

（1）强调建立科学的决策体制，注重集体共同决策，决策过程中特别注意依靠各种智囊组织，注意各种专家的横向联系，形成合理的人才结构，共同完成某个决策活动。

（2）强调将决策建立在科学分析的基础上，从传统的依靠经验进行决策，转变为依靠科学分析进行决策，广泛运用科学技术的方法，将定性分析和定量分析结合起来，确保决策的正确性和可靠性。

（三）突发事件决策阶段及流程

决策包括对象、目标、资源、方法和控制五个基本要素。简单来说，决策过程中，决策者首先要明确自己想得到什么，然后要考虑自己有什么资源可以用，之后要考虑这些资源怎么用，最后是考虑出现意外后如何控制以及降低损失。决策是管理人员能力的重要表现，也是领导者职能的主要内容。

针对突发事件处置的应急管理特点，按应急准备、监测分析、预测预警、反应处置、事件终止、恢复重建、评估完善的流程运行，循环反复不断提升应急管理能力。

1. 应急准备阶段

在此阶段，应急中心开展培训、演习和研究工作，提高应急管理能力，完善相关法律法规、政策和应急预案，规划储备应急物资等，建立突发事件的防控体系。

2. 监测分析阶段

在此阶段，应急中心负责接收、分派、核实与处理事件的报告，协调组织开展突发事件的预防和监测工作，获取动态监测、事件调查和评估信息，跟踪事态发展。主要分析方法有空间分布分析法、时间历史曲线分析法、动态演变分析法等。

3. 预测预警阶段

在此阶段，根据突发事件处置流程与预案，应急中心组织专家进行事件评估，并针对评估结果发布预警信息，针对相关突发事件快速开展有关工作准备，落实应急预案与应急方案涉及工作的准备情况，及时通报与汇报进展情况。

4. 反应处置阶段

在此阶段，按照有关规定启动应急预案，根据应急预案迅速指挥与执行工作，有条不紊地组织调度人员与物资，开展专业的应急处理与相关配合工作。同时根据反馈情况，动态评估事件的发展情况，及时调整处置措施，最大限度地减少损失。

5. 事件终止阶段

在此阶段，突发事件的隐患或相关因素被消除。

6. 恢复重建阶段

在此阶段，突发事件基本结束，应急中心快速开展从应急状态恢复到正常状态的工作，有计划地补充应急处理阶段所消耗的储备资源，逐步恢复正常生产生活。

7. 评估完善阶段

在此阶段，应急中心进行科学总结，完善相关应急预案，开展应急处置研究和探讨，总结经验和教训，制订有针对性的防控措施等，以提高应急管理能力。

（四）突发事件决策的主要方法

突发事件决策具有多因素性、突变性特征。突发事件决策的目标是初步构建突发事件的概念体系，科学界定突发事件的概念，提炼突发事件的特征，采用合理的标准体系对突发事件进行分类；采用有效的分析工具，系统分析突发事件演化与发展过程，科学分析突发事件及次生突发事件相互作用的复杂性及决策的特征与规律；初步建立突发事件决策系统框架，为政府提供具体的突发事件应对模式。

1. 突发事件决策的主要内容

（1）分析突发事件的内涵。明确突发事件涉及的领域和范围，选择和采用合理的界定方法对突发事件进行界定，构建突发事件的概念体系，总结和提炼突发事件的特征，选择有效与合理的分类标准体系对突发事件进行划分。

（2）分析突发事件演化路径与动力。讨论突发事件与次生突发事件之间的连锁作用，分析各类突发事件的演化路径，采用相应的统计方法确定突发事件演化中的数量关系，并研究突发事件在演化路径过程中发展动力的变化和替代方案。

（3）分析突发事件演化耦合模式。将突发事件的演化过程看作一个系统，采用系统动力学方法模拟突发事件的演化过程，观察不同类型突发事件和次生突发事件随时间变化的演化状态，总结不同类型突发事件、突发事件与次生事件之间的耦合模式；依据突发事件演化模拟的现象，研究突发事件耦合模式下对突发事件系统演化的影响和作用。

（4）研究突发事件演化系统的脆弱性。突发事件演化系统的脆弱性是指突发事件演化在人工干扰下，演化系统其结构组成与动力发生变化，系统可能会出现演化中止或人工可控性增强。将突发事件的演化过程看作动态系统，利用干扰变量对突发事件演化系统进行干扰，分析系统在演化过程中的脆弱性，为突发事件应急决策提供准确的决策目标、决策主体和决策程序。

（5）研究突发事件决策的特征、模式和方法。在突发事件演化耦合模式和演化系统脆弱性研究的基础上，讨论突发事件决策的特征，分析突发事件演化条件下，决策目标、决策主体、决策程序的快速自动切换原理和技术，并在此基础上构建相应的应急决策模式。结合突发事件的决策模式，讨论突发事件在演化的不同条件下，现有可用的决策方法。

2. 突发事件决策的环节

突发事件决策通常包括以下三个环节：

（1）突发事件的预测。能否预测事物发展趋势，早做准备，防患于未然，成为是否掌握突发事件决策主动权的关键。因而，决策者必须依靠科学的突发事件预警机制，从长期和短期的角度来准确预测突发事件的可能。突发事件的预测要求决策者思维敏捷，有很强的洞察力；能发现问题，抓住时机；有超前意识，能预测事物变化趋势。

（2）突发事件的控制。突发事件决策的一个重要目标是控制事态，使其不扩大、不升级、不蔓延、不恶化。如对突发事件引发的危机，应及时将真相公布于众，稳定人心，引导社会舆论向健康方向发展。

（3）突发事件的消除。突发事件得到有效控制后，决策者要及时做好善后工作，领导大众走出突发事件造成的心理阴影，使社会尽快恢复稳定，消除突发事件"后遗症"。

突发事件演化过程是一个复杂系统，如果将突发事件看作静态的，片面追求突发事件应急技术的先进性，难以解决决策信息拥挤和效率较低的问题，无法有效地化解决策目标冲突的矛盾，从而容易导致突发事件处置成本过高，事件处置和组织协同效率较低，甚至加剧突发事件的扩散等问题。突发事件演化下的决策能够使得不同机构及时作出有效的应急方案，并在事件不断扩散的情况下，各个决策主体能够依据自己的决策目标和有效的决策程序进行快速转换，最终实现突发事件应急处置的高效率和高速度。

四、应对突发事件公关能力

突发事件公关又称"危机公关"，它不同于公关一般的纠纷，它是一种可能危及组织生存的现象。因此，正确认识、高度重视和妥善处理可能影响组织生存的突发事件，是组织公关活动的重要任务。在信访工作中，应对突发事件公关能力是每个信访干部必备的本领。

突发事件公关主要是针对突然发生的危及生命财产安全的重大事件，如失事、爆炸等恶性事故造成重大损失等。

（一）突发事件公关的原则

1. 预测原则

通过分析研究，发现可能引发突发事件的线索和因素，估计可能遇到的问题以及事件突发后的发展程度和方向，从而制定多种可供选择的应变措施。

处理突发事件是公关人员一项重要任务，因此，要求一定要事先做好预测工作，在预测的基础上向领导层传递信息，提出对策建议。

2. 实事求是原则

不隐瞒真相、不欺骗误导，争取主动，特别对公安、媒体、受害群众、主管上级，都要实事求是地说明所掌握的事件真相，寻求有关方面的谅解、信任和帮助，使突发事件得以尽快处理并减少损失。

3. 应急原则

对突发事件迅速采取有效措施，使事态得以控制。公关人员对突发事件到来前可能出现的情况应分别制订应急计划和措施，对正在发生的事件要及时处理、及时报告，利用新闻媒体做好舆论导向工作。

（二）突发事件公关目标

突发事件公关目标是指组织通过策划和实施公关传播活动所追求的渴望达到的一种状态或目的，是处理突发事件全部活动的核心和公关工作的努力方向。整个突发事件公关工作的过程就可以理解为制定和实现公关目标的过程。

确定突发事件公关总目标和各项具体目标是制订突发事件公关活动计划的重要环节，是指导组织突发事件公关工作的关键，是组织突发事件公关全部活动的核心。具体来说，确立公关目标的重要意义表现在以下几个方面：

(1) 确定突发事件公关工作的方向和一定时期内必须完成的任务；

(2) 确定突发事件公关目标是制订公关计划的基础；

(3) 确定突发事件公关目标是安排指导和协调控制公关工作的依据；

(4) 确定突发事件公关目标是评价公关活动效果的标准与尺度；

(5) 确定突发事件公关目标是提高公关工作效率、实现公关活动价值的保证；

(6) 确定突发事件公关目标可以减少组织损失，迅速妥善地处理可以最大限度降低组织的物质损失和名誉损失；

(7) 确定突发事件公关目标可以维护组织形象；

(8) 确定突发事件公关目标可以增强组织内部团结，使组织团结一致、共渡难关；

(9) 确定突发事件公关目标可以为组织创造新的机会。

（二）突发事件公关的具体步骤

1. 突发事件公关处理的程序

(1) 全面调查，收集信息，整理形成报告。突发事件发生之后，应立即组织处理小组，迅速到达现场，保护现场，查明原因，尽力减少损失，详细了解和记录突发事件发生的过程和情况，以便帮助分析，将收集的材料整理后找出事件的发生原因上报决策部门。

(2) 分析信息与报告，确定对策。在全面调查了解情况后，进行认真分析，针对不同对象，提出相应的对策：

1) 对组织内的对策；

2) 对受害者的对策；

3) 对新闻媒体的对策，确定正式发言人，统一口径，态度鲜明，提供真实准确的消息，对不实报道尽快补救，但要避免与新闻媒体出现冲突；

4）对上级的对策，要如实及时报告，寻求上级的支持；

5）对组织公众的对策，向公众说明真相，主动承担责任，包括补偿，以诚待人，切实保护公众利益。

（3）分工协作，实施对策。组织内各部门要统一思想、统一认识、齐心协力、服从大局，在组织统一指挥下有效分工。

（4）效果检测、信息反馈、查漏补缺，以达到进一步的完善。

2. 突发事件公关处理的步骤

（1）事件突发前阶段。即突发事件酝酿阶段，某些诱因已经产生并在发展中，如不及时发现、及时制止，就将导致突发事件爆发。

（2）事件突发阶段。日常要对工作人员进行应对突发事件的训练，在事件突发时迅速采取积极有效的措施，使事件对组织的损害控制在最小程度。

（3）突发事件处理阶段。事件一旦发生，组织就必须集中力量，专心应对突发事件。组织的领导层和公关部门要迅速在紧急状态下作出正确决策，并采取果断行动。

（4）恢复阶段。突发事件经过处理后，对组织所受的有形和无形的损失，要有一个恢复阶段。组织要自我分析、自我检查，采取补救措施，以恢复组织形象。恢复事件的长短取决于组织采取的补救措施是否正确、及时、有效。

3. 突发事件公关处理中应注意的几个问题

（1）保持镇定，判明情况。突发事件绝大多数都是出乎意料的。

（2）谨慎从事，坚决果断。

（3）尊重理解，搞好各方面的关系，稳定大局。

（4）及时报道，实事求是，争取主动。

（5）注意措辞，统一口径。

（6）多管齐下，多方出击。

（三）突发事件的沟通与协调

过去信息不畅，发生突发事件，人们基本上都是从报刊、电台、电视台等媒体方面获取消息。如今互联网发达，各种社交软件和视频软件等应用广泛，已经成为人们获取信息、传播文化的主要渠道。在新媒体上，人人都可以发布消息、制作节目，消息的便捷性、互动性、开放性大大增强。

（1）应认识到与媒体沟通是我们应尽的职责，是政务公开的必然要求，是法律法规的强制约束。

（2）应认识到面对媒体实际上就是面对公众，从权利和义务的角度讲，媒体既是政府信息公开的权利人，也是政府履行信息公开的载体，是作为义务人的政府贯彻实施信息公开的实现者。因此，与媒体沟通不能仅限于应付，否则就是应付公众，就是义务人应付权利人，这于情、于理、于法都不合。

（3）与媒体沟通，不能嬉笑怒骂、调侃讽刺、随意发挥，也不能无正当理由地回避、拒绝。否则，就是对公众知情权的不尊重，也无法做到政府信息公开、透明。

（4）与媒体沟通的核心是态度和内容。在秉承诚实、公开的态度和发布及时准确的信息的前提下，应为政府信息公开这一主题服务，为保障公众的知情权服务。

面对发生的突发事件，可能根本无法做到及时沟通和协商。在这种情况下，作为定向采访对象的领导干部只能是自己根据具体情况和事态发展来判断并作出决定，必要时应明确指出这是"据初步调查"得来的情况等。突发事件发生后，一般暂时不说明原因，等全面调查核实掌握了事件发生的客观原因后才作具体说明。

突发事件发生后应快速向主流媒体公布其事态及当地党委政府采取的措施，避免政府不说而其他渠道却在片面、不真实地传谣的情况发生。有时，突发事件发生后根据事态发展和处理情况要提供多次新闻稿。

发生突发事件后与媒体沟通时的态度，首先反映了领导干部是否在依法正确履行和完成政务公开、信息公开的义务和职责，是否把其所作所为、所说所言建立在依法行政的前提和基础之上。同时，与媒体沟通的态度也会直接影响公开工作的结果和效果，处理不当，甚至会适得其反。居高临下、以己为主、趋利避害，只重正面宣传、讨厌问题、拒绝批评等这些态度都是不可取的。要本着以人为本、诚信可靠、平等公平、沟通合作、换位思考等正确的态度，才能真正以正确和恰当的态度与媒体沟通。

突发事件的沟通能力就是善于沟通、善待、善用、善管各类媒体的能力。

高质量、高水准地抓好新闻工作，就必须依靠媒体记者，把媒体作为抓好新闻工作的主体力量。因此，与新闻媒体打交道，既不能拉关系、走后门，也不能敬而远之、避而远之，更不能不理不睬、无可奉告。要在平等的基础上信任新闻媒体，相信我们新闻队伍的主流是好的，能够恪守新闻职业道德，始终坚持新闻的真实性、全面性、客观性、公正性，相信我们新闻队伍是一支政治强、业务精、作风正、纪律严的队伍，是一支党和人民可以依赖的队伍。

要善于与新闻媒体交往、交流、交朋友，要及时指导而不是一味指责，要常吹风、打招呼而不是出现偏差后只管打板子。对新闻媒体报道，既要强调宣传纪律，又要尊重新闻媒体按照新闻价值规律去寻找宣传工作和新闻报道的结合点，在重要性、新鲜性、接近性上做文章，将宣传任务转化为新闻选题，做到围绕宣传中心、主动服务大局、密切联系实际、有力引导舆论。反之，如果采取简单的灌输式宣传，空洞说教，吓跑了受众，宣传效果就会大打折扣。

（四）突发事件中的媒体公关

媒体公关就是政府为了更好地管理社会事务，争取公众对政府工作的理解和支持，塑造良好的政府形象，运用各种传播手段，与社会公众进行信息沟通的活动或过程。而突发事件中的媒体公关，就是在突发事件中政府运用各种传播手段，与社会公众进行信息沟通，共同应对突发事件的过程或活动。

媒体报道是突发事件信息扩散的重要渠道。在通信技术日新月异的情况下，人们了解信息的手段可谓空前发达。不过，技术的发达只是表明了人们获取信息的方式更加便利了，但是获取怎样的信息、引起怎样的关注程度，产生怎样的结果，就要考虑到信息的发布者、信息的内容等传播过程中的其他因素。

媒体具有社会监督的职能，在社会突发事件和有损社会公益的事件发生后，启动媒体的监督功能，与其他公众相比，媒体具有更强大的影响力。在突发事件中，政府、媒体和公众存在一种相互依存、不可分割的关系：政府依赖媒体将信息通告给公众并引导公众；公众依赖媒体传播的信息了解事情真相以及方方面面的信息；媒体则依赖公众的反应强化自己对事件的影响和监督，同时依赖政府获得事件最准确真实的消息来满足公众的需要。

政府、媒体、公众的关系是动态平衡的关系。然而，在突发事件频繁发生的今天，政府、媒体、公众之间的动态平衡关系面临严峻挑战，政府如何运用媒体与公众沟通显得极为重要和必要。突发事件的应急管理成为摆在政府面前的重大课题，政府的媒体公关是解决突发事件的重要环节。

突发事件中的媒体公关的必要性主要包括以下三个方面。

1. 媒体公关是建设诚信政府的需要

诚信政府，就是值得公众信赖的政府。从现代管理学角度来看，公众对于政府信息、社会信息享有当然的知情权。漠视公众的知情权，一方面会导致公众对社会信息产生不当理解；另一方面更为严重的是会导致公众对公共管理者的严重不信任。伤害公众知情权必然有损于政府公信力。

2. 媒体公关是尊重传播规律的要求

新闻传播的规律是：没有你的声音，就会有别人的声音；以你为主提供情况，你便成为信息的主渠道，公众就会把你当作主要的信息来源，别人的声音就无足轻重；你提供了全部情况，即使有人想造谣也会找不到素材；你在第一时间很快提供了情况，你就能先声夺人，而不会在不利信息满天飞的时候再被动地"避谣"。

政府尊重新闻传播规律，按客观规律办事，就是将客观真实的信息，尽早尽快尽可能丰富全面地满足公众对于信息的多种需要。从不同角度、不同层面满足公众知情权的需要，这就是对公众知情权的极大尊重。在突发事件中尊重新闻传播规律的过程，就是尊重公众知情权的过程。在政府与公众的关系中，政府首先应该信任和尊重公众——信任公众的能力，尊重公众的知情权。

3. 媒体公关是塑造政府形象的需要

突发事件发生后，通过新闻发布会等方式及时向媒体和公众发布事件的信息、政府采取的措施等，不仅可缓和公众的紧张情绪，取得公众的理解和信任，还可以在国际、国内树立良好的政府形象。

突发公共事件中新闻发布工作做得好不好，能否做到及时准确、公开透明地发布信息，让媒体和公众满意，关乎事件本身的妥善处置能否顺利进行，关乎公众的生命财产安全，关乎社会稳定，关乎党和政府的声誉和形象。

通过反思和总结近几年来的经验教训，突发公共事件的新闻发布至少要做好以下六个方面工作。

（1）制定突发公共事件新闻发布工作方案。《国家突发公共事件总体应急预案》出台后，各地、各部门制定了若干应对各种突发公共事件的具体预案，在制定这些预案时，应同时制定突发公共事件新闻发布工作预案，将其作为应对突发公共事件的有机组成部分。预案中首先应明确突发公共事件发生后新闻发布工作的负责单位,然后要明确突发公共事件新闻发布工作的原则、要求、程序,以及发布人、发布内容、发布对象、发布方式、发布地点等。预案制定后要进行适当演习,并根据发现的问题和实际效果进行完善。实践证明,有没有一个适合各地、各部门不同特点的、操作性强的预案,新闻发布的效果大为不一样。

（2）开展突发公共事件新闻发布工作培训。当前各级领导干部普遍缺乏突发公共事件发生后如何发布事件信息、正确面对媒体的经验。在目前信息传播方式已发生重大变化的情况下,这一课是必须补上的。近几年来,国务院新闻办和各地、各部门开展了形式多样的新闻发布工作培训；各级党校和行政学院将新闻发布工作培训或多或少地纳入了教学安排；有关院校和培训机构也开展了各种各样培训；各地、各部门还把新闻发布工作培训安排到中心组学习中。总之,没有接受过培训的领导干部,一定要通过各种途径参加培训,只有通过基本知识、案例分析、模拟演习的学习,掌握了相关规范、操作程序、实战技巧、重点问题等,才能做到心中有数、临阵不慌。

（3）同时考虑、同时安排和同时部署突发公共事件新闻发布工作。突发公共事件发生后十分关键的一步是,一定要在新闻发布工作上做到：在负责事件处置的指挥机构（如总指挥部、指挥部、领导小组、协调小组、部际联席会议等）中指定一位领导同志专门负责突发公共事件的新闻发布工作,设立专门的新闻发布工作机构（如新闻组、新闻发布组、新闻指挥部等）,建立专门的新闻发布工作机制,立即迅速研究部署和督促落实新闻发布工作。比如,2008年1月下旬,国务院成立的处置南方低温雨雪冰冻灾害指挥部中,就专门成立了新闻指挥部,由有关部门组成了一个工作班子,并迅速形成工作机制。除了总指挥部及时开展新闻发布外,新闻指挥部还多次向中央10多个部门和10多个省（区、市）发出了及时准确发布事件信息的通知要求。

（4）第一时间设立新闻发言人,第一时间设立新闻中心,第一时间召开第一场新闻发布会。这三个"第一时间"是非常宝贵的经验总结。突发公共事件发生后，媒体和公众都十分关注，人们都在焦急地等待并迫切地希望了解事件的真相，包括突发公共事件的原因、伤亡情况、政府紧急应对措施、公众的防范措施等。媒体在这个时候最想知道的是向谁、到哪里去获取这些权威信息。因此，政府要以最快的速度设立新闻发言人、新闻中心，并把新闻发言人的联系方式和新闻中心的联系方式，特别是第一场新闻发布会的通知，通过各种方式广而告之。这样不仅可以把权威可靠的消息在第一时间告知媒体和公众，还可以把媒体尽可能吸引到政府权威的新闻发布渠道中，尽可能避免虚假、夸张消息的传播。第一场新闻发布主要是发布突发公共事件最简要的、初步的、截至目前已掌握的信息，并且随后要做好后续发布工作，连续举行若干场新闻发布会，不断发布最新进展。比如，2008年5月12日汶川特大地震发生后，国务院新闻办5月13日下午4时就举行首场发布会，介绍地震灾害和抗震救灾情况，之后连续举办20多场新闻发布会，前后共举办30多场新闻发布会，创下了我国政府就突发公共事件举办新闻发布会最快、最多、最密的历史纪录。

（5）做好媒体记者采访服务工作。新闻发布工作机构要建立境内外媒体记者采访服务工作机制，为记者的采访报道提供便利，特别是提供信息，把管理融于服务中。

一是确定记者现场采访范围。允不允许记者进入现场，何时允许、何时不允许，什么地方允许、什么地方不允许，哪些记者允许、哪些记者不允许等，要迅速研究决定并视情况及时调整，同时要向记者朋友们解释清楚原因，取得他们的理解。只要不涉及国家秘密，不影响抢救、抢险，不涉及个人隐私，能保证记者安全等，原则上都要允许或允许一部分有代表性的记者进现场采访拍摄。

二是安排专人及时受理记者采访申请和问询，并及时回应。可采取发布会、吹风会、集体采访、个别采访、散发新闻稿、在网站登载新闻稿等方式回应记者关切。一时难以回答或难以提供信息的，要向记者解释清楚。

三是保证信息的准确性、权威性。提供的信息万万不能出现基本事实和数字错误，要明确由谁负责签发向记者发布和提供的信息，由谁负责批准接受记者采访。同时，要明确无发布任务部门和个人未经授权不得就突发公共事件情况及处置工作接受记者采访，以避免说法不一造成信息混乱。负责发布工作的部门应及时把发布的内容和口径向负责处置事件的其他工作部门通报。

四是注意根据不同媒体的特点组织新闻发布会。通讯社、电视台、电台、报纸、杂志、网络等境内外媒体采访和报道的特点各有不同，要针对不同媒体，根据事件性质和特点，研究选择不同的发布方式、发布时间、发布地点等。比如，2008年1月国务院新闻办举办介绍南方低温雨雪冰冻灾害的发布会时，就特地加上了中央电台直播，以满足电台采访需求，同时在灾区断电断路情况下，发挥电台独特的传播作用。特别是对于网络媒体，要充分发挥和借用其容量大、传播快、互动性强、多媒体综合的优势，在发布信息时要尽可能安排网络直播。

五是尽可能提供多语言服务。在有外国记者的情况外，要尽可能提供相关语种服务，防止在语言转换过程中出现硬伤。

（6）全程开展舆情分析研判工作。从处置事件开始，要建立专门的舆情工作队伍，跟踪、收集、分析、研判、通报境内外媒体报道事件的情况和舆论动向，并提出新闻发布会方面的建议，供上级和有关部门研究策划新闻发布会时参考使用，以加强发布工作的针对性、有效性，及时答疑解惑、澄清事实、纠正媒体报道中的错误。

五、应对突发事件善后能力

突发事件的威胁和危害基本得到控制和消除后，应当及时组织开展事后恢复和重建工作，以减轻突发事件造成的损失和影响，尽快恢复生产、生活和社会秩序，妥善解决处置突发事件过程中引发的矛盾和纠纷。

突发事件的事后恢复与重建制度具体包括如下内容：

一是及时停止应急措施，同时采取或者继续实施防止次生、衍生突发事件或者重新引发社会安全事件的必要措施。

二是制订恢复重建计划。突发事件应急处置工作结束后，有关人民政府应当在对突发事件造成的损失进行评估的基础上，组织制订受影响地区恢复重建计划。

三是上级人民政府提供指导和援助。受突发事件影响地区的人民政府开展恢复重建工作需要上一级人民政府支持的，可以向上一级人民政府提出请求。上一级人民政府应当根据受影响地区遭受的损失和实际情况，提供必要的援助。

四是国务院根据受突发事件影响地区遭受损失的情况，制定扶持该地区发展的有关优惠政策。

五是处理遗留问题与滞后影响。

（一）突发事件调查分析

1. 突发事件调查分析的目的

现场调查是针对突发事件所开展的调查取证，取证内容包括：采集可疑有害因素样品，进行有害因素检测；受害人员个案调查；有关人员询问笔录；现场录像、录音等。调查是根据现场具体情况，收集一切有关资料，在此基础上分析发生突发事件的原因，提出对事故责任人的处罚意见。

因此，现场调查分析的根本目的是尽快查明突发事件原因，以便及时采取针对性措施，控制事件危害的进一步发展。

2. 突发事件调查分析的注意事项

现场调查分析首先应考虑其科学性，同时也应考虑现场条件的实际可行性及社会压力、工作责任对调查人员的影响。任何情况下，调查人员须正确面对各种复杂问题，协调处理各种利益冲突，提出科学合理的调查设计，得出调查分析结论，提出控制和预防的建议。

3. 突发事件调查分析的程序和方法

（1）接到突发事件报告后，处理小组应于 24 小时内赶赴现场组织参与突发事件调查处理工作。

（2）及时报告现场初步情况（包括突发事件发生时间、地点、伤亡人数、现场情况、已采取的措施等）。

（3）突发事件调查分析基本要素。一套完整的调查分析机制，必须回答为什么分析、分析什么、谁去分析、如何组织分析、怎样分析、分析结果如何等一系列问题。一般来说，一个完整的突发事件应急管理调查分析机制，应包括以下基本要素：

1）调查分析的目的（为什么分析）。无论何种分析，一般而言都是一种辅助性活动，目的是服务于评估对象。

2）调查分析的对象（分析什么）。调查分析是一个客观见诸于主观的过程，可以有多种视角，也有多个关注对象。清晰明确的分析对象能够使分析目的充分地体现在评估框架和分析体系中，使分析结果便于实际应用。

3）调查分析的主体（谁去分析）。调查分析机制的建立围绕如何组织调查分析而展开，其基本问题是由谁负责组织调查分析，哪些人或哪些部门应该参与调查分析。调查分析的主体可分为组织者和实施者，按分析主体来源的不同，可分为内部分析与外部分析。

4）调查分析的流程（如何组织分析）。调查分析流程是调查分析顺利开展的制度保障。调查分析周期多长、调查分析的程序如何、调查分析报告应该给谁、如何处理等,都需要规范。调查分析流程的合理性,影响到分析结果的客观公正,也影响到分析成果的有效实施。调查分析的流程设计是服务于调查分析目的的,同时受调查分析原则的限制。

5)调查分析的指标体系(怎样分析)。从哪些方面对分析对象进行评价,指标体系是否合理、全面,关系调查分析质量的高低。同时,指标体系还包括调查分析法的确定,即用什么方法对分析指标进行统计、分析和说明。

6)调查分析的结果(分析结果如何)。调查分析的结果一般包括直接成果(分析报告)和间接成果(以分析成果为依据所采取的改进行动或责任追究等)。分析的目的不仅仅是得到对事实状况的描述,还要在对分析结果进行鉴别和分析的基础上,及时有效地贯彻改进方案。这就需要有一个强有力的组织或部门,负责改进方案的有效实施。

4. 突发事件调查分析的分类

总结以上突发事件应急管理法律法规和预案规定,以及这些规定内在主旨和对实际工作指导意义的分析,可以将突发事件调查分析分为三类,即对突发事件本身的调查分析、对突发事件应急管理的调查分析以及对应急管理能力的调查分析。其中,损失分析、原因调查、事件报告等都可以归为对突发事件本身的调查分析;总结突发事件应急管理工作的经验教训属于对事件应急管理的调查分析;风险分析、恢复重建等属于对应急管理能力的调查分析。奖励和处罚、法律责任的规定中涉及对事件及处置的调查,既包括对事件本身和对事件应急管理的调查分析,也包括对日常应急管理能力的调查分析。

理论上,依据调查分析的对象与目的,同样可以将突发事件调查分析分为以下三种不同类别:

第一类调查分析的对象是事件本身,内容包括事件发生的经过、原因、人员伤亡情况、直接经济损失等,这类调查评估以事件定性、责任认定、损失补偿为目的。

第二类调查分析的对象是事件应急管理，即事前、事发、事中、事后全过程的应对和处置工作，调查评估的目的在于改进应急管理的各个环节，包括预案设计、组织体制、程序流程、预测预警、善后措施、保障准备以及其他相关工作。

第三类调查分析的对象是应急管理能力，主要是各级政府和相关部门应对突发事件的管理能力及其常态化应急管理工作的开展情况，能力评估的目的是监督、检查、考核和推动政府及相关部门的应急管理工作的开展，促进应急管理能力的提高。

在应急管理工作实践中，三种调查评估各有其意义和价值。现实中，相当一部分突发事件的发生往往与某种错误、过失甚至违法乱纪行为相联系，对事件本身的调查分析，不仅是进行事故性质认定、责任追究必备的基础和依据，也是完善政府管理工作，杜绝或预防类似事件再次发生的有效手段。突发事件应急管理的调查评估，对于应急管理部门总结经验、吸取教训、修订预案、完善应急体制机制有着重要价值，分析结果也可作为责任追究、工作评比等多方面工作的辅助参考。有关应急管理能力，特别是地方政府应急管理能力方面的调查评估，同样是需要非常重视的一种分析。通过对应急管理能力的调查分析，可以指出政府及其应急管理部门工作中的薄弱之处，为应急管理工作指明需要加强的方向，监督、检查和推动日常应急管理工作的开展，同时为应急管理工作的部署和相关决策提供参考，为应急管理工作总结和奖惩提供依据。

（二）突发事件妥善处置

突发事件后的改进与完善主要体现在"妥善处置"四个字上。

"妥善"指的是妥当完善；"妥"包含两层意思，一是妥当、稳妥，二是完备；"善"在这里则指的是良好。

把"妥善"一词联系起来用在处理突发事件后的改进与完善上，一方面指用"稳妥、恰当、完善"的方法、手段、措施来处理好突发事件；另一方面指这种妥当的处理对于构建社会主义和谐社会具有积极意义，其效果应具有持久性。

不能简单地认为，只要是按法制化、政策化、民主化方式来处置了突发事件，就等于是实行了对突发事件的"妥善处置"。

1. 对突发事件的单纯法制化处置不等同于"妥善处置"

坚持依法办事，用法治精神处置突发事件，应是突发事件妥善处置的重要内涵，但这并不等于"妥善处置"的全部内涵，也不等于以单纯的法制程序来处置突发事件就是"妥善"的处置。

从突发事件的基本特点看，它有着时间上的突然性、事态变化的迅速性、破坏的严重性。这些特点，决定了在处置过程中领导者必须抢先一步，快速作出反应，果断采取行动。这是突发事件处置的时效性要求，也是突发事件处置的显著特征，通常是即刻反应情形下明智的、非程序化的决策行为，并非故意违反常规的决策程序或决策环节。如果不分情况，机械单纯地以法制程序行事，运用"一察、二述、三审、四判"的方式，往往会贻误时机，错失妥善处置突发事件的机遇。

从当前我国法治建设的进程看，在某些方面，还存在着法律盲区，有些事件的处置找不到法律依据。在这种情况下，人们是无法用法律方式和法制程序来处置突发事件的。

从构建和谐社会的要求来看，当前许多突发公共事件本身就是非法集会，如果单纯按法制程序办事，没有相应的思想政治工作，该抓的抓、该关的关，可能引起参与者和公众的对立情绪，造成事态扩大化，就必然需要动用警力，从而使中央提出的处置突发公共事件的"三可三不可"（可散不可聚、可解不可结、可顺不可激）原则、"三个慎用"（慎用警力、慎用警械、慎用强制措施）原则落空。

2. 机械地按政策处置突发事件不等同于"妥善处置"

坚持按政策办事，而不是随心所欲地以领导者个人的兴致与爱好办事，这也应是妥善处置突发事件的重要内涵。但并不等于无视突发事件的超前性特点，机械地按政策办事，就是对突发事件的妥善处置。从突发事件发生的内容来看，有些事件发生是"超前"的，而政策或者说管理常常是滞后的。要想用滞后的政策去处置超前的突发事件，就会出现一种"鞭长莫及"的状况。从突发事件发生的原因来看，有时候甚至突发事件发生的原因正是有关部门用来解决问题的政策，用这种导致问题产生根源的"政策"来解决问题本身，无异于"以己之矛，攻己之盾"。此时，如果机械地按所谓政策处置突发事件，最终可能使局势火上浇油。

3. 突发事件的民主化处置不等同于"妥善处置"

坚持以人民为中心，用民主的精神来处置突发事件，当然是对突发事件妥善处置的重要内涵，但这并不等于说，以民主化方式来处置突发事件就是妥善的处置。

突发事件的突然性决定了其处理的紧急性，而处理的紧急性又决定了其处理方式与手段的非程序性，如果机械地运用民主管理中常采取的讨论、论证、研究、表决、请示，等待上级决定然后执行等形式，追求表面上的"民主光环"，将很难避免突发事件爆发时出现群龙无首或处置突发事件时政出多门、无所适从的混乱局面，最后导致贻误时机，扩大事态。

综上所述，突发事件后的改进与完善工作的重点就在妥善处置，只能根据事件本身的具体情况，综合运用法制化、政策的、民主化的多种方法和途径才能实现。要坚持依法办事、按政策办事，发挥思想政治工作优势，妥善处置人民内部矛盾引发的公共事件。只有这样，才能维护人民群众的利益，保持社会的和谐与稳定。

（三）突发事件管理评价

突发事件管理时，如何在复杂的环境中第一时间作出科学判断？如何将有限的资源进行合理配置？这些问题，都在考验着现代社会的危机管理水平。

突发事件发生后，应该采用更适合的评价策略。以前采用的是损失评价方法，比如事件范围有多大、死了多少人、损失了多少财产等，这些可以慢慢来。面对突发事件首先应是三个评价策略：一是突发事件发生的时候用怎样的策略减少损失；二是可挽救性，意即在有限资源约束下救援对象的选择问题；三是可恢复性，让受灾的民众在最短的时间有吃有喝有住，达到这个程度需要作出多大努力。

常规和非常规突发事件发生后，我们该采取怎样的应急举措？

对于常规突发事件的发生，必须加强对人们平时应急意识的培养。例如，现在公众普遍掌握了地震救灾知识，有了这些知识后公众自救速度就会提高。此外，提高管理者的应急意识，当地震发生后每级相关领导都知道自己该做什么。

对于非常规突发事件，假如我们从未遇到过又该怎么办？

可以利用相似事件处置方案，比如非典疫情我们经历过，也有了一些经验，当禽流感、新冠肺炎疫情来临时，我们可以利用积累的经验，如采取戴口罩、手及环境消毒等措施应对。如果没有相似经验，更重要的是从战备角度考虑，我们要有基本的救援物资、生活物资的储备，以应对防不胜防的非常规突发事件。

突发事件管理有章可循，应急管理需联动。

世界各地对突发事件的管理都从经验管理转向了科学有序管理，从事后应急到事前预防，管理的重点也在经历着从自然灾害的救助到国家安全保障的发展。我国目前在突发事件管理方面的联动，有110、112等公众危机特殊电话号码，这些简单易记的电话号码，极大减少了救援求助的等待时间。

第二节 突发公共事件处置

一、突发公共事件特点与管理

突发公共事件是指突然发生的，造成或者可能造成重大人员伤亡、财产损失、生态环境破坏和严重社会危害，危及公共安全的紧急事件。在信访工作中，突发公共事件也时有发生，我们必须在第一时间做好处置工作。

（一）突发公共事件特点

现实生活中，突发公共事件尽管形态各异，但大都具有发生突然、蔓延迅速、危害严重等特点，而且诸多问题相互交织，处置稍有不慎就会产生连锁反应。一般来讲，突发公共事件有以下几个共同特点。

1. 突发性

突发公共事件不但发生的时间快、规模大，而且发展态势和危害程度严重，往往突如其来，出乎人们的意料，一旦爆发，其破坏作用迅速释放，并呈快速蔓延之势。

2. 公共性

突发公共事件的影响和涉及主体具有公共性，往往因为迅速传播而引起公众的关注，成为公共热点并造成公共损失和社会秩序混乱，引起公众心理恐慌。也就是说，突发公共事件是在一个开放、动态、回应的社会系统中，受到公众严重关注，引起社会重大反响。

3. 不确定性

突发公共事件发生原因、变化趋势、负面影响和造成的后果等都没有规律，瞬息万变，难以准确预测和把握。突发公共事件的分类有近百种之多，即使同样的事件，发生的时间、地点、原因及变化趋势也各不相同，千变万化。

4. 危害性

不论什么性质和规模的突发公共事件，都必然不同程度地给社会造成破坏、混乱和恐慌，损失和危害无可估量，而且危害往往具有连带效应，可能引发次生或衍生危害，导致更大的损失。

5. 信息的有限性

由于突发公共事件的随机性和不确定性，很多信息是随着事态的发展而演变的，而时间的紧迫性，使得决策者掌握的信息不全面，得到的信息不及时，并且在信息的反馈和处理过程中，信息的准确性和有效性也难以保证，全面准确信息显得尤为珍贵。

（二）突发公共事件管理

针对突发公共事件特点，对其管理要注意以下内容：

1. 临时性

突发公共事件发生具有突发性、不确定性，对突发公共事件的管理，目的在于迅速有效地控制事件，恢复到正常状态后，管理工作告一段落。因此，突发公共事件管理是临时性的，不是长期性的。

2. 裁量性

要在最短的时间内，以最快的速度控制突发公共事件所造成的不良影响和社会后果，必然要求给予行政机关尤其是行政首长至高无上的自由裁量权。

3. 紧急性

突发公共事件大多演变迅速，解决问题的机会稍纵即逝，如果不能及时采取应对措施，将会造成更大的危害和损失，在紧急处置过程中，政府的任何行为都必须有很强的紧急性。

4. 强制性

突发公共事件发生后，为了控制事态，政府可以采取必要的强制性措施，如封锁危险场所、划定警戒区、实行交通管制、强制隔离当事人等。

5. 集权性

在处置突发公共事件过程中，政府的权力具有集中性，包括立法机关权力、司法机关权力和社会权力都向行政机关靠拢，向行政权力集中。

二、突发公共事件风险评估与预防

在管理突发公共事件时的最高目标是"备而不用"。虽然我们常说"防患于未然"，但现实生活中总会有麻痹思想，往往"重救轻防"。因此，必须注重预防、预测、预警工作，做到早预防、早发现、早报告、早处置。

（一）突发公共事件的预防

1. 编制应急预案

地方各级人民政府和有关部门应当结合实际情况，制定相应的突发公共事件应急预案，并根据实际需要和情势变化，适时修订应急预案。根据一些案例反映出来的问题，必须体现"授权不负责"原则，即给予现场处置的行政首长法定的充分处置权，并以相应保护措施，解除其对处置后果担负责任之忧。同时，建立对事件处置不作为行政官员严格的责任追究制度，使相关责任人不敢临事推脱。

2. 加强实战演习

应急预案只有通过演习，及时发现不足并改进，才能更加符合实际。应急预案演习的另一个重要作用在于，在实战中提高政府的协调能力，增强专业救援队伍的救援能力，培育社会公众的自救和反应能力。

3. 完善防范措施

城乡规划应当符合预防、处置突发公共事件的需要，统筹安排应对突发公共事件所必需的设备和基础设施建设，合理确定应急避难场所。县级人民政府应当对本行政区域内容易引发自然灾害、事故灾难和公共卫生事件的危险源、危险区域进行调查、登记、风险评估，定期进行检查、监控，并责令有关单位采取安全防范措施。省级和市级人民政府应当对本行政区域内容易引发特别重大、重大突发事件的危险源、危险区域进行调查、登记、风险评估，组织进行检查、监控，并责令有关单位采取安全防范措施。

（二）加强突发公共事件的预测

1. 建立信息系统

行政区域内要建立统一的突发公共事件信息系统，汇集、储存、分析、传输有关突发公共事件的信息，上下级政府之间、部门之间、专业机构和监测网点之间的突发公共事件信息系统要实现互联互通，加强跨部门、跨地区的信息交流与情报合作。

2. 拓展信息来源

在居民委员会、村民委员会和有关单位建立专职或者兼职信息报告员制度，逐级报送、通报突发公共事件信息；鼓励公民、法人或者其他组织获悉并报告突发公共事件信息；督促专业机构、监测网点和信息报告员及时报告突发公共事件信息。对迟报、瞒报、漏报信息的地方和单位，要给予相关责任人严肃处罚。

3. 加强信息研判

政府要及时汇总分析突发公共事件信息，必要时组织相关部门、专业技术人员、专家学者进行会商，对发生突发公共事件的可能性及可能造成的影响进行评估。认为可能发生重大或者特别重大突发事件的，应当立即向上级人民政府报告，并向上级人民政府有关部门、当地驻军和可能受到危害的毗邻或者相关地区的人民政府通报。

4. 实行信息监测

根据自然灾害、事故灾难和公共卫生事件的种类和特点，建立健全基础信息数据库，完善监测网络，划分监测区域，确定监测点，明确监测项目，提供必要的设备设施，配备专职或者兼职人员，对可能发生的突发公共事件进行监测。

（三）突发公共事件的预警

1. 预警的分级分类

根据预测分析结果，对可能发生和可以预警的突发公共事件必须及时果断地进行预警。预警级别依据突发公共事件可能造成的危害程度、紧急程度和发展势态，一般划分为四级：Ⅰ级（特别重大）、Ⅱ级（重大）、Ⅲ级（较大）和Ⅳ级（一般），依次用红色、橙色、黄色和蓝色表示。

2. 预警信息的处理

预警信息包括突发公共事件的类别、预警级别、起始时间、可能影响范围、警示事项、应采取的措施和发布机关等。预警信息的发布、调整和解除可采取广播、电视、报刊、通信、信息网络、警报器、宣传车或组织人员逐户通知等方式，对老、幼、病、残、孕等特殊人群以及学校等特殊场所和警报盲区应当采取有针对性的公告方式。有事实证明不可能发生突发公共事件或者危险已经解除的，发布警报的人民政府应当立即宣布解除警报，终止预警期，并解除已经采取的有关措施。

3. 预警措施的实施

发布三级、四级警报，宣布进入预警期后，政府应启动应急预案，向社会公布反映信息的渠道，全面汇总信息，准确分析评估，定时向社会公布预测结果，宣传避免、减轻危险的常识。这个阶段的一个关键问题就是，避免政府闭目塞听、懵然无知，群众信息失真、谣言四起。发布一级、二级警报，宣布进入预警期后，政府应采取以下几项措施：

（1）集结队伍。责令应急救援队伍、负有特定职责的人员进入待命状态，并动员后备人员做好参加应急救援和处置工作的准备。

（2）调集装备。集中装备应急救援所需物资、设备、工具，准备应急设施和避难场所，并确保其处于良好状态、随时可以投入正常使用。

（3）疏散人群。关闭或者限制使用一定范围内的场所，及时、果断地转移、疏散或者撤离易受突发公共事件危害的人员并予以妥善安置。

（4）维持秩序。加强对重点单位、重要部门和重要基础设施的安全保卫，采取必要措施，确保交通、通信、供水、排水、供电、供气、供热等公共设施的安全和正常运行。

三、突发公共事件应急预案体系建设

我国突发公共事件应急管理中，围绕应急预案和应急管理体制、机制、法治建设，构建起了应急管理体系"一案三制"的核心框架。

1. 应急预案

应急预案是应急管理体系建设的龙头，是"一案三制"的起点。应急预案具有应急规划、纲领和指南的作用，是应急理念的载体，是应急行动的宣传书、动员令、冲锋号，是应急管理部门实施应急教育、预防、引导、操作等多方面工作的有力"抓手"。

制定应急预案,实质就是把非常态事件中的隐性的常态因素显性化,也就是对历史经验中带有规律性的做法进行总结、概括和提炼,形成有约束力的制度性条文。

启动和执行应急预案,就是将制度化的内在规定性转为实践中的外化的确定性。应急预案为应急指挥和救援人员在紧急情形下行使权力、实施行动的方式和重点提供了导向,可以降低因突发公共事件的不确定性而失去对关键时机、关键环节的把握或浪费资源的概率。应急预案体系的建立,为应对突发公共事件发挥了极为重要的基础性作用。

2. 应急管理体制

我国应急管理体制按照统一领导、综合协调、分类管理、分级负责、属地管理为主的原则建立。目前,已初步形成了以中央政府坚强领导,有关部门和地方各级政府各负其责,社会组织和人民群众广泛参与的应急管理体制。

从机构设置看,既有中央级的非常设应急指挥机构和常设办事机构,又有地方政府对应的各级应急指挥机构。

从职能配置看,应急管理机构在法律意义上明确了在常态下编制规划和应急预案、统筹推进建设、配置各种资源、组织开展演习、排查风险源的职能,规定了在突发公共事件中采取措施、实施步骤的权限,给予政府及有关部门"一揽子授权"。政府在突发公共事件中职能"缺位"问题正在得到解决。

从人员配备看,既有负责日常管理的从中央到地方的各级行政人员和专司救援的队伍,又有高校和科研单位的专家。

3. 应急管理机制

我国初步建立了应急监测预警机制、信息沟通机制、应急决策和协调机制、分级负责与响应机制、社会动员机制、应急资源配置与征用机制、奖惩机制、社会治安综合治理机制、城乡社区管理机制、政府与公众联动机制、国际协调机制等应急机制。

另外,特别针对薄弱环节,有针对性地加强机制建设。如以往在信息披露和公众参与方面存在缺失,2008年汶川地震生后,党和政府注意发挥信息发布机制和志愿者机制的作用,主动向社会发布灾情报告,举行记者招待会或以其他形式与社会直接面对面沟通,大量媒体记者包括境外媒体记者被允许进入灾区采访和报道,增强了政府信息公开的时效性与权威性,避免了谣言的传播,有效引导了舆论导向,稳定了人心。又如,在突发公共事件中,以前关于怎样开展与国际社会合作的经验并不多,经过近几年实践摸索,建立了减灾国际协作机制,在特大灾害中邀请有丰富经验的外国和境外救援人员参与救灾。同时,我国在建立应急管理机制的过程中还探索与绩效评估制度、行政问责制度相结合,已形成了一些灾害评估、官员问责的成功实践范例。

除此之外,我国在培育应急管理机制时,重视应急管理工作平台建设,公共安全监测监控、预测预警、指挥决策与处置等核心技术难关已经被攻克,国家统一指挥、功能齐全、先进可靠、反应灵敏、实用高效的公共安全应急体系技术平台正在逐步完善,为构建一体化、准确、快速的应急决策指挥和工作系统提供支撑和保障。

4. 应急管理法制

目前,我国应急管理法律体系基本形成,法律、法规、规章和法规性文件内容涉及比较全面,既有综合管理和指导性规定,又有针对地方政府的硬性要求。2007年8月30日由全国人民代表大会常务委员会通过,2007年11月1日起正式实施的《中华人民共和国突发事件应对法》,是我国应急管理领域的一部基本法,该法的制定和实施成为应急管理法治化的标志。应急管理法制的确立,表明我国应急管理框架的形成。

四、突发公共事件应急处置

突发公共事件应急处置体现了一个单位一级组织效能,处置突发公共事件,既要有担当作为的精神,更要有得心应手的本领。信访突发公共事件往往与集体访、无理访、闹访和缠访有关,做好突发事件的应急处置,有利于社会的安全与稳定。

(一)突发公共事件应急原则

1. 依法应急原则

国家紧急权的运用必须在法治轨道下运行。《中华人民共和国宪法》《中华人民共和国突发事件应对法》等都对应急处置的权力运行机制作了明确规定。在应急处置中,虽然可以设定简易程序,给予行政机关更多的自由裁量权,但这绝不意味着可以脱离法制。在应急处置中,相对国家紧急权,公民个体的权利要受到相应的刻减,这就尤其要求政府必须遵守法治原则,不能超越法治框架。即使由于必要,给社会公众的人身和财产安全造成影响的,也要遵循法律授权和给予必要的补偿。

2. 效率应急原则

美国一个处理突发公共事件的专家曾经提出"黄金法则",就是在72小时之内,在灾区如果看不到救援人员的身影,灾区就会陷入一片混乱;相对一般灾害来说,如果是金融危机,政府必须在48小时内采取有力的手段,切断金融危机发生的源头,才能保证有效控制。正是因为突发公共事件的突发性,处置效率不高往往造成事件蔓延扩展。因此,政府在处置时必须无比注重效率,任何拖延都会造成重大损失。

3. 科学应急原则

应急处置一定不能盲目。2008年,南方低温雨雪冰冻灾害的救援中,很多地方都暴露出应急处置缺乏科学性的问题，比如，电线上结冰，在技术上并不是一个难题，是完全可以解决的。

4. 公开应急原则

突发公共事件涉及面广，处置时单纯依靠政府的力量是不够的，必须调动广大公众参与处置的积极性和能动性，这就要求政府在突发公共事件处置过程中把突发公共事件发生的原因、遇到的问题、可能出现的不良后果、政府正在采取的措施、采取这些措施的原因等，都要如实向公众发布。对政府来说，发生突发公共事件不可怕，可怕的是隐瞒突发公共事件，或者欺骗公众制造虚假信息。

5. 比例应急原则

政府在选择应急措施时，应当与突发公共事件造成社会危害的性质、程度、范围和阶段相适应；有多种措施可供选择的，尽量选择给公众造成最小影响的措施，以最小的代价换取最大的利益。对比例应急原则的把握可以从两个层次进行：第一个层次是公共利益的保护与私人利益的保护之间形成合适比例；第二个层次是措施的副作用与措施所达成的目的之间要有适当比例。

突发公共事件发生后，履行统一领导职责或者组织处置突发公共事件的人民政府应当针对其性质、特点和危害程度，立即组织有关部门，调动应急救援队伍和社会力量，依照法律规定采取应急处置措施。

自然灾害、事故灾难或者公共卫生事件发生后，政府可以采取下列一项或者多项应急处置措施：

（1）救助人员。营救和救治受灾人员，疏散、撤离并妥善安置受到威胁的人员以及采取其他救助措施，组织公民参加应急救援和处置工作，要求具有特定专长的人员提供服务。

（2）控制危害。控制危险源，标明危险区域，封锁危险场所，划定警戒区，实行交通管制以及其他控制措施，禁止或者限制使用有关设备设施，关闭或者限制使用有关场所，中止人员密集的活动或者可能导致危害扩大的生产经营活动，采取防止发生次生、衍生事件的必要措施。

（3）提供保障。立即抢修被损坏的交通、通信、供水、排水、供电、供气、供热等公共设施，向受灾人员提供避难场所和生活必需品，实施医疗救护和卫生防疫以及其他保障措施，并启用财政预备资金和储备的应急救援物资，必要时调用其他急需物资、设备、设施、工具。

（4）维护秩序。依法从严惩处囤积居奇、哄抬物价、制假售假等扰乱市场秩序的行为，稳定市场价格，维护市场秩序；依法从严惩处哄抢财物、干扰破坏应急处置工作等扰乱社会秩序的行为，维护社会治安。

突发公共事件发生后，政府应当针对事件的性质和特点，立即采取下列一项或者多项应急处置措施：

（1）隔离人群。严重危害社会治安秩序的事件发生时，公安机关应当立即依法出动警力，强制隔离使用器械相互对抗或者以暴力行为参与冲突的当事人，妥善解决现场纠纷和争端。经验表明，此时还要迅速采取坚决措施，把闹事者与围观者分离开来，使他们失去声势和"后援"，防止事态蔓延和加重。

（2）实施管制。对特定区域内的建筑物、交通工具、设备设施以及燃料、燃气、电力、水的供应进行控制，封锁有关场所、道路，查验现场人员的身份证件，限制有关公共场所内的活动。

（3）加强警戒。增加对易受冲击的核心机关和单位的警卫，在国家机关、军事机关、广播电台、电视台、外国驻华使领馆等单位附近设置临时警戒线，最大限度地减少事态扩大带来的影响。

（二）突发公共事件应急处置保障

各级人民政府及其有关部门应当按照职责分工，切实做好应对突发公共事件的人力、物力、财力、交通运输、医疗卫生及通信保障等工作，保证应急救援工作的需要和灾区群众的基本生活，以及恢复重建工作的顺利进行。

1. **人力保障**

（1）按照专兼结合、社会参与、协调配合、反应快速的原则，构建突发公共事件应急救援队伍体系。公安、应急（消防）、医疗卫生、地震救援、矿山救护等突发公共事件应急救援的专业队伍和骨干力量，应当随着经济社会的发展不断加强。

（2）市、县（区）人民政府和有关部门应当加强以乡镇和社区为单位的公众应急能力建设，建立各类群众性的应急救援队伍。

（3）有关机关、团体、企事业单位特别是大中型企业和高危行业企业，应当根据发生突发公共事件的可能性，建立应急救援队伍，对发生在本地、本单位的突发公共事件进行先期处置，必要时为其他突发公共事件的应急救援提供支援。

2. **财力保障**

设区市人民政府应当建立突发公共事件应急物资储备制度，保障应对突发公共事件的物资供应。

突发公共事件多发地区的县级人民政府可以根据本行政区域的实际情况与需要，建立相应的应急物资储备制度。县级以上人民政府可以根据实际情况和需要与本地有关企业签订协议，指定有关生产、服务企业作为预备转产、扩产和提供应急所需服务的企业。政府做好保障的同时，也要鼓励个人、企业或其他组织进行捐赠和援助。此外应该保证所需突发公共事件应急准备和救援工作资金，对受突发公共事件影响较大的行业、企事业单位和个人，要及时研究提出相应的补偿或救助政策。

3. **医疗保障**

卫生健康部门负责组建医疗卫生应急专业技术队伍，根据需要及时奔赴现场开展医疗救治、疾病预防控制等卫生应急工作。突发公共事件的应急医疗救治工作必须坚持以人为本、救死扶伤的原则，尽最大可能减少人员伤亡，并按照现场抢救、院前急救、专科救治的不同环节和实际需要组织实施应急救护。

4. 交通保障

在交通运输方面，要保证紧急情况下应急交通工具的优先安排、优先调度、优先放行，必要时候可以开设应急救援"绿色通道"，确保运输安全畅通；要依法建立紧急情况社会交通运输工具的征用程序，确保抢险救灾物资和人员能够及时、安全送达。

五、突发公共事件恢复与重建

突发公共事件应急处置工作结束或者相关危险因素消除后，由负责决定、发布或执行机构宣布解除应急状态，转入常态管理。

灾后恢复重建是一项艰巨复杂的系统工程。在恢复重建工作中，要坚持统筹兼顾、突出重点、有序推进，坚持把保障民生作为恢复重建的基本出发点和落脚点，充分发挥灾区干部群众的积极性、主动性、创造性，以及对口支援、社会援助的重要作用，严格执行国家建设标准及技术规范，确保工程质量，确保施工安全，又好又快地完成恢复重建规划确定的各项任务。

（一）善后处置

各级政府、应急管理机构和有关职能部门要积极稳妥、深入细致地做好善后处置工作。对突发公共事件中的伤亡人员、应急处置工作人员，以及紧急调集、征用的有关单位及个人的物资，要按照规定给予抚恤、补助或补偿，并提供心理及司法援助。市人民政府主管部门要按照规定及时调拨救助资金和物资，有关部门要做好疫病防治和环境污染消除工作，保险监管机构应督促有关保险机构及时做好有关单位和个人损失的理赔工作。

（二）调查与评估

市人民政府主管部门应会同事发地单位和部门，对突发公共事件的起因、性质、影响、责任、经验教训和恢复重建等问题进行调查评估，并向市人民政府作出报告。

（三）恢复重建

恢复重建工作按照属地管理为主的原则，由事发地政府负责。区县政府、相关职能部门在对受灾情况、重建能力以及可利用资源评估后，要认真制订灾后重建和恢复生产、生活、社会秩序的计划，迅速采取各种有效措施，明确救助程序，规范捐赠管理，组织恢复重建工作。

（四）信息发布

突发公共事件的信息发布应当及时、准确、客观、全面。突发公共事件发生的第一时间要向社会发布信息，并根据事件处置情况做好后续信息发布工作。

第三节　群体性突发事件处置

群体性突发事件这个概念，包含"群体""突发""事件"三个词语。

《现代汉语词典》对群体性突发事件中"群体""突发""事件"三个词是这样解释的：所谓"群体"，一般解释为"本质上有共同点的个体组成的整体"。与"群体"相近词义的"集体"，也是一种人的集合体。"群体"和

"集体"都具有一定的场景性,它们之间的区别在于是有序集合还是无序集合。有序集合是"集体",无序集合是"群体"。相对于有序集合的"集体",人的无序集合的"群体",更接近和反映人的自然特性。有序集合的"集体"则是"群体"的一种组织化状态。所以"集体"的状态一般是暂时的、相对的,而"群体"的状态则是永久的、绝对的。

"突发"是指"意外地突然发生"。

"事件",原指具体事物。现在"事件"一词一般用来指称历史上或现实中发生的,大大小小不平常事情。《辞海》把事件解释为"历史上或社会上所发生的大事"。它的范围很广,有政治性事件、经济性事件、医疗性事件、治安性事件等。依据汉语习惯,"事件"蕴涵有"破坏"或"危害"等反社会或非法性意义。如世纪之交的亚洲金融危机等。

一、群体性突发事件的概念

在汉译西方社会学著作中,"群体性事件"一般被称为"集群行为"或"集合行为"等。美国社会学家帕克在其1921年出版的《社会学导论》一书中,最早从社会学角度定义集合行为,认为它是"在集体共同的推动和影响下发生的个人行为,是一种情绪冲动"。斯坦莱·米尔格拉姆认为,集群行为是"自发产生的,相对来说是没有组织的,甚至是不可预测的,它依赖于参与者的相互刺激"。戴维·波普诺也指出,集合行为是指"在相对自发的、不可预测的、无组织的以及不稳定的情况下,对某一共同影响或刺激产生反应的行为"。从海外学者们的研究可以看出,群体性事件具有的聚众性和诉求共同性以及群体影响力的属性。

就我国而言,"群体性事件"这一说法有一个发展过程,在不同的历史时期有多种不同称谓:早在20世纪50年代后期,社会上曾把群众集体信访、请愿、示威、游行等行为称之为"少数人闹事""群众闹事""群众性闹事";

20世纪50年代至70年代末称之为"群众闹事""聚众闹事";20世纪80年代初至80年代中后期称之为"治安事件""群众性治安事件";20世纪80年代末至90年代初期称之为"突发事件""治安突发事件""治安紧急事件""突发性治安事件";20世纪90年代中期至90年代末期称之为"紧急治安事件";20世纪90年代末至21世纪初期称之为"群体性治安事件"或简称为"群体性事件"。

关于群体性突发事件的概念,由于认知上的差异,理论界尚无定论。结合国内从政府管理和社会问题的不同角度的研究,我们认为,群体性突发事件有广义和狭义之分。

广义上的群体性突发事件是指,利益相同或相近的群众或个别团体、个别组织由于正当性的利益之间出现严重分歧且不能通过司法途径予以解决,而通过非法聚集、串联、围堵等违反国家法律法规的方式,扰乱社会秩序、危害公共安全的群体性冲突行为。

狭义上的群体性突发事件是指,由于行政权力的不当行使而侵犯了某些利益相同或相近的社会弱势群体的正当利益,当此正当利益的诉求缺乏协商机制和利益维护机制时,经过策划和酝酿而采取聚众共同实施的集体信访、围攻党政机关,游行示威,罢工、罢市、罢课,绝食静坐,与维持秩序的公安民警对峙等形式的违反国家法律法规等,扰乱社会秩序、危害公共安全的群体性行为。我们这里讨论的是狭义的群体性突发事件。

二、群体性突发事件的性质

我国的群体性突发事件可以划分为五种类型,即维权行为、社会泄愤事件、社会骚乱、社会纠纷和有组织犯罪,以下重点分析常见的维权行为、社会泄愤事件和社会骚乱。

(一)维权行为及其基本特征

维权行为是目前我国群体性突发事件的主要类型,可以具体分为农民的"以法抗争"、工人的"以理维权"和市民的"理性维权"。总的来说,维权行为有如下三个方面的特征:

其一,维权行为主要是利益之争而不是权力之争,经济性大于政治性。从目前的情况来看,在农民维权中,土地问题约占65%以上,村民自治、土地确权等都占有一定比例,争议主要焦点是非法或强制性征地,农民的控告对象主要是市、县政府。工人维权的问题主要是国有企业改制、拖欠工资、社会保险、破产安置、劳动时间、劳动关系等方面。市民维权的问题主要是房屋拆迁等。无论是农民还是工人及市民,都把具体的利益诉求作为行动的目标,没有明确的政治目的。

其二,规则意识大于权利意识,但随着从个案维权向共同议题转变,权利意识有所加强。民众对行使自身权利的诉求很可能是对国家权力的强化而不是挑战。

其三,反应性大于进取性,具有明显的被动性。目前我国的维权行动,大多是处于社会弱势地位的工人、农民或市民的合法利益受损而引发的,它是一种反应性的抗争行动。并且,维权者一般都会以现行法律法规作为其行为框架和底线,都企盼政府能够公平公正调处,行为相对克制。

(二)社会泄愤事件及其特征

社会泄愤事件是目前我国群体性突发事件中的一种特殊类型,其在参加者、发生机制及行动逻辑等方面都不同于维权行为和有组织犯罪。

社会泄愤事件主要是由偶然事件引起的,一般都没有个人信访、行政诉讼等过程,突发性极强,从意外事件升级到一定规模的冲突的过程非常短。

即使有些事件出现过当事人不满，找有关部门反映或要求解决问题而未果的情况，但真正社会泄愤事件发生时，仍然有很强的突发性。

没有明确的组织者，找不到磋商对象，绝大多数参与者与最初引发的事件并没有直接利益关系，主要是路见不平或借题发挥，表达对社会不公的不满，以发泄为主。这种所谓的"无直接利益关系"或"泄愤性冲突"是社会泄愤事件区别维权行为和其他事件的最为主要特点。社会泄愤事件的特征主要有以下三个方面。

其一，群体暴力。这个群体成分十分复杂，有些与案件本身有直接的利益关系，有些则没有任何直接利益关系，是"不明真相的群众"。

其二，群体泄愤。如果说报复杀人是"泄私愤"，那么曾发生的暴力袭警案则是"泄公愤"。当然，这里的"公愤"仅仅指这个群体的某些不满之"愤"，并不是常用的具有好恶价值判断的社会之"愤"。

其三，目标明确。社会泄愤事件都是在明知攻击对象是警察或公安机关的情况下发生的，故意采取以侵犯警察人身安全或公安机关工作秩序或财产安全的行为。由此表明，在当前的社会形势及社会心理下，警察执法的权威性受到了最严重挑战。

在社会泄愤事件发生和发展过程当中，信息的传播有新的特点。各种失实信息通过短信、微信和网络传播，对事件发生和发展起到非常重要的作用。目前手机在社会范围普遍使用，而微信、抖音等新媒体所具有的互动性、广泛性、针对性、表现形式多样性和直达性，都对群体性突发事件产生影响。

一般来说，民众进行维权行为都较为克制，但社会泄愤事件却大都有打、砸、抢、烧等违法犯罪行为的发生，这不仅给国家、集体和个人造成人身、财产方面的损失，而且会产生较大的社会影响。有些事件就其目的而言具有维权性质，但随着事件的发展，后面发生了打、砸、抢、烧等违法犯罪行为，也就从维权变成泄愤性骚乱。

应该说，以上关于社会泄愤事件特点的分析，也就是判断此类事件性质的基本标准。其中最需要关注的就是事件的参与者，他们与诱发事件并"无直接利益关系"，主要是一种"泄愤性冲突"。

（三）社会骚乱及其基本特征

社会骚乱在形式上和上文提到的社会泄愤事件有很多共同之处，但是其性质上已经出现了变化。

从维权走向泄愤是有可能的，从泄愤走向骚乱也是有可能的。怎么样界定泄愤和骚乱，有一个最重要的标准就是攻击目标是不是具有相关性。骚乱可能是有组织的，也有可能是无组织的，但社会泄愤事件是无组织的，是集群行为。综上所述，作为当前中国群体性事件的主要类型，维权行为、社会泄愤事件和骚乱事件之间在表现形式上存在相似之处，也有本质上的区别。

三、群体性突发事件的特点

群体性突发事件是指由社会群体性矛盾引发的，形成了一定的规模，造成一定的社会影响，危害社会稳定，干扰正常的工作秩序、生产秩序、教学科研秩序和社会秩序的事件。这类事件已经成为新时期影响社会稳定的棘手问题。目前群体性突发事件具有以下五个方面的特点。

（一）多发性

据有关部门统计，群众集体信访增势迅猛，占信访总量近三分之一，且集体信访的批次和人次一直在高位运行。

传统意义上的人民内部矛盾虽然也有群体性，但大多数属于家庭成员、邻里之间或单位内部的矛盾，涉及当事人比较少。现在的群体性矛盾，由于涉及个别群体的共同利益，涉及的范围和人数比较广泛，少则几十人、几百人，多则上千人。一些外部人员也存在从众心理，或受某种蛊惑性、煽动性宣传言论的影响而主动参与。如果与一定的信仰结合在一起，就有可能导致组织性动荡；如果矛盾得不到及时、妥善处理，很有可能发展为大范围的社会动荡。

（二）利益性

当前人民内部矛盾集中表现为利益关系、利益纠纷和利益矛盾，物质利益是矛盾的核心内容。

群体性矛盾也是由于不同群体、不同阶层、不同利益主体的利益受损或利益差别引发的。相当多事件的起因涉及一部分人的切身利益，并且大多数有一定的正当理由，极易引起社会同情。如恶意拖欠农民工工资等，涉及了部分人群的切身利益，共同的利益目标把他们维系在一起，又极易吸纳相同利益者，使群体逐步扩大，事态不断蔓延，并引起社会舆论的同情，极易导致群体性突发事件。当前尤为需要关注的是特殊主体，这部分主体容易采用特殊方式，从弱者角度为维护自身利益而加强自身力量形成群体信访。

（三）非政治性

绝大多数群体性突发事件虽然表现得非常激烈，社会影响也很大，但当事人的要求大多是合情合理合法的，他们并不具有反对社会政治制度的目的，所以一般属于根本利益一致下的人民内部矛盾，具有非政治性特征。

（四）渐进性

即相对突发性。任何群体性突发事件都有酝酿、发展、蔓延和爆发的过程，都是相对的突发，不可能没有前兆和准备过程。事件规模越大，涉众越多，其准备的过程也就越长。

（五）多变性

由于引发矛盾的因素具有多层次性、多发性，因而新形势下群体性矛盾呈现出内容多变、形式多变的特点。如个别性矛盾、个体性矛盾由于化解不及时就可能变成群体性矛盾；群体性矛盾由于处理不及时、不妥当，就可能转化、激化成为群体性突发事件；如果有国外敌对势力的渗入，还可能转化为带有国际性的问题。

四、化解群体性突发事件

我国现阶段正在进行的涉及经济、政治、文化、思想等领域的体制改革，其根本目的是通过改革解放和发展生产力，满足人民日益增长的物质和文化需要。但是改革是一个渐进和不断深化的过程，不可能使各种利益关系在短期内达到平衡，甚至有的矛盾还可能激化，不少群众在"法不责众"心理的驱使下，抱着"大闹大解决、小闹小解决"的心态，聚众闹事、信访、妨碍执行公务、损坏公共财物、阻塞道路交通，甚至发展成为影响社会治安稳定的突出问题。

对待群体性突发事件的基本态度，应当是积极面对、稳妥处理。

（一）耐心细致听取群众意见

群体性突发事件一旦发生，领导干部就要勇于面对，充分理解群众的情绪，正视具体问题和具体矛盾，而不能采取回避群众、躲避矛盾的态度。回避群众，群众意见会更大；躲避矛盾，矛盾依旧存在。对群体性事件中反映出的问题不正视，不果断、不积极处理，具体问题可能会由小事酿成大事。

实际工作中，部分领导干部以为群体性突发事件涉及的事情是基层工作中的具体事务，与整个改革、发展大局相比不值一提，一开始可能并未引起足够的重视，或者担心参加解决会陷身其中，或者担心解决不了问题会让自己没有脸面，或者觉得等一等、放一放再解决比较合适，总是迟迟不愿解决。这恰恰会导致事件恶化，因为群体性事件中的大多数群众急于见到有权处理的领导干部。

（二）及早面对群众

领导干部出面接待信访群众，必然需要讲话表态，说服解释。领导干部讲怎样的话、表怎样的态，直接涉及群体性突发事件能否暂时平息问题。

领导干部在表态时应该把握以下几点：

一是尽快弄清事情的原委，对症下药。

二是教育群众正确对待改革、发展、稳定三者关系，引导群众采取合法途径解决问题，不要期望用过激的行为来解决问题。

三是理出头绪，正确表态。不管多么复杂的事情都有其根本原因和关键因素，领导干部要善于分析问题、把握关键，客观合理地表态，明确答复群众哪些要求是正当的、哪些要求是过分的、哪些要求是无理的，让群众心中有数。

（三）从根本上彻底解决问题

一般说来，既然能引发群体性信访事件，背后必然有这样或那样的客观原因，迫使群众无奈之下采取这种方式。

中国自古有"屈死不告状"的说法，大多数群众在参与群体性信访前是经过激烈复杂的思想斗争的。因此，领导干部要认真接待群体性信访群众，仔细调查了解事件背后的真实原因。

经过上级领导的出面接待和规劝工作，群体性突发事件可能暂时得以平息，但并不等于问题已经全部解决。领导干部必须从深层次考虑问题，不能给事件留下后遗症，避免和防止类似事件的再度发生。这就需要有关单位的领导班子坐下来认真分析问题，从政策、措施和根本上解决问题。

（四）处理上注重三个结合

一是原则性与灵活性相结合。领导干部要针对群体性突发事件的根本所在，坚持原则，阐释政策，不能因为群体性事件的发生，做出毫无原则的让步。领导干部在处理事件时要灵活变通，在群众反映的主要问题不能解决时，可以对群众反映的一些非主要问题，在政策允许、条件许可的范围内考虑解决，这样有利于赢得群众理解，有利于群体性突发事件的尽快解决。有的事情必须尽快处理，有的事件不妨放一放再说；有的事情可以当场表态，有的事情必须认真研究之后才能答复。

二是讲道理与办实事相结合。群体性突发事件既然属于人民内部矛盾，就只能用解决人民内部矛盾的办法解决。摆事实，讲道理，阐释政策，说服群众，劝返群体信访群众，是领导干部应当采用的最基本的工作方法。但是也要理解群众的苦衷，大多数群众是老实本分的，群众集体信访必有自己不得已的理由。所以，领导干部要在理解信访群众的基础上，想方设法就群众反映的问题，力所能及地多为群众办些实事。理解群众的领导干部群众才会拥护，为群众着想的领导干部群众会更加支持。

三是领导干部做工作与群众做工作相结合。群体性突发事件发生后，一方面，领导干部要勇于面对、积极主动地与群众沟通交流，做好群众的思想教育和政策解释工作；另一方面，要动员没有参与群体信访的群众，以及参与群体信访群众的基层领导干部、家人、亲友等一道开展工作。

第四节　群体性信访的防范与应对

当前，世界处于百年未有之大变局的加速调整期和世界经济动荡调整的关键期，各种社会矛盾不断凸显。经济体制和利益分配的不合理，地区、行业之间收入差距的拉大，使各种矛盾冲突和社会深层次矛盾不断显现，群众信访总量仍处于高位运行。同时，受"信上不信下"等思维意识的影响，基层处置矛盾纠纷体制机制的不健全，以及基层干部对新形势、新任务的把握不够准确等，导致许多矛盾纠纷不能就地、及时、有效地得到解决并逐级向上聚集。

基层处于联系群众的最前沿，既是各类人民内部矛盾产生的源头，也是做好人民内部矛盾排查调处工作的第一屏障。因此，加强基层人民内部矛盾纠纷排查调处工作体系建设，对于有效化解各类矛盾、防止矛盾聚合和升级显得尤其重要。

一、群体信访的矛盾排查

做好群体信访的矛盾排查调处工作，关键在于建立一个多方合作、科学灵活的人民内部矛盾应急管理体系，及时疏导、缓解、防范和处理人民内部矛盾。为此，应在以下五个方面下功夫。

（一）从源头上预防和减少群体信访事件的发生

要坚持以人为本，把最广大人民群众的根本利益作为制定政策、开展工作的出发点和落脚点。及时修改、废除损害群众利益的政策、法规和措施。切实为群众办好事、办实事，解决群众关心的热点、难点问题。把握好改革发展措施的出台时机，做到因时因地制宜；把握好各项改革发展措施的推行力度，分清轻重缓急，做到有序推进；把握好社会各阶层的承受能力，注意兼顾不同群众的利益要求；把握好政策的稳定性、连续性与适时调整的关系。在做决策、上项目和搞建设时，要进行稳定风险评估，把维护群众的合法权益放在首位，充分考虑群众的实际承受能力，广泛听取群众的意见和要求；加强法制宣传教育，积极引导群众通过信访等多种合法维权渠道，运用法律等多种手段解决问题。

（二）健全和完善协调联动的矛盾管理体系

1. 要强化政府在应急管理体系中的主导地位

充分利用政府掌握的行政资源、管理技能和服务网络实现应急管理的统一高效，强化服务协调职能，提高应急处置能力，确保跨地区、跨行业的矛盾纠纷和事件得到及时有效化解。

2. 要发挥群众、社会团体在应急管理中的重要作用

各种民间社团组织对群众的利益诉求和维权行为起着积极的规范作用。因此，要以多种形式吸收和引导社团组织参与社会应急管理系统，努力使调解工作延伸到社会各个行业、领域和环节，通过建立调处自治组织，明确职责，强化其自我服务、自我管理和自我救助的能力，真正形成"大调处"格局。

（三）全面提高基层和群众的应对能力

在强化政府指导的同时，提高基层和群众的自控自解能力。

1. 加强基层自治组织建设

强化基层单位和行业部门的分权决策和合作管理制度，按照"谁主管、谁负责""谁管辖、谁处理"的属地管理原则，将人民内部矛盾的管理决策

机制重心下移，由地方政府具体负责处理，由业务主管部门负责指导和配合，建立起一个更完善、更合理，"不缺位、不错位、不越位"的基层管理网络。同时，切实加强政法综合治理基层组织建设，如派出所、司法所、法庭"两所一庭"的组织建设、业务建设，各街（镇）、村、居（社区）调委会的组织建设，筑牢维护社会稳定的"第一道防线"。

2. 加强调处机动队伍建设

针对目前人民内部矛盾规模大、突发性强的特点，组建一支反应快速的专业应急调处队伍。针对可能发生的群体性突发事件，制定完善应急预案，加强演习和培训，确保对各种群体性突发事件实现快速发现、快速出动、快速到位、快速解决。

3. 提高群众的自我管理能力

加强群众自我管理制度化建设，以法律形式对群众自我管理的内容、方式、途径、程序等作出明确规定。建立健全群众参与政府民主决策的方法和渠道，充分尊重群众在社会管理过程中的合法权益和主体地位。如举行听证会、开展民意调查等，营造有利于群众自我管理的政治文化，保持和提高其在重大群体性突发事件中进行理性思维和行为选择的意识及能力。

（四）确保人民内部矛盾管理体系顺利运转

建立良好的沟通和有效的信息交流机制对整合和协调各部门的行动有十分重要的意义。

1. 准确、及时和全面掌握矛盾信息

运用多种信息手段，做好信息收集和甄别工作，以法律服务专线为载体，加快律师、公证、法律援助、人民调解等资源整合，加强对矛盾隐患的预测排查，及时获取深层次、内幕性、动态性的矛盾信息。

2. 建设优质快捷的信息传输系统

运用技术手段，及时、快速传送各类矛盾信息，实现矛盾信息的网上交流、沟通、处理；积极创建内部调处信息资源数据库。

3. 适时加强矛盾信息的分析研判

及时研究各种矛盾信息，提出技术分析意见和处理政策，为工作决策提供准确科学的依据。

（五）进一步加强人民内部矛盾排查调处工作的规范化建设

在进一步完善各项调处工作机制的同时，要突出抓好以下三项工作：

1. 抓法规建设

一方面，通过修改、完善法律法规，制定相关政策，避免因法规不全、滞后引发矛盾。另一方面，制定出台具有法规性质的处置预案，建立和完善相关的调处法律法规、政策，填补矛盾调处工作在法律制度上的缺陷。

2. 抓保障机制建设

为保障排查调处工作经费，各级财政部门要尽快制定有关具体措施，安排落实资金，用于化解矛盾。

3. 抓调处队伍素质建设

要不断充实调处队伍，特别是选调充实各类专业人才，进一步完善培训制度，加大培训力度，抓好后勤保障工作，提高队伍的整体水平。

二、群体性矛盾疏导化解

（一）群体性矛盾产生原因

在构建社会主义和谐社会进程中难免会出现各种矛盾，对社会治安产生影响，其中最突出的矛盾是多发性、涉及范围广、社会影响较大的群体性矛盾。群体性矛盾能否得到及时疏导化解，避免引发更大的政治问题和社会治安问题，将直接关系改革和建设进程，关系社会稳定。

当今的群体性矛盾与一般的人民内部矛盾有许多相同之处，但也存在着明显区别。新时期的群体性矛盾具有多发性、敏感性、非政治性、群体性、突发性等特点和规律。

群体性矛盾的发生及激化，既有客观原因，也有主观原因，应当更多地从主观原因上寻找对策措施，这对于解决问题将起到事半功倍的功效。针对错综复杂的群体性矛盾，必须运用综合手段来预防和处置，要特别强调运用法律手段疏导和调处群体性矛盾。

预防群体性矛盾的产生，客观上存在法律制度方面的缺陷和不足。在一个经济社会发展阶段，一项重大改革措施的出台，以及一项重大建设工程的上马等关乎国计民生大事问题上，相关法律制度规范和保障的配套建设往往很难同步，立法上存在一定的滞后和不足。在工作实践中，要创建预防和控制群体性矛盾形成的重要法律制度环境。

避免因行政执法不当而滋生群体性矛盾。在计划经济时代，人们已经习惯以行政命令和行政干预的方式方法解决矛盾。然而，在市场经济时代，针对事关人们切身利益的问题，如果还只是满足于行政手段的话，就容易引发和激化一些不安定因素。

从防范群体性矛盾的角度看，要强调政府的依法行政，维护人民群众的合法权益，避免因政府不当行为而滋生群体性矛盾。分析现阶段群体性矛盾，许多当事人法治意识弱、道德观念差、私心膨胀、脱离道德和法律规范去牟取过分的物质利益，但也有一些当事人并不是无理取闹，他们所追求的利益和要求解决的问题存在着合理性因素，持有合情合理合法的理由向有关部门提出要求，但这种正常的反映途径和渠道不畅通或者有关部门处理不公，从而导致事态的发展和恶化。

不少行政机关和领导干部在日常工作和处理矛盾过程中，没有依据法律法规和政策来解决，只是由领导个人意志来决定，官僚主义严重，对群众的疾苦麻木不仁，执法无据、执法不当、执法不公，致使事关群众切身利益的实际问题长期得不到解决，而一旦产生群体性矛盾后又束手无策，不敢面对群众，不敢到现场做工作，以致造成严重后果。

（二）群体性矛盾预防和处置工作机制

建立预防和处置群体性矛盾的工作机制，各级党委、政府和司法机关要解决好新形势下的群体性矛盾，思想上必须重视，政策上必须对头，方法上必须对路。措施要到位，工作要做细，在具体实施过程中要通过科学的工作机制来实现。

1. 保证反映和处理矛盾的渠道畅通

对群众的疾苦和改革过程中出现正常的信访，必须通过正常、合法的途径解决，要热忱、认真负责地解决，切实保护好群众的合法权益，防止群众因有冤难诉、上告无门而铤而走险。来信来访是群众发自内心的呼唤，充分体现了群众对党和政府的信任。必须通过制度来规范，要通过考核、奖惩来强化，保证群众反映渠道的畅通。

2. 建立健全信息报告制度

对群体性矛盾要抓早、抓小，抓苗头性、倾向性问题，把矛盾解决在萌芽状态，解决在基层，信息工作至关重要。要整合各种资源，广泛开辟信息来源，拓宽信息渠道，提高信息质量，对于重要的信息要及时上报，如隐瞒不报以致贻误时机，要追究责任。要特别重视从群众来信来访中找到线索，发现潜在的矛盾；要注意舆论导向，堵塞一切可能引起负面影响或社会舆论炒作的工作漏洞，防止因舆论导向不当，推波助澜，导致矛盾扩大和恶化，避免向政治领域传导风险。

3. 完善处理群体性矛盾的工作预案

各级党委、政府必须增强政治敏锐性，提高政策水平和处置能力，正确防范、疏导和处置群体性矛盾。工作预案的核心是加强领导责任制，明确指挥责任和各自职责，增强各部门之间协调处理事件的整体能力，落实机动力量，加强防范，保证一旦发生群体性突发事件后，能够快速、有效、合法、妥善地予以处置。在处理群体性矛盾引起的突发事件时，应当采取一些比较科学有效的策略。如正确运用法律武器，依法处置的策略；根据不同对象予以分化瓦解的策略；现场快速疏散，防止事态进一步发展恶化的策略；变集中为分散，使之分流到原单位和基层消化的策略；后发制人的策略等。

4. 根据矛盾的类型和特点科学合法地处置

群体性矛盾往往比较复杂，合理与不合理、合法与不合法等相互交织，疏导、处理这些矛盾政策性强、涉及面广、难度很大，要尽快掌握事件真相，准确判断事件性质，分清事件类型，采取相应的工作措施。尤其强调在具体解决矛盾时，要具体问题具体分析，因案施策，注意科学、合法。要通过制定必要的疏导调处群体性矛盾的工作规程和接谈答复口径，使具体实施疏导调处工作的同志能够有章可循、有法可依。

5. 发挥政法机关对群体性矛盾的预防功能

政法机关是维护社会稳定的主力军，一旦发生群体性矛盾，公安机关应当依法处置，特别是大多数群体性矛盾，虽然属于非政治性不稳定因素，但并不排除在一定条件和环境下演变为政治问题。从国内发生的群体性事件来分析，确实有一些别有用心的人，企图将人们生活中的具体矛盾和问题往政治上靠，以此为借口唆使当事人将矛盾直接指向党和政府，指向社会主义制度。特别是国外一些敌对势力，常借题发挥、蓄意渲染、扩大影响，企图造成社会动荡，以便从中渔利。政法机关应当坚决运用法律武器打击隐藏在群体性矛盾背后的违法犯罪行为和策划者，以维护社会的稳定。

（三）群体性矛盾疏导化解方法

对群体性矛盾的疏导调处要讲究政策，依法科学疏导调处群体性矛盾，注意方法。群体性矛盾疏导调处得好，就可以化消极因素为积极因素；疏导调处得不好，就可能使矛盾激化，导致事情性质发生变化。

处理群体性矛盾无论在任何阶段，任何组织或个人出面处理，都要有程序观念和证据意识；调解处理时一般要有两个或两个以上的调解人员在场；在对女当事人进行调解处理时，一般应有女同志在场；对调解处理过程中涉及的证据要注意收集、判断和保存；对一些范围小、影响不大、不会产生衍生问题的事件，可采取口头调解的方法，而对一些范围广、人员多、情况复杂的事件，一定要形成书面材料，并由当事人双方签字，然后存档存查等。

对一些较复杂、较难预测的矛盾，要加强请示汇报，并积极与有关单位和部门取得联系。对一些重大关键问题的决策，要请示上级，依据领导的指示再做定夺，千万不要自行其是，以免留下后患；疏导调处后得到基本解决的群体性矛盾，有关处理单位和人员加强随访活动，密切注意当事人动向，以防节外生枝，出现反复。

三、群体性事件的处置

（一）集体信访事件

1. 把握好"四项原则"

（1）防治相结合，以防为主的原则。集体信访一般都有一个酝酿、形成、发展的过程，并且每一个环节都有一个"量"的积累，总有一些蛛丝马迹显露出来。"防"可以维护社会稳定，维护党和政府的威信。"治"往往会"治"出群众的对立情绪，甚至"治"出大乱子。因此，"防"是根本，是治本之策;"治"是治标,是不得已而为之。

(2) 分级负责与各方协作相结合的原则。坚持分级负责,是哪一级的问题归哪一级处理,在时间和空间上更接近、更易于掌握问题的实际状况,准确分析判断各种因素,有利于制定切实可行的解决方案。但是强调分级负责,并不意味着上级可以撒手不管,各方无须配合。处理集体信访必须坚持分级负责与各方协作相结合,做到在党委、政府领导下,上下同心协力,有关部门各司其职。只有各方协调,兼顾各方,才能妥善处理。

(3) 相信群众与教育群众相结合的原则。集体信访一般属人民内部矛盾。群众的愿望和要求有相当一部分是合理的或者至少有合理的因素,只是急于解决问题而采取了不适当的信访方式。所以在处理集体信访时,我们首先要树立群众观念,相信群众,不能简单地认为集体信访就是闹事。当然,在一些集体信访中,也确实有因群众情况不明、理解政策有偏差等原因造成信访的,甚至有采取过激行为的。所以我们也应坚持教育群众的原则,要给他们讲清政策,讲清集体信访的后果。

(4) 坚持原则与解决实际问题相结合的原则。处理集体信访中,坚持原则与解决实际问题是辩证统一的关系,坚持原则是前提,解决实际问题是坚持原则的具体体现。在具体工作中,一方面,对群众的合理要求必须尽可能帮助解决,一时不能解决的,也要讲明情况,取得群众理解。特别是群众反映领导干部违纪违法的问题,必须认真调查、弄清事实、严肃处理、取信于民。另一方面,对提出无理要求尤其是利用集体信访向当地政府施压的"信访专业户",必须坚持原则,决不能迁就照顾。对有意制造事端、造成恶劣影响的,必须依法严肃处理。

2. 注意的"五个问题"

(1) 在态度上要表明一个"不赞成"。信访是人民群众的权利,正常的信访行为,党和政府是支持的。但是,应该根据《信访工作条例》向群众讲明白集体信访的危害性；讲清楚利用集体信访向组织施加压力更是不可取的。信访工作者在讲道理时应当条理清晰、不卑不亢，而不应当扭扭捏捏、瞻前顾后。

（2）在接待的态度上要做到一个"诚恳"。我们不赞成集体信访，但集体信访一旦发生，我们无法回避更不能回避。接待来访时，信访工作者要做到诚恳耐心，切忌在群众"火头"上以硬碰硬，否则，群众的"火"会越来越大。

在接待中要采取"四要四不要"的方法：要说暖人心的话，不要埋怨、讽刺群众；要说实话，不要打官腔；要说适度的话，不要说过激的话，也不要为了一时痛快而乱表态；要说明确的话，不要模棱两可，给群众一种无法实现的感觉。只要我们动之以情，晓之以理，相信绝大多数群众是通情达理、顾全大局的。

（3）在处理上要分清一个"是非"。对待集体信访，我们要注意分清不同情况，区别对待。对集体信访中群众反映的正当、合理的要求，要按照有关政策秉公办理，不推不拖，切实解决好群众的诉求；对提出过高要求或事实不确凿的，要做好疏导解释工作，引导他们正确理解党的有关方针、政策；对确属无理取闹的，在教育无效的前提下，应当采取强制措施，防止事态扩大；对一些别有用心的人利用集体信访攻击党和政府的，必须坚决给予打击。

（4）在答复上要体现一个"统一"。对集体信访反映的问题，要按照党和国家的有关政策，给予正确答复，防止政出多门、说法不一的现象，以免造成工作的被动。更不能不负责任，随意乱表态，且前后矛盾，刺激群众情绪，使事态升级、恶化。

（5）在方式上要突出一个"快速"。俗话说："小洞不补，烂到一尺五。"对信访群众提出的问题，要进行综合分析，区别不同情况，积极提出方案，迅速解决，不能推、拖、躲。

（二）单位内部群体性突发事件

预防机制的建立能够在很大程度上避免单位内部群体性突发事件的发生，但是不能因为预防到位而忽视控制措施，一旦出现单位内部群体性突发事件，必须采取有力的控制措施。

1. 行政机关坚持属地管理原则

属地管理原则是指在社会治安综合治理中，按行政区划划分的各级党政机关和社会治安综合治理领导机构，依照有关法律或法规性文件，对所管辖区内的社会治安综合治理工作全面负责、全面管理。

处置单位内部群体性突发事件必须形成"属地管理、部门负责、中介介入（比如律师）、信访处理、资源整合"的工作机制。

其中明确"属地管理"具有至关重要的作用。属地管理，实质是确定责任主体，协调"条块"关系，整合地方资源，牵头组织实施，统一政策口径，明确追究对象，服务当事百姓。

2. 坚持群众利益优先的原则

坚持群众利益优先，是处置单位内部群体性突发事件的首要原则。单位内部群众反映的问题，有其存在的物质基础和现实意义，往往表现了基层工作的一个侧面。对单位内部群众反映的各类问题，要高度重视，认真核实，能解决的及时解决，暂不能解决的要向群众讲清楚，取得群众理解，避免矛盾激化。

3. 避免单位内部群体性事件扩大化

在构建社会主义和谐社会过程中，现代媒体所特有的信息传播、舆论导向功能越来越为世人所熟知和重视。而在处置单位内部群体性突发事件过程中，媒体的导向作用在一定程度上直接影响事件的发展态势乃至政府决策走向。

作为处置单位内部群体性突发事件责任主体的政府,应学会如何应对媒体,如何通过媒体引导舆论,如何借助媒体辟除谣言并使事态朝着有利于问题解决的方向发展。政府必须学会并善于运用媒体这一平台,引导社会舆论,净化媒体报道,杜绝有偿新闻,增强政府与媒体的良性互动,营造处置群体性突发事件的良好舆论氛围。

处置单位内部群体性事件,必须适当、适度完善舆论"柔性"控制。可以肯定的是,单位内部群体性突发事件必然是舆论的"偏爱",但不合法、不合理、不正式、不确切的信息必将对单位内部群体性突发事件产生误导。因此,成功处单位内部群体性突发事件的过程必然也是有效引导舆论走向的过程。加强媒体的引导,主要包括三个方面:

(1)普遍建立新闻发言人制度,及时准确地反映单位内部群体性突发事件的有关动态,公开、文明地传播政府在处置单位内部群体性突发事件中的相关政策;

(2)强化报道纪律,提升职业道德,加强记者管理,依法严惩"莫须有新闻";

(3)加强政府与媒体的沟通,单位内部群体性突发事件的一个显著特征是发展速度、诉求强度、聚集程度等均与流言、谣言的蛊惑力成正比。因此,有效控制流言、谣言的传播源头,适时阻断流言、谣言的传播过程,果断惩处流言、谣言制造者,这三项工作非常重要。同时应加强政策解释,修正不当政策,强化谣言排查,力求以正面舆论引导当事人,从而尽快、尽早平息事态,解决问题,恢复秩序,使合理合法的利益诉求得到保护,使非理非法的投机行为特别是犯罪行为受到惩处。

4. 引导信访人依法表达诉求

要加强法律法规和政策研究,认真分析当前矛盾发生的特点、规律和发展趋势,增强预测和控制能力,减少矛盾特别是群体性突发事件的发生。要针对新时期出现的新情况、新问题，抓住重点，采取送法入企业、法律进车间等方式，开展多层次、全方位的普法宣传教育，增强职工的法律意识和法制观念，不断加快基层民主法制化建设进程。

要充分发挥人民调解在预防和协调处理群体性突发事件工作中的长处，利用其自身贴近基层、熟悉民情的优势和网络优势，大力开展矛盾排查调处工作，坚持抓早、抓小、抓苗头，做到排查走在预防前，预防走在调解前，调解走在激化前。将与群众生产生活密切相关的问题纳入法制化轨道。要积极推动和促进律师参与处理涉法信访突出问题和群体性事件，坚持有利于化解纠纷、防止矛盾激化、维护社会稳定的原则，发挥律师的专业优势，妥善处理涉法信访突出问题和群体性事件，引导信访职工依法表达诉求。

（三）非法集会游行示威

非法集会游行示威是指举行集会、游行、示威，未依照法律规定申请或者申请未获许可，或者未按照主管机关许可的起止时间、地点、路线进行，又拒不服从解散命令，严重破坏社会秩序的行为。

集会是指聚众于公共场所，发表意见、表达意愿的活动；游行是指在公共道路、露天公共场所列队行进、表达共同意愿的活动；示威是指在公共场所或者公共道路上以集会、游行、静坐等方式，表达要求、抗议或者支持、声援等共同意愿的活动。

（四）骚乱暴乱事件

对于骚乱暴乱事件必须区别不同情况，采取不同措施。

（1）对于武装的反革命暴乱，迅速组织应急力量积极配合公安干警、武警部队，坚决予以镇压。

（2）对于反革命分子要挟群众制造骚乱暴乱事件，迅速调动应急救援队伍控制现场，疏散群众。在条件允许的情况下，采取分割包围的办法控制局势，配合公安干警将带头闹事的为首分子带离现场。驱散围观的群众，尽量避免交通堵塞。

（3）对于带头呼喊反革命口号、散发、张贴反革命传单标语，进行反革命演讲的人，组织应急救援队伍协助公安部门收缴其反动宣传品和宣传工具，押送公安审查。

（4）对于骚乱中殴打党政干部、公安干警、武警指战员和群众的，应急行动人员做到依法实行正当防卫，并当场押送公安机关。

（五）聚众械斗事件

对于大规模械斗事件处置办法，应注意以下两点：

（1）一旦发现大规模械斗迹象，协助有关部门做好法制宣传和调解工作，消除隐患；

（2）发生大规模械斗时，迅速组织应急救援队伍赶赴现场，积极配合公安机关，控制局面，强制械斗双方脱离接触。

第五节　社会骚乱与社会安全事件的应对

一、社会骚乱事件的危机应对

近年来，随着改革的不断深化，金融领域和房地产领域出现了一些新情况、新问题，加之2020年新冠肺炎疫情暴发后，给人们的生活和经济社会带来了很多影响，使得部分地区出现了影响社会稳定的社会骚乱事件。如何坚持群众观点，认真研究和正确预防、化解群体性社会骚乱事件，具有现实指导意义。

（一）认真把握处置群体性社会骚乱事件的态度和方法

对群体性社会骚乱事件的变化发展过程进行分析，大致有成因、潜在、呈现、激化、对抗等几个阶段。呈现阶段是矛盾变化的关键时期，在矛盾呈现前期，重视矛盾的化解工作，将问题处理在萌芽状态，对避免群体性社会骚乱事件产生，可以起到事半功倍的效果。

保持掌握群体性社会骚乱事件苗头的敏锐性。敏锐地反映民情民意，既是对干部的工作要求，又是对干部的素质要求。不能用老思想、老观念去解决新情况、新问题。

要准确地把握民情民意，要做到两方面：一方面，在形势好、情况熟的环境中，注意保持清醒头脑，防止对存在的问题熟视无睹，或听不进不同意见和建议；另一方面，在新情况、新矛盾不断出现，各方面思想比较活跃的条件下，注意吃透情况，冷静分析，对事物的主流和本质作出正确判断，不为非主流非本质的东西所迷惑。

在实际工作中，要建立矛盾不断排查、不断调处的机制，通过不断排查、不断调处，及时了解群众关注的热点问题、难点问题，了解群众想什么、盼什么、急需解决什么。及时分析和预测可能发生的问题和矛盾，只有这样才能有的放矢，保持掌握反映群众问题的敏感性，做到及早发现苗头，准确掌握动向，及时将事态处置在萌芽状态。

（二）增强处置群体性社会骚乱事件的主动性

在处理群体性社会骚乱事件过程中，一些干部常有"被动"感觉，或是麻木不仁，或是无从下手，任由事态扩大激化。为此，要建立群体性社会骚乱事件处置预案，并按群体性社会骚乱事件处置预案的要求，做到及时、主动、超前。

很多群体性社会骚乱事件往往都是从突发性、苗头性、倾向性问题开始，如在问题引发的初期，及时采取措施，及早化解，可以达到事半功倍的效果。

（三）提高处置群体性社会骚乱事件的针对性

在处置群体性社会骚乱事件过程中我们要把握好三个原则：要把一切有利于大局稳定的道理向群众宣传好、教育好、引导好；要把最广大人民群众的切身利益实现好、维护好、发展好；要把最广大人民群众的积极性保护好、发挥好。

1. 教育为先

很多群体性社会骚乱事件的发生主要是因为一些群众对党的政策、方针和工作思想不了解、不理解、不支持。为此，要加强对群众的思想宣传力度，突出教育引导机制，大力宣传政策合理性、合法性，宣传国家的法律法规，宣传党委、政府工作思路。要开展多形式、多渠道的宣传教育，宣传对象要突出重点和难点，宣传方法要讲究灵活性和策略性。

2. 攻心为上

在处置群体性社会骚乱事件过程中，光是正面宣传是不够的，对一些涉嫌违法闹事者、幕后策划者和一些思想顽固者没有一定的威慑力，很难达到教育转化的目的。为此，需要有一定灵活的攻心政策，强化法制教育，通过边打击、边震慑、边引导、边分化的方法，敦促涉嫌违法犯罪对象投案自首，达到攻心目的。

3. 综合治理

在宣传教育和打击分化的基础上，要从根本和源头上彻底平息和处置群体性、社会骚乱事件，把"坏事"变为"好事"，就必须全面开展综合治理，做到进一步夯实基础，达到标本兼治。

（四）从源头上预防和化解群体性社会骚乱事件

正确预防和化解群体性社会骚乱事件是一门科学，也是一门领导艺术，认真把握好群体性社会骚乱事件变化规律，综合地应用经济、法律、思想、政治等手段，从根本上解决问题。

1. 建立科学决策和民主办事机制

决策失误是最大的失误，社会上很多矛盾和不稳定因素，往往是决策失误、办事不公造成的。

（1）科学决策。随着改革的不断深入，将会出现更多的新事物、新问题、新矛盾，要深入调查研究，摸清原因对策。在决策过程中要集中集体智慧，广泛征求意见，要进行公正、合理、系统地分析和讨论，要做到有的放矢，避免盲目决策。要突出中心，抓住主要矛盾。

（2）依法行政。随着经济、社会的不断进步，人民群众的民主和法治意识不断增强，政治参与意识越来越强。作为领导干部要牢牢把握两个方面：一方面，着重提高各级干部的法制观念和依法办事的能力；另一方面，着重抓好政务、财务公开，公正制度。

（3）强化宣传。政策的出台和实施关键要靠人民群众了解、理解、支持、接受，要强化政策通透性宣传。

2. 建立健全处置群体性社会骚乱事件责任机制

进一步建立健全责任机制是妥善处置社会骚乱危机事件的根本保证。

（1）强化基层基础工作。基础工作是否扎实，基层组织是否有战斗力，对预防和化解群体性社会骚乱事件有着不可替代的作用，很多问题产生是因为基础工作不牢固，基层组织无能力解决，导致矛盾激化、上升。要加强以党支部为核心的基层组织建设，积极探索新形势下基层组织建设的新思路、新办法，把"治乱"与"治瘫"结合起来，真正解决难管和无人管的问题。

要充实调整治保、调解组织，确保治保、调解组织的职责、任务、人员、报酬四落实。

（2）强化排查调解机制，通过建立和完善各项工作机制，进一步强化矛盾排查和调处工作，解决人民调解"有人管、有人干和怎么干"的问题。

（3）强化责任追究。按照"归口管理、分级负责"原则，把矛盾调处任务分解落实到人。真正把群体性社会骚乱事件预防和化解在基层，消灭在萌芽状态。

二、社会安全事件的应对

（一）社会安全事件处置原则

社会安全事件分为非暴力型和暴力型两种。

对于非暴力型事件，要牢牢把握"慎用警力，慎用警械，慎用强制措施"和"可散不可聚，可解不可结，可顺不可激"的原则，在化解和缓解矛盾上下功夫。

首先要对引发事件的人员进行疏导教育，讲清国家的有关法律法规，稳定相关人员情绪，劝阻、安置相关人群。如果劝阻无效，可以采取制造威慑气氛的方法加以驱散。如果这种方法仍然无效，并且事态有向恶性转化的趋势，方可依法采取强制手段，迅速、有效控制局面和事态发展，把社会危害减至最小。

处置社会安全事件总的要求是发现得早，化解得了，控制得住，处置得好。

处置社会安全事件应遵循以下基本原则。

1. 统一领导，分级负责

按"谁主管、谁负责"的原则，落实岗位责任制，由引发事件的相关责任部门负责解决。

2. 预防为主，防患未然

坚持预防为主，防患未然的工作方针，正确处理改革、发展、稳定的关系，在充分考虑群众利益、取得群众理解和支持的基础上，制定和出台各项政策措施；加强并规范信访工作，从源头上防止涉及群众切身利益的群体性突发事件发生；建立健全社会稳定预警工作机制，做到早发现、早报告、早控制、早解决，将事件控制在萌芽阶段，及时消除诱发大规模群体性突发事件的各种因素。

3. 依法处置，防止激化

坚持依法行政、依法处置，注意工作方法和策略，综合运用法律、经济、行政等手段和宣传、协商、调解等方法处置群体性突发事件，加强对群众的说服教育，引导群众以理性、合法的方式表达利益诉求，解决矛盾，防止矛盾激化和事态扩大。

4. 快速反应，相互配合

群体性突发事件发生后，应及时启动应急预案，严格落实应急处置工作责任制，各有关部门要密切联系，相互配合和协作，并确保信息收集、情况报告、指挥处置等各环节紧密衔接，在最短的时间内控制事态。对发生暴力行为、严重损害社会治安秩序、危害公共安全的群体性突发事件，要及时、果断采取措施，坚决制止违法犯罪行为，尽快平息事态。

5. 加强教育，正确引导

预防和处置群体性突发事件，要将法制宣传、教育疏导工作贯穿事件处置的整个过程。教育群众遵守法律法规，依法维护自身合法权益，通过合法正当渠道和方式反映问题。

6. 连续性与阶段性相结合

事前处置做到信息反应灵敏；事中处置做到依法、及时、稳妥；事后处置做到精确处理，追踪掌控。

（二）社会安全事件的预防与处理

由于社会安全事件往往危害大、影响广，因此有必要建立快速反应、控制有力的处置机制，坚持严格依法、果断坚决、迅速稳妥的处置原则。

1. 社会安全事件表现形式

社会安全事件主要包括下列严重危害人民群众生命财产安全、扰乱社会治安秩序的群体性行为，以及造成重大社会影响的群体性行为：

（1）大规模集体信访；

（2）人数较多的非法集会、游行、示威；

（3）严重影响社会稳定的罢工；

（4）影响社会稳定的非法宗教活动；

（5）聚众围堵、冲击党政机关、要害部门、重要场所；

（6）重大外经贸活动中发生的群体性突发事件；

（7）其他严重破坏社会秩序、危害公共安全的活动或行为。

2. 社会安全事件的应急处置

社会安全事件发生后，组织处置工作的人民政府应当立即组织有关部门，并由公安机关针对事件的性质和特点，依照有关法律、行政法规和国家其他有关规定，采取下列一项或者多项应急处置措施：

（1）强制隔离使用器械相互对抗或者以暴力行为参与冲突的当事人，妥善解决现场纠纷和争端，控制事态发展；

（2）对特定区域内的建筑物、交通工具、设备、设施以及燃料、燃气、电力、水的供应进行控制；

（3）封锁有关场所、道路，查验现场人员的身份证件，限制有关公共场所内的活动；

（4）加强对易受冲击的核心机关和单位的警卫，在国家机关、军事机关、国家通讯社、广播电台、电视台、外国驻华使领馆等单位附近设置临时警戒线；

（5）法律、行政法规和国务院规定的其他必要措施。

严重危害社会治安秩序的事件发生时，公安机关应当立即依法出动警力，根据现场情况依法采取相应的强制性措施，尽快使社会秩序恢复正常。社会安全事件发生后采取的措施具有较强的控制、强制的特点。

附录一　信访工作条例

信访工作条例

(2022年1月24日中共中央政治局会议审议批准
2022年2月25日中共中央、国务院发布)

第一章　总　则

第一条　为了坚持和加强党对信访工作的全面领导，做好新时代信访工作，保持党和政府同人民群众的密切联系，制定本条例。

第二条　本条例适用于各级党的机关、人大机关、行政机关、政协机关、监察机关、审判机关、检察机关以及群团组织、国有企事业单位等开展信访工作。

第三条　信访工作是党的群众工作的重要组成部分，是党和政府了解民情、集中民智、维护民利、凝聚民心的一项重要工作，是各级机关、单位及其领导干部、工作人员接受群众监督、改进工作作风的重要途径。

第四条　信访工作坚持以马克思列宁主义、毛泽东思想、邓小平理论、"三个代表"重要思想、科学发展观、习近平新时代中国特色社会主义思想为指导，贯彻落实习近平总书记关于加强和改进人民信访工作的重要思想，增强"四个意识"、坚定"四个自信"、做到"两个维护"，牢记为民解难、为党分忧的政治责任，坚守人民情怀，坚持底线思维、法治思维，服务党和国家工作大局，维护群众合法权益，化解信访突出问题，促进社会和谐稳定。

第五条　信访工作应当遵循下列原则：

(一)坚持党的全面领导。把党的领导贯彻到信访工作各方面和全过程，确保正确政治方向。

（二）坚持以人民为中心。践行党的群众路线，倾听群众呼声，关心群众疾苦，千方百计为群众排忧解难。

（三）坚持落实信访工作责任。党政同责、一岗双责，属地管理、分级负责，谁主管、谁负责。

（四）坚持依法按政策解决问题。将信访纳入法治化轨道，依法维护群众权益、规范信访秩序。

（五）坚持源头治理化解矛盾。多措并举、综合施策，着力点放在源头预防和前端化解，把可能引发信访问题的矛盾纠纷化解在基层、化解在萌芽状态。

第六条　各级机关、单位应当畅通信访渠道，做好信访工作，认真处理信访事项，倾听人民群众建议、意见和要求，接受人民群众监督，为人民群众服务。

第二章　信访工作体制

第七条　坚持和加强党对信访工作的全面领导，构建党委统一领导、政府组织落实、信访工作联席会议协调、信访部门推动、各方齐抓共管的信访工作格局。

第八条　党中央加强对信访工作的统一领导：

（一）强化政治引领，确立信访工作的政治方向和政治原则，严明政治纪律和政治规矩；

（二）制定信访工作方针政策，研究部署信访工作中事关党和国家工作大局、社会和谐稳定、群众权益保障的重大改革措施；

（三）领导建设一支对党忠诚可靠、恪守为民之责、善做群众工作的高素质专业化信访工作队伍，为信访工作提供组织保证。

第九条　地方党委领导本地区信访工作，贯彻落实党中央关于信访工作的方针政策和决策部署，执行上级党组织关于信访工作的部署要求，统筹信访工作责任体系构建，支持和督促下级党组织做好信访工作。

地方党委常委会应当定期听取信访工作汇报，分析形势，部署任务，研究重大事项，解决突出问题。

第十条　各级政府贯彻落实上级党委和政府以及本级党委关于信访工作的部署要求，科学民主决策、依法履行职责，组织各方力量加强矛盾纠纷排查化解，及时妥善处理信访事项，研究解决政策性、群体性信访突出问题和疑难复杂信访问题。

第十一条　中央信访工作联席会议在党中央、国务院领导下，负责全国信访工作的统筹协调、整体推进、督促落实，履行下列职责：

（一）研究分析全国信访形势，为中央决策提供参考；

（二）督促落实党中央关于信访工作的方针政策和决策部署；

（三）研究信访制度改革和信访法治化建设重大问题和事项；

（四）研究部署重点工作任务，协调指导解决具有普遍性的信访突出问题；

（五）领导组织信访工作责任制落实、督导考核等工作；

（六）指导地方各级信访工作联席会议工作；

（七）承担党中央、国务院交办的其他事项。

中央信访工作联席会议由党中央、国务院领导同志以及有关部门负责同志担任召集人，各成员单位负责同志参加。中央信访工作联席会议办公室设在国家信访局，承担联席会议的日常工作，督促检查联席会议议定事项的落实。

第十二条　中央信访工作联席会议根据工作需要召开全体会议或者工作会议。研究涉及信访工作改革发展的重大问题和重要信访事项的处理意见，应当及时向党中央、国务院请示报告。

中央信访工作联席会议各成员单位应当落实联席会议确定的工作任务和议定事项，及时报送落实情况；及时将本领域重大敏感信访问题提请联席会议研究。

第十三条　地方各级信访工作联席会议在本级党委和政府领导下，负责本地区信访工作的统筹协调、整体推进、督促落实，协调处理发生在本地区的重要信访问题，指导下级信访工作联席会议工作。联席会议召集人一般由党委和政府负责同志担任。

地方党委和政府应当根据信访工作形势任务，及时调整成员单位，健全规章制度，建立健全信访信息分析研判、重大信访问题协调处理、联合督查等工作机制，提升联席会议工作的科学化、制度化、规范化水平。

根据工作需要，乡镇党委和政府、街道党工委和办事处可以建立信访工作联席会议机制，或者明确党政联席会定期研究本地区信访工作，协调处理发生在本地区的重要信访问题。

第十四条　各级党委和政府信访部门是开展信访工作的专门机构，履行下列职责：

（一）受理、转送、交办信访事项；

（二）协调解决重要信访问题；

（三）督促检查重要信访事项的处理和落实；

（四）综合反映信访信息，分析研判信访形势，为党委和政府提供决策参考；

（五）指导本级其他机关、单位和下级的信访工作；

（六）提出改进工作、完善政策和追究责任的建议；

（七）承担本级党委和政府交办的其他事项。

各级党委和政府信访部门以外的其他机关、单位应当根据信访工作形势任务，明确负责信访工作的机构或者人员，参照党委和政府信访部门职责，明确相应的职责。

第十五条 各级党委和政府以外的其他机关、单位应当做好各自职责范围内的信访工作，按照规定及时受理办理信访事项，预防和化解政策性、群体性信访问题，加强对下级机关、单位信访工作的指导。

各级机关、单位应当拓宽社会力量参与信访工作的制度化渠道，发挥群团组织、社会组织和"两代表一委员"、社会工作者等作用，反映群众意见和要求，引导群众依法理性反映诉求、维护权益，推动矛盾纠纷及时有效化解。

乡镇党委和政府、街道党工委和办事处以及村（社区）"两委"应当全面发挥职能作用，坚持和发展新时代"枫桥经验"，积极协调处理化解发生在当地的信访事项和矛盾纠纷，努力做到小事不出村、大事不出镇、矛盾不上交。

第十六条 各级党委和政府应当加强信访部门建设，选优配强领导班子，配备与形势任务相适应的工作力量，建立健全信访督查专员制度，打造高素质专业化信访干部队伍。各级党委和政府信访部门主要负责同志应当由本级党委或者政府副秘书长［办公厅（室）副主任］兼任。

各级党校（行政学院）应当将信访工作作为党性教育内容纳入教学培训，加强干部教育培训。

各级机关、单位应当建立健全年轻干部和新录用干部到信访工作岗位锻炼制度。

各级党委和政府应当为信访工作提供必要的支持和保障，所需经费列入本级预算。

第三章 信访事项的提出和受理

第十七条 公民、法人或者其他组织可以采用信息网络、书信、电话、传真、走访等形式，向各级机关、单位反映情况，提出建议、意见或者投诉请求，有关机关、单位应当依规依法处理。

采用前款规定的形式，反映情况，提出建议、意见或者投诉请求的公民、法人或者其他组织，称信访人。

第十八条 各级机关、单位应当向社会公布网络信访渠道、通信地址、咨询投诉电话、信访接待的时间和地点、查询信访事项处理进展以及结果的方式等相关事项，在其信访接待场所或者网站公布与信访工作有关的党内法规和法律、法规、规章，信访事项的处理程序，以及其他为信访人提供便利的相关事项。

各级机关、单位领导干部应当阅办群众来信和网上信访、定期接待群众来访、定期下访，包案化解群众反映强烈的突出问题。

市、县级党委和政府应当建立和完善联合接访工作机制，根据工作需要组织有关机关、单位联合接待，一站式解决信访问题。

任何组织和个人不得打击报复信访人。

第十九条 信访人一般应当采用书面形式提出信访事项，并载明其姓名（名称）、住址和请求、事实、理由。对采用口头形式提出的信访事项，有关机关、单位应当如实记录。

信访人提出信访事项，应当客观真实，对其所提供材料内容的真实性负责，不得捏造、歪曲事实，不得诬告、陷害他人。

信访事项已经受理或者正在办理的，信访人在规定期限内向受理、办理机关、单位的上级机关、单位又提出同一信访事项的，上级机关、单位不予受理。

第二十条 信访人采用走访形式提出信访事项的，应当到有权处理的本级或者上一级机关、单位设立或者指定的接待场所提出。

信访人采用走访形式提出涉及诉讼权利救济的信访事项，应当按照法律法规规定的程序向有关政法部门提出。

多人采用走访形式提出共同的信访事项的，应当推选代表，代表人数不得超过5人。

各级机关、单位应当落实属地责任，认真接待处理群众来访，把问题解决在当地，引导信访人就地反映问题。

第二十一条 各级党委和政府应当加强信访工作信息化、智能化建设，依规依法有序推进信访信息系统互联互通、信息共享。

各级机关、单位应当及时将信访事项录入信访信息系统，使网上信访、来信、来访、来电在网上流转，方便信访人查询、评价信访事项办理情况。

第二十二条 各级党委和政府信访部门收到信访事项，应当予以登记，并区分情况，在15日内分别按照下列方式处理：

（一）对依照职责属于本级机关、单位或者其工作部门处理决定的，应当转送有权处理的机关、单位；情况重大、紧急的，应当及时提出建议，报请本级党委和政府决定。

（二）涉及下级机关、单位或者其工作人员的，按照"属地管理、分级负责，谁主管、谁负责"的原则，转送有权处理的机关、单位。

（三）对转送信访事项中的重要情况需要反馈办理结果的，可以交由有权处理的机关、单位办理，要求其在指定办理期限内反馈结果，提交办结报告。

各级党委和政府信访部门对收到的涉法涉诉信件，应当转送同级政法部门依法处理；对走访反映涉诉问题的信访人，应当释法明理，引导其向有关政法部门反映问题。对属于纪检监察机关受理的检举控告类信访事项，应当按照管理权限转送有关纪检监察机关依规依纪依法处理。

第二十三条 党委和政府信访部门以外的其他机关、单位收到信访人直接提出的信访事项，应当予以登记；对属于本机关、单位职权范围的，应当告知信访人接收情况以及处理途径和程序；对属于本系统下级机关、单位职权范围的，应当转送、交办有权处理的机关、单位，并告知信访人转送、交办去向；对不属于本机关、单位或者本系统职权范围的，应当告知信访人向有权处理的机关、单位提出。

对信访人直接提出的信访事项，有关机关、单位能够当场告知的，应当当场书面告知；不能当场告知的，应当自收到信访事项之日起15日内书面告知信访人，但信访人的姓名（名称）、住址不清的除外。

对党委和政府信访部门或者本系统上级机关、单位转送、交办的信访事项，属于本机关、单位职权范围的，有关机关、单位应当自收到之日起15日内书面告知信访人接收情况以及处理途径和程序；不属于本机关、单位或者本系统职权范围的，有关机关、单位应当自收到之日起5个工作日内提出异议，并详细说明理由，经转送、交办的信访部门或者上级机关、单位核实同意后，交还相关材料。

政法部门处理涉及诉讼权利救济事项、纪检监察机关处理检举控告事项的告知按照有关规定执行。

第二十四条　涉及两个或者两个以上机关、单位的信访事项，由所涉及的机关、单位协商受理；受理有争议的，由其共同的上一级机关、单位决定受理机关；受理有争议且没有共同的上一级机关、单位的，由共同的信访工作联席会议协调处理。

应当对信访事项作出处理的机关、单位分立、合并、撤销的，由继续行使其职权的机关、单位受理；职责不清的，由本级党委和政府或者其指定的机关、单位受理。

第二十五条　各级机关、单位对可能造成社会影响的重大、紧急信访事项和信访信息，应当及时报告本级党委和政府，通报相关主管部门和本级信访工作联席会议办公室，在职责范围内依法及时采取措施，防止不良影响的产生、扩大。

地方各级党委和政府信访部门接到重大、紧急信访事项和信访信息，应当向上一级信访部门报告，同时报告国家信访局。

第二十六条 信访人在信访过程中应当遵守法律、法规，不得损害国家、社会、集体的利益和其他公民的合法权利，自觉维护社会公共秩序和信访秩序，不得有下列行为：

（一）在机关、单位办公场所周围、公共场所非法聚集，围堵、冲击机关、单位，拦截公务车辆，或者堵塞、阻断交通；

（二）携带危险物品、管制器具；

（三）侮辱、殴打、威胁机关、单位工作人员，非法限制他人人身自由，或者毁坏财物；

（四）在信访接待场所滞留、滋事，或者将生活不能自理的人弃留在信访接待场所；

（五）煽动、串联、胁迫、以财物诱使、幕后操纵他人信访，或者以信访为名借机敛财；

（六）其他扰乱公共秩序、妨害国家和公共安全的行为。

第四章　信访事项的办理

第二十七条 各级机关、单位及其工作人员应当根据各自职责和有关规定，按照诉求合理的解决问题到位、诉求无理的思想教育到位、生活困难的帮扶救助到位、行为违法的依法处理的要求，依法按政策及时就地解决群众合法合理诉求，维护正常信访秩序。

第二十八条 各级机关、单位及其工作人员办理信访事项，应当恪尽职守、秉公办事，查明事实、分清责任，加强教育疏导，及时妥善处理，不得推诿、敷衍、拖延。

各级机关、单位应当按照诉讼与信访分离制度要求,将涉及民事、行政、刑事等诉讼权利救济的信访事项从普通信访体制中分离出来,由有关政法部门依法处理。

各级机关、单位工作人员与信访事项或者信访人有直接利害关系的,应当回避。

第二十九条 对信访人反映的情况、提出的建议意见类事项,有权处理的机关、单位应当认真研究论证。对科学合理、具有现实可行性的,应当采纳或者部分采纳,并予以回复。

信访人反映的情况、提出的建议意见,对国民经济和社会发展或者对改进工作以及保护社会公共利益有贡献的,应当按照有关规定给予奖励。

各级党委和政府应当健全人民建议征集制度,对涉及国计民生的重要工作,主动听取群众的建议意见。

第三十条 对信访人提出的检举控告类事项,纪检监察机关或者有权处理的机关、单位应当依规依纪依法接收、受理、办理和反馈。

党委和政府信访部门应当按照干部管理权限向组织(人事)部门通报反映干部问题的信访情况,重大情况向党委主要负责同志和分管组织(人事)工作的负责同志报送。组织(人事)部门应当按照干部选拔任用监督的有关规定进行办理。

不得将信访人的检举、揭发材料以及有关情况透露或者转给被检举、揭发的人员或者单位。

第三十一条 对信访人提出的申诉求决类事项,有权处理的机关、单位应当区分情况,分别按照下列方式办理:

(一)应当通过审判机关诉讼程序或者复议程序、检察机关刑事立案程序或者法律监督程序、公安机关法律程序处理的,涉法涉诉信访事项未依法终结的,按照法律法规规定的程序处理。

(二)应当通过仲裁解决的,导入相应程序处理。

(三)可以通过党员申诉、申请复审等解决的,导入相应程序处理。

(四)可以通过行政复议、行政裁决、行政确认、行政许可、行政处罚等行政程序解决的,导入相应程序处理。

(五)属于申请查处违法行为、履行保护人身权或者财产权等合法权益职责的,依法履行或者答复。

(六)不属于以上情形的,应当听取信访人陈述事实和理由,并调查核实,出具信访处理意见书。对重大、复杂、疑难的信访事项,可以举行听证。

第三十二条 信访处理意见书应当载明信访人投诉请求、事实和理由、处理意见及其法律法规依据:

(一)请求事实清楚,符合法律、法规、规章或者其他有关规定的,予以支持;

(二)请求事由合理但缺乏法律依据的,应当作出解释说明;

(三)请求缺乏事实根据或者不符合法律、法规、规章或者其他有关规定的,不予支持。

有权处理的机关、单位作出支持信访请求意见的,应当督促有关机关、单位执行;不予支持的,应当做好信访人的疏导教育工作。

第三十三条 各级机关、单位在处理申诉求决类事项过程中,可以在不违反政策法规强制性规定的情况下,在裁量权范围内,经争议双方当事人同意进行调解;可以引导争议双方当事人自愿和解。经调解、和解达成一致意见的,应当制作调解协议书或者和解协议书。

第三十四条 对本条例第三十一条第六项规定的信访事项应当自受理之日起60日内办结;情况复杂的,经本机关、单位负责人批准,可以适当延长办理期限,但延长期限不得超过30日,并告知信访人延期理由。

第三十五条 信访人对信访处理意见不服的,可以自收到书面答复之日起 30 日内请求原办理机关、单位的上一级机关、单位复查。收到复查请求的机关、单位应当自收到复查请求之日起 30 日内提出复查意见，并予以书面答复。

第三十六条　信访人对复查意见不服的，可以自收到书面答复之日起 30 日内向复查机关、单位的上一级机关、单位请求复核。收到复核请求的机关、单位应当自收到复核请求之日起 30 日内提出复核意见。

复核机关、单位可以按照本条例第三十一条第六项的规定举行听证，经过听证的复核意见可以依法向社会公示。听证所需时间不计算在前款规定的期限内。

信访人对复核意见不服，仍然以同一事实和理由提出投诉请求的，各级党委和政府信访部门和其他机关、单位不再受理。

第三十七条　各级机关、单位应当坚持社会矛盾纠纷多元预防调处化解，人民调解、行政调解、司法调解联动，综合运用法律、政策、经济、行政等手段和教育、协商、疏导等办法，多措并举化解矛盾纠纷。

各级机关、单位在办理信访事项时，对生活确有困难的信访人，可以告知或者帮助其向有关机关或者机构依法申请社会救助。符合国家司法救助条件的，有关政法部门应当按照规定给予司法救助。

地方党委和政府以及基层党组织和基层单位对信访事项已经复查复核和涉法涉诉信访事项已经依法终结的相关信访人，应当做好疏导教育、矛盾化解、帮扶救助等工作。

第五章　监督和追责

第三十八条　各级党委和政府应当对开展信访工作、落实信访工作责任的情况组织专项督查。

信访工作联席会议及其办公室、党委和政府信访部门应当根据工作需要开展督查，就发现的问题向有关地方和部门进行反馈，重要问题向本级党委和政府报告。

各级党委和政府督查部门应当将疑难复杂信访问题列入督查范围。

第三十九条 各级党委和政府应当以依规依法及时就地解决信访问题为导向，每年对信访工作情况进行考核。考核结果应当在适当范围内通报，并作为对领导班子和有关领导干部综合考核评价的重要参考。

对在信访工作中作出突出成绩和贡献的机关、单位或者个人，可以按照有关规定给予表彰和奖励。

对在信访工作中履职不力、存在严重问题的领导班子和领导干部，视情节轻重，由信访工作联席会议进行约谈、通报、挂牌督办、责令限期整改。

第四十条 党委和政府信访部门发现有关机关、单位存在违反信访工作规定受理、办理信访事项，办理信访事项推诿、敷衍、拖延、弄虚作假或者拒不执行信访处理意见等情形的，应当及时督办，并提出改进工作的建议。

对工作中发现的有关政策性问题，应当及时向本级党委和政府报告，并提出完善政策的建议。

对在信访工作中推诿、敷衍、拖延、弄虚作假造成严重后果的机关、单位及其工作人员，应当向有管理权限的机关、单位提出追究责任的建议。

对信访部门提出的改进工作、完善政策、追究责任的建议，有关机关、单位应当书面反馈采纳情况。

第四十一条 党委和政府信访部门应当编制信访情况年度报告，每年向本级党委和政府、上一级党委和政府信访部门报告。年度报告应当包括下列内容：

（一）信访事项的数据统计、信访事项涉及领域以及被投诉较多的机关、单位；

（二）党委和政府信访部门转送、交办、督办情况；

（三）党委和政府信访部门提出改进工作、完善政策、追究责任建议以及被采纳情况；

（四）其他应当报告的事项。

根据巡视巡察工作需要，党委和政府信访部门应当向巡视巡察机构提供被巡视巡察地区、单位领导班子及其成员和下一级主要负责人有关信访举报，落实信访工作责任制，具有苗头性、倾向性的重要信访问题，需要巡视巡察工作关注的重要信访事项等情况。

第四十二条 因下列情形之一导致信访事项发生，造成严重后果的，对直接负责的主管人员和其他直接责任人员，依规依纪依法严肃处理；构成犯罪的，依法追究刑事责任：

（一）超越或者滥用职权，侵害公民、法人或者其他组织合法权益；

（二）应当作为而不作为，侵害公民、法人或者其他组织合法权益；

（三）适用法律、法规错误或者违反法定程序，侵害公民、法人或者其他组织合法权益；

（四）拒不执行有权处理机关、单位作出的支持信访请求意见。

第四十三条 各级党委和政府信访部门对收到的信访事项应当登记、转送、交办而未按照规定登记、转送、交办，或者应当履行督办职责而未履行的，由其上级机关责令改正；造成严重后果的，对直接负责的主管人员和其他直接责任人员依规依纪依法严肃处理。

第四十四条 负有受理信访事项职责的机关、单位有下列情形之一的，由其上级机关、单位责令改正；造成严重后果的，对直接负责的主管人员和其他直接责任人员依规依纪依法严肃处理：

（一）对收到的信访事项不按照规定登记；

（二）对属于其职权范围的信访事项不予受理；

（三）未在规定期限内书面告知信访人是否受理信访事项。

第四十五条 对信访事项有权处理的机关、单位有下列情形之一的,由其上级机关、单位责令改正;造成严重后果的,对直接负责的主管人员和其他直接责任人员依规依纪依法严肃处理:

(一)推诿、敷衍、拖延信访事项办理或者未在规定期限内办结信访事项;

(二)对事实清楚,符合法律、法规、规章或者其他有关规定的投诉请求未予支持;

(三)对党委和政府信访部门提出的改进工作、完善政策等建议重视不够、落实不力,导致问题长期得不到解决;

(四)其他不履行或者不正确履行信访事项处理职责的情形。

第四十六条 有关机关、单位及其领导干部、工作人员有下列情形之一的,由其上级机关、单位责令改正;造成严重后果的,对直接负责的主管人员和其他直接责任人员依规依纪依法严肃处理;构成犯罪的,依法追究刑事责任:

(一)对待信访人态度恶劣、作风粗暴,损害党群干群关系;

(二)在处理信访事项过程中吃拿卡要、谋取私利;

(三)对规模性集体访、负面舆情等处置不力,导致事态扩大;

(四)对可能造成社会影响的重大、紧急信访事项和信访信息隐瞒、谎报、缓报,或者未依法及时采取必要措施;

(五)将信访人的检举、揭发材料或者有关情况透露、转给被检举、揭发的人员或者单位;

(六)打击报复信访人;

(七)其他违规违纪违法的情形。

第四十七条 信访人违反本条例第二十条、第二十六条规定的,有关机关、单位工作人员应当对其进行劝阻、批评或者教育。

信访人滋事扰序、缠访闹访情节严重，构成违反治安管理行为的，或者违反集会游行示威相关法律法规的，由公安机关依法采取必要的现场处置措施、给予治安管理处罚；构成犯罪的，依法追究刑事责任。

信访人捏造歪曲事实、诬告陷害他人，构成违反治安管理行为的，依法给予治安管理处罚；构成犯罪的，依法追究刑事责任。

第六章　附　　则

第四十八条　对外国人、无国籍人、外国组织信访事项的处理，参照本条例执行。

第四十九条　本条例由国家信访局负责解释。

第五十条　本条例自 2022 年 5 月 1 日起施行。

附录二　为加强和改进新时代信访工作提供有力制度保障——国家信访局负责人就《信访工作条例》答记者问

为加强和改进新时代信访工作提供有力制度保障——国家信访局负责人就《信访工作条例》答记者问

日前，中共中央、国务院印发了《信访工作条例》（以下简称《条例》）。国家信访局负责人就有关问题，回答了记者的提问。

问： 请介绍一下《条例》制定出台的背景？

答： 我们党历来高度重视信访工作。党的十八大以来，党中央对信访工作作出一系列重要决策部署，习近平总书记就加强和改进人民信访工作作出一系列重要指示批示，为做好新时代信访工作提供了根本遵循。随着中国特色社会主义进入新时代，我国社会主要矛盾已转化为人民日益增长的美好生活需要和不平衡不充分的发展之间的矛盾，信访工作面临着许多新情况新问题，必须主动适应形势的变化和任务的需要，全面加强党对信访工作的领导，全面提升信访工作的规范化法治化制度化水平，更好担负起为民解难、为党分忧的职责使命。党中央着眼健全为人民执政、靠人民执政的制度，对制定《条例》作出部署安排。按照党中央要求，国家信访局党组深入学习贯彻习近平总书记关于加强和改进人民信访工作的重要思想，认真总结党的十八大以来推进网上信访、诉访分离、依法分类处理等信访工作制度改革成果，全面吸收融合2005年发布实施的国务院《信访条例》内容,广泛征求吸纳各方意见,反复修改完善,形成《信访工作条例(送审稿)》报请党中央审议。2022年1月24日,习近平总书记主持召开中央政治局会议,审议批准《条例》。2月25日,中共中央、国务院发布《条例》。

问:《条例》的出台有何重大意义?

答:信访工作是党的群众工作的重要组成部分,是了解社情民意的重要窗口。《条例》以习近平新时代中国特色社会主义思想为指导,深入贯彻习近平总书记关于加强和改进人民信访工作的重要思想,总结党长期以来领导和开展信访工作经验特别是党的十八大以来信访工作制度改革成果,坚持和加强党对信访工作的全面领导,理顺信访工作体制机制,进一步规范和加强信访工作,是新时代信访工作的基本遵循。第一,《条例》是坚持和加强党对信访工作领导的重要制度安排。制定出台《条例》,坚持党中央对信访工作的集中统一领导,坚持和加强党对信访工作的全面领导,对于提高党领导信访工作的制度化、规范化水平具有重要意义,必将充分发挥党总揽全局、协调各方的领导核心作用,确保信访工作始终沿着正确的政治方向前进。第二,《条例》是坚持人民至上、保持党和政府同人民群众血肉联系的重要举措。制定出台《条例》,坚持以人民为中心的发展思想,构建群众提出批评、建议、申诉、控告或者检举的通道,对于推动信访工作充分发挥了解民情、集中民智、维护民利、凝聚民心的作用,当好党和政府联系群众的桥梁纽带具有重要意义,必将进一步增强群众对党和政府的信任,厚植党长期执政的群众基础。第三,《条例》为加强和改进新时代信访工作提供有力制度保障。制定出台《条例》,站在新的历史起点上纵深推进信访工作制度改革,进一步理顺信访工作体制机制,对于提高信访工作能力和水平,及时反映群众呼声,着力化解突出问题具有重要意义,必将推动信访工作实现高质量发展,更加适应形势和任务需要,更好服务党和国家工作大局。

问：《条例》的主要内容是什么？

答：《条例》围绕做好新时代信访工作的体制机制、职责任务、处理程序、监督体系等进行顶层设计，共6章50条，主要有以下四个方面内容：一是规定做好新时代信访工作的总体要求。明确了《条例》的制定目的和依据、适用范围，对信访工作的地位作用、指导思想、主要原则及工作要求等作出规定。二是规定信访工作体制和工作格局。确立了党领导下的信访工作体制和格局，明确党委、政府、信访工作联席会议、信访部门以及各方力量在信访工作中的定位和职责，同时明确了信访工作保障措施。三是规定信访事项处理程序。明确各类信访事项提出、受理、办理的形式、渠道、程序和方式，体现了党的机关、人大机关、行政机关、政协机关、监察机关、审判机关、检察机关等处理信访事项不同的程序要求。四是规定信访工作监督体系。健全信访工作监督机制，对责任追究的情形和方式等作出明确规定。

问：《条例》明确的适用范围是什么？

答：《条例》适用于各级党的机关、人大机关、行政机关、政协机关、监察机关、审判机关、检察机关，以及群团组织、国有企事业单位等开展信访工作。公民、法人或者其他组织通过信访渠道，向上述各级机关、单位反映情况，提出建议、意见或者投诉请求等，应当符合《条例》规定要求。

问：《条例》对信访工作定位是如何规定的？

答：《条例》明确新时代信访工作"三个重要"的定位，即：信访工作是党的群众工作的重要组成部分，是党和政府了解民情、集中民智、维护民利、凝聚民心的一项重要工作，是各级机关、单位及其领导干部、工作人员接受群众监督、改进工作作风的重要途径。"三个重要"的定位遵循了习近平总书记关于加强和改进人民信访工作的重要思想，集中体现了信访工作的政治性和人民性，体现了信访工作在党和国家工作大局中的重要地位和承担的重要任务，进一步明确了新时代信访工作的发展方向和着力点。

问：《条例》对信访工作体制是如何规定的？

答：《条例》第二章"信访工作体制"，明确健全党领导信访工作的体制机制，构建党委统一领导、政府组织落实、信访工作联席会议协调、信访部门推动、各方齐抓共管的信访工作格局。在党委统一领导方面，明确党中央加强对信访工作的集中统一领导，规定地方党委领导本地区信访工作，贯彻落实党中央决策部署，执行上级党组织部署要求，统筹信访工作责任体系构建，支持和督促下级党组织做好信访工作。在政府组织落实方面，规定各级政府贯彻落实上级党委和政府以及本级党委部署要求，履行组织各方力量及时妥善处理信访事项，研究解决政策性、群体性信访突出问题和疑难复杂信访问题等职责。在信访工作联席会议协调方面，规定中央信访工作联席会议统筹协调、整体推进、督促落实全国信访工作，同时进一步规范地方信访工作联席会议的设置和运行。在信访部门推动方面，规定党委和政府信访部门是开展信访工作的专门机构，承担受理、转送、交办信访事项，协调解决重要信访问题，督促检查重要信访事项的处理和落实等工作职责，同时规定其他机关、单位应当根据信访工作形势任务明确负责信访工作的机构或者人员。在各方齐抓共管方面，规定各级党委和政府以外的其他机关、单位应当做好各自职责范围内的信访工作，拓宽完善社会力量参与信访工作的制度化渠道。《条例》还从信访部门建设、干部教育培训、经费支持等方面明确信访工作保障措施。

问：《条例》对信访人提出信访事项有哪些要求？

答：《条例》规定信访人可以采用信息网络、书信、电话、传真、走访等形式，向各级机关、单位反映情况，提出建议、意见或者投诉请求，并对信访人提出信访事项明确了三个方面的要求：一是规定信访人一般应当采用书面形式提出信访事项，提出信访事项应当客观真实，同时对信访事项已经受理或者正在办理的，信访人在规定期限内向受理、办理机关、单位的上级机关、单位又提出同一信访事项的等情形，作出了相关规定。二是规定信访人采用走访形式提出信访事项的，应当到有权处理的本级或者上一级机关、单位设立或者指定的接待场所提出；多人走访提出共同的信访事项，应当推选不超过5人的代表。走访提出涉及诉讼权利救济的信访事项，应当按照法律法规规定的程序向有关政法部门提出。进一步压实属地责任，规定各级机关、单位应当认真接待处理群众来访，把问题解决在当地，引导信访人就地反映问题。三是规定信访人在信访过程中应当遵守相关法律、法规，不得损害国家、社会、集体的利益和其他公民的合法权利，自觉维护社会公共秩序和信访秩序，不得有在机关、单位办公场所周围、公共场所非法聚集等行为。

问：《条例》中对信访事项的受理办理程序是如何规定的？

答：根据信访事项性质的不同，《条例》区分建议意见类、检举控告类、申诉求决类事项，分别明确了受理办理程序，保证合理合法诉求依照法律规定和程序就能得到合理合法的结果。针对建议意见类信访事项，规定有权处理的机关、单位应当认真研究论证；同时规定各级党委和政府应当健全人民建议征集制度，主动听取群众的建议意见。针对检举控告类信访事项，规定纪检监察机关或者有权处理的机关、单位应当依规依纪依法接收、受理、办理和反馈，党委和政府信访部门应当按照干部管理权限向有关部门和负责同志通报、报送反映干部问题的信访情况。针对申诉求决类事项，进一步细分为六种情形进行处理：一是涉法涉诉事项办理程序，适用于审判机关、检察机关、公安机关；二是仲裁程序，适用于仲裁部门；三是办理党员申诉等事项的党内程序，适用于党的机关；四是办理行政复议等事项的行政程序；五是依法履行查处违法行为职责，适用于行政机关；六是不属于以上情形的事项，听取信访人陈述事实和理由，并调查核实，出具信访处理意见书，适用于所有机关、单位。对属于第六种情形的事项，信访人可以申请复查复核。

问：《条例》构建了怎样的信访工作监督体系？对违反规定的情形如何进行责任追究？

答： 有效的监督是确保责任落实的必要条件。《条例》构建了包括监督责任、监督机制、责任追究在内的监督体系。一是强化信访工作督查，规定党委和政府组织专项督查，信访工作联席会议及其办公室、信访部门根据工作需要开展督查，党委和政府督查部门将疑难复杂信访问题列入督查范围。二是强化信访工作考核，规定党委和政府每年对信访工作情况进行考核、通报，注重考核结果运用。三是强化信访部门提出改进工作、完善政策和追究责任"三项建议"的职责，建立信访情况报告制度，做好与巡视巡查工作、干部监督工作的衔接等。

同时，《条例》对需要进行责任追究的情形和方式作出明确规定。对机关、单位，规定引发问题责任、登记转送交办责任、受理问题责任、处理问题责任以及其他责任，对违反责任的机关、单位及人员依规依纪依法严肃处理。对信访人，规定滋事扰序、缠访闹访情节严重，构成违反治安管理行为的，或者违反集会游行示威相关法律法规的，由公安机关依法采取必要的现场处置措施、给予治安管理处罚；构成犯罪的，依法追究刑事责任。

问：如何抓好《条例》的学习宣传和贯彻落实工作？

答： 党中央对各地区各部门做好《条例》学习宣传和贯彻落实工作提出了明确要求。中央信访工作联席会议、国家信访局将从以下方面督促指导抓好《条例》的贯彻落实。一是加强学习宣传。认真组织开展学习培训和宣传解读，全面准确把握《条例》基本精神和主要内容，以学习贯彻《条例》为契机，在全社会营造办事依法、遇事找法、解决问题用法、化解矛盾靠法的良好环境。二是健全体制机制。认真落实《条例》规定，完善配套措施，推动形成健全完备、运行有效的信访工作制度体系。推动各地区各部门做好

《条例》实施和国务院《信访条例》按法定程序废止前的相关工作衔接，确保顺畅平稳过渡。三是做好落实情况的督促检查。适时开展专题调研和督导，深入了解《条例》贯彻落实情况，强化问题导向，推动解决工作中的困难，把党中央关于信访工作的方针政策和决策部署落到实处。信访工作联席会议、信访部门将牢记为民解难、为党分忧的职责使命，坚持人民至上，主动担当作为，以贯彻实施《条例》为统领，不断提高工作能力和水平，不断提升信访工作规范化法治化水平。

附录三　国家信访局接待群众来访工作规则

国家信访局接待群众来访工作规则

国信发〔2022〕7号

为维护来访群众合法权益，规范接待来访工作，提高工作效率和质量，根据《信访工作条例》等法规文件，制定本规则。

一、工作职责

接待公民、法人或者其他组织向党中央、国务院和中共中央办公厅、国务院办公厅及其领导同志反映情况，提出建议、意见或者投诉请求的来访。交办、转送、督办来访事项，协调处理重大、疑难来访问题，综合分析来访信息，开展调查研究，及时、准确地向党中央、国务院和中共中央办公厅、国务院办公厅领导同志反映重要来访情况，向地方和部门通报群众来访及来访事项处理情况，提出完善政策和改进工作建议。

二、工作原则

坚持党的全面领导；坚持以人民为中心；坚持落实信访工作责任；坚持依法按政策解决问题；坚持源头治理化解矛盾；坚持依法逐级走访；坚持树立正确导向。

三、工作程序

（一）登记。

对群众来访提出的信访事项应及时、全面、客观、准确登记录入国家信访信息系统（以下简称"信息系统"）。

对属于国家信访局受理范围的，以及下级机关、单位受理办理存在程序不规范、责任不落实等问题的来访事项，一般应进一步接谈，详细了解情况。

对进一步接谈的来访事项，要通过信息系统向接谈员分配接谈任务，同时在排号单上加盖接谈印章，填写接谈室号，交来访人作为接谈凭证。

对登记疏导的，登记人员要认真倾听群众反映的诉求，深入细致地做好思想疏导、政策解释和路径指引工作。

（二）接谈。

1. 接谈人员要核对来访人的身份证或其他有效证件，阅看相关材料，听取来访人的陈述，询问有关情况，引导来访人详细叙述建议、意见或者投诉请求，讲清事实和理由，核实来访登记信息，并在信息系统中录入以下内容：来访人反映问题的主要情况、诉求及理由，来访人以往的信访过程及有关机关、单位的办理情况，本次来访处理情况，告知来访人的内容。

2. 接谈后，对于转送、交办、督办的来访事项，引导来访人返回属地，向有权处理的机关、单位反映并配合调查核实处理。有法定途径的，引导来访人配合有关机关、单位按照法定程序处理。

3. 对疑难、复杂、敏感及群体性、政策性等来访事项，可协调相关地方、部门进行联合接待。

（三）处理。

对群众来访事项应在15日内按下列方式处理：

1. 对依照职责属于中央和国家机关、单位或其工作部门处理决定的，转送有权处理的机关、单位。

2. 对涉及省级及以下机关、单位或其工作人员的，按照"属地管理、分级负责，谁主管、谁负责"的原则，转送有权处理的机关、单位。

对来访人提出的信访事项，按照信访事项的性质和管辖层级，引导来访人到有权处理的本级或者上一级机关、单位设立或指定的接待场所提出。对反映涉诉问题的，引导来访人向有关政法部门反映问题。

已经受理或正在办理，已作出处理、复查意见且在请求复查、复核期限内，来访人又提出同一信访事项的，不予受理。对复核意见不服，来访人仍然以同一事实和理由提出投诉请求的，不再受理。对不予受理、不再受理的，向来访人宣传有关法律法规，做好疏导引导工作。

四、特殊情况处理

（一）异常情况处置。

来访人的行为有下列情形之一的，接待工作人员应对其进行劝阻、批评或者教育；经劝阻、批评和教育无效的，交由公安机关依法处置：

1. 在机关周围非法聚集、围堵、冲击机关，拦截公务车辆，或者堵塞、阻断交通；

2. 携带危险物品、管制器具；

3. 侮辱、殴打、威胁国家机关工作人员，非法限制他人人身自由，或者毁坏财物；

4. 在信访接待场所滞留、滋事，或者将生活不能自理的人弃留在信访接待场所；

5. 煽动、串联、胁迫、以财物诱使、幕后操纵他人信访或者以信访为名借机敛财；

6. 其他扰乱公共秩序、妨害国家和公共安全的行为。

（二）来访人患病情况的处置。

1. 来访人在接待过程中患病需紧急救治的，应迅速通知医务人员到场，必要时送医院急救。

2. 来访人患有恶性传染病的，应迅速通知北京市卫生健康部门处置。

（三）其他。

来访人赠送中央领导同志的礼品，原则上不予接受，并做好解释，表达谢意。

来访人的食宿、交通等费用自理。

五、工作纪律

接待工作人员要严格遵守国家信访局各项工作纪律。在接待过程中，不得擅自向来访人就来访事项的处理作实质性的表态或透露内部研究的情况；不得接受来访人赠送的礼品、礼金或有价证券。

与来访人或者来访事项有直接利害关系的接待工作人员应当回避，不得干预接待工作或擅自办理来访事项。

附录四　国家信访局关于印发《信访事项网上办理工作规程》的通知

国家信访局关于印发
《信访事项网上办理工作规程》的通知

国信发〔2022〕8 号

各省、自治区、直辖市和计划单列市、新疆生产建设兵团信访局（办），中央和国家机关各部委、中央军委政治工作部、有关人民团体信访局（办、处），中央管理的有关国有重要骨干企业信访处（办）：

　　为贯彻落实《信访工作条例》，国家信访局研究修订了《信访事项网上办理工作规程》。现予以印发，请结合实际抓好落实。原《信访事项网上办理工作规程（试行)》（国信发〔2015〕29 号）同时废止。

国家信访局

2022 年 4 月 30 日

信访事项网上办理工作规程

第一章 总 则

第一条 为深入推进信访事项网上办理工作规范化建设，提高工作质量、效率和公信力，根据《信访工作条例》规定，结合工作实际，制定本规程。

第二条 本规程适用于通过信访信息系统登记、受理、办理公民、法人或者其他组织用信息网络、书信、电话、传真、走访等形式，向各级机关、单位提出的信访事项。

第三条 信访事项网上办理工作应坚持党的全面领导；坚持以人民为中心；坚持落实信访工作责任；坚持依法按政策解决问题；坚持源头治理化解矛盾。

第二章 登 记

第四条 通过信息网络、书信、电话、传真、走访等形式提出的信访事项均应客观、准确、及时登记录入信访信息系统。

第五条 登记时应逐一录入信访人姓名（名称）、地址、信访人数、信访目的、问题属地、内容分类等要素，录入主要诉求、反映的情况、提出的建议意见以及相应的事实、理由及信访过程等。留有电话号码、身份证号码的应准确录入。

对采取走访形式的，应认真听取来访人的陈述，询问有关情况，并与来访人核实登记内容。

第三章 党委和政府信访部门的受理办理

第六条 党委和政府信访部门对收到的信访事项，应区分情况，在15日内按下列方式处理：

（一）对依照法定职责属于本级机关、单位或者其工作部门处理决定的，应当转送有权处理的机关、单位；情况重大、紧急的，应当及时提出建议，报请本级党委和政府决定。

（二）涉及下级机关、单位或者其工作人员的，按照"属地管理、分级负责，谁主管、谁负责"的原则，转送有权处理的机关、单位。

（三）对转送信访事项中的重要情况需要反馈办理结果的，可以交由有权处理的机关、单位办理，要求其在指定办理期限内反馈结果，提交办结报告。

各级党委和政府信访部门对收到的涉法涉诉信件，应当转同级政法部门依法处理；对走访反映涉诉问题的信访人，应当释法明理，引导其向有关政法部门反映问题。对属于纪检监察机关受理的检举控告类信访事项，应当按照管理权限转有关纪检监察机关依规依纪依法处理。

第七条 对信访人采用走访形式提出的信访事项，可当场告知受理情况，指明反映问题途径和程序。

第八条 对已有复核意见，仍然以同一事实和理由提出投诉请求的，不再受理，并向信访人告知有关情况（告知书模板见附件1-①）。

第九条 对信访事项中带有普遍性、倾向性、苗头性特别是有关政策性的问题，应综合分析研判，及时向本级党委、政府报告，并提出完善政策、解决问题的建议。

对一段时间内某一地方、领域反映突出、集中的信访事项，向有关机关、单位通报。

第四章 其他机关、单位的受理办理

第十条 党委和政府信访部门以外的其他机关、单位收到信访人直接提出的信访事项后，应按照本规程第五条规定，及时将信访事项录入信访信息系统，使网上信访、来信、来访、来电在网上流转，方便信访人查询、评价信访事项办理情况。

对属于本机关、单位职权范围的，应当告知信访人接收情况以及处理途径和程序；对属于本系统下级机关、单位职权范围的，应当转送、交办有权处理的机关、单位，并告知信访人转送交办去向；对不属于本机关、单位或者本系统职权范围的，应当告知信访人向有权处理的机关、单位提出（告知书模板见附件1-②）。

对信访人直接提出的信访事项，有关机关、单位能够当场告知的，应当当场书面告知；不能当场告知的，应当在15日内书面告知信访人（告知书模板见附件1、2）。

第十一条　对党委和政府信访部门或者本系统上级机关、单位转送、交办的信访事项，属于本机关、单位职权范围的，有关机关、单位应当自收到之日起15日内书面告知信访人接收情况以及处理途径和程序；不属于本机关、单位或者本系统职权范围的，有关机关、单位应当自收到之日起5个工作日内提出异议，并详细说明理由，经转送、交办的信访部门或者上级机关、单位核实同意后，交还相关材料。

第十二条　政法部门处理涉及诉讼权利救济事项、纪检监察机关处理检举控告事项的告知按照有关规定执行。

第十三条　对信访人反映的情况、提出的建议意见类事项，有权处理的机关、单位应当认真研究论证，并酌情回复。

第十四条　对信访人提出的检举控告类事项，纪检监察机关或者有权处理的机关、单位应当依规依纪依法接收、受理、办理和反馈。

第十五条　对信访人提出的申诉求决类事项，有权处理的机关、单位应当区分情况，分别按下列方式办理：

（一）应当通过审判机关诉讼程序或者复议程序、检察机关刑事立案程序或者法律监督程序、公安机关法律程序处理的，涉法涉诉信访事项未依法终结的，按照法律法规规定的程序处理。

（二）应当通过仲裁解决的，导入相应程序处理。

（三）可以通过党员申诉、申请复审等解决的，导入相应程序处理。

（四）可以通过行政复议、行政裁决、行政确认、行政许可、行政处罚等行政程序解决的，导入相应程序处理。

（五）属于申请查处违法行为、履行保护人身权或者财产权等合法权益职责的，依法履行或者答复。

（六）不属于以上情形的，应当调查核实，作出处理，出具处理意见书。

对上述第（六）项规定的信访事项应当自受理之日起60日内办结；情况复杂的，经本机关、单位负责人批准适当延长办理期限，但延长期限不得超过30日，并出具《延期办理告知书》（告知书模板见附件3）。

第十六条 办理信访事项基本流程：

（一）联系或视情约见信访人，听取信访人陈述事实和理由，必要时可以要求信访人、有关组织和人员说明情况；

（二）对信访人提出的事项进行核实，可以向其他组织和人员调查；

（三）对重大、复杂、疑难的信访事项，可以举行听证；

（四）经调查核实，依照有关法律、法规、规章及其他有关规定作出处理，出具《信访事项处理意见书》（意见书模板见附件4），属于第十五条前五项的按照法律法规规定的程序处理；

（五）落实处理意见。

第十七条 信访人请求复查（复核）的，复查（复核）机关、单位审查后，应出具《申请复查（复核）受理（不予受理）告知书》（告知书模板见附件5、6）。受理的，应当自收到复查（复核）请求之日起30日内出具《信访事项复查（复核）意见书》（意见书模板见附件7、8）。

第十八条 有权处理（复查、复核）的机关、单位向信访人出具的告知书、处理（复查、复核）意见书等，均应按期送达信访人、填写送达回证（送达回证模板见附件9）并录入信访信息系统。

有关送达要求参照《民事诉讼法》相关规定。

第十九条 对下列情形不予（不再）受理：

（一）对已经受理或者正在办理的，信访人在规定期限内向受理、办理机关、单位的上级机关、单位又提出同一信访事项的，上级机关、单位不予受理（告知书模板见附件1-③）。

（二）对已有处理（复查）意见且正在复查（复核）期限内的，不予另行受理，应向信访人告知有关情况（告知书模板见附件1-④、1-⑤）。

（三）对已有复核意见，仍然以同一事实和理由提出投诉请求的，不再受理，并向信访人告知有关情况（告知书模板见附件1-①）。

第五章 督查督办

第二十条 对交办、转送的信访事项，交办、转送机关、单位要通过信访信息系统及时检查受理、办理情况，发现有关机关、单位存在违反信访工作规定受理、办理信访事项，办理信访事项推诿、敷衍、拖延、弄虚作假或者拒不执行信访处理意见等情形的，应当及时督办，并提出改进工作的建议。

第二十一条 督办可通过网上督办、电话督办、发函督办、视频督办、约谈督办、实地督查等形式实施，推动信访事项依法及时就地解决。

第二十二条 督办信访事项的督办建议和结果，要及时录入信访信息系统。

第六章 查询和评价

第二十三条 信访事项处理过程和办理结果要在网上及时向信访人反馈，主动接受监督，实现信访事项的可查询、可跟踪、可监督、可评价。

反馈内容包括：信访事项登记日期，党委和政府信访部门分级转交日期，向有权处理的机关、单位转交日期,有权处理的机关、单位出具的告知书、信访处理意见书、复查意见书、复核意见书及日期等。

第二十四条　对纳入评价范围的来信、来访事项,采取短信、邮寄、告知等方式向信访人提供查询码,信访人凭查询码登录国家信访局门户网站查询、评价;对信访人未留手机号码的来信、来访事项,逐级转交后,由直接转交有权处理的机关、单位办理的党委和政府信访部门负责联系信访人,并告知查询码(告知书模板见附件10)。

对纳入群众满意度评价的网上信访事项,信访人通过注册账户查询评价。

第七章　附　　则

第二十五条　本规程所称信访事项,不包含涉密内容的信访事项,涉密事项按相关规定办理。

第二十六条　本规程附件所列文书模板供各机关、单位作范本参考。

第二十七条　本规程由国家信访局负责解释。

第二十八条　本规程自2022年5月1日起施行。

附件:1. 告知书(5种)

2. 有权处理的机关、单位机关受理告知书

3. 信访事项延期办理告知书

4. 信访事项处理意见书

5. 申请复查(复核)受理告知书(2种)

6. 申请复查(复核)不予受理告知书(2种)

7. 信访事项复查意见书

8. 信访事项复核意见书

9. 送达回证

10. 纳入满意度评价信访事项的查询码告知书

附件 1-①

告知书

××（先生/女士）：

您提出的信访事项，相关机关（单位）已作出复核意见。

特此告知。

（承办单位印章）

××××年××月××日

附件1-②

告知书

××（先生/女士）：

您提出的信访事项，不属于本机关（单位）职权范围。根据《信访工作条例》第二十三条规定，请您向××机关（单位）提出。

特此告知。

(承办单位印章)

××××年××月××日

注：应明确告知"××机关（单位）"名称。

附件1-③

告知书

××（先生/女士）：

　　您提出的信访事项正在办理中。根据《信访工作条例》第十九条规定，对您在规定期限（自受理之日起60日）内再次提出的同一信访事项，不重复受理。请予理解。

　　特此告知。

（承办单位印章）

××××年××月××日

附件1-④

告知书

××（先生/女士）：

您提出的信访事项，相关机关（单位）已作出处理意见，根据《信访工作条例》第三十五条规定，您可以自收到处理意见之日起30日内向原办理机关（单位）的上一级机关（单位）申请复查。

特此告知。

（承办单位印章）

××××年××月××日

注：市、县级信访部门和有权处理的机关、单位应明确告知"上一级机关（单位）"名称。

附件 1-⑤

告知书

××（先生/女士）：

您提出的信访事项，相关机关（单位）已作出复查意见，根据《信访工作条例》第三十六条规定，您可以自收到复查意见之日起 30 日内向复查机关（单位）的上一级机关（单位）申请复核。

特此告知。

（承办单位印章）
××××年××月××日

注：市、县级信访部门和有权处理的机关、单位应明确告知"上一级机关（单位）"名称。

附件 2

受理告知书

××（先生/女士）：

您提出的信访事项，我们决定予以受理。按照《信访工作条例》第三十四条规定，将于××××年××月××日（注：最长不超过受理后 60 日）前办结并书面答复您。在此期间，您以同一事实和理由提出同一信访事项，本级和上级机关（单位）不予受理。

特此告知。

（承办单位印章）

××××年××月××日

附件3

延期办理告知书

××（先生/女士）：

您反映的问题，我们于××××年××月××日受理，因情况比较复杂，现不能在60日内办结。根据《信访工作条例》第三十四条规定，经我单位负责人批准，延长办理期限××日（注：最长不超过30日），请耐心等候，无需再次向本级和上级机关（单位）提出同一信访事项。

特此告知。

（承办单位印章）

××××年××月××日

附件 4

(处理意见书文号) 　　　　　　　　　　　　　　签发人：×××

信访事项处理意见书

××（先生/女士）：

　　您于××××年××月××日反映××××××××（信访人反映问题概述，应包括信访人姓名、住址或单位、身份，问题发生的时间、地点、具体诉求、建议意见和联系方式等要素）。我们于××××年××月××日受理，并发出受理告知书。

　　经调查，××××××××（以下内容为对信访人反映问题的认定、有关法律法规政策规定、调查情况和处理意见）。

　　如不服本处理意见，可自收到本处理意见书之日起 30 日内向××××（机关、单位）提出复查申请。

　　　　　　　　　　　　　　　　　　　　　　　（承办单位印章）
　　　　　　　　　　　　　　　　　　　　　　　××××年××月××日

附件 5-①

申请复查受理告知书

××（先生/女士）：

　　您对××××年××月××日收到的××（机关、单位）出具的信访事项处理意见不服，提出复查申请，我们决定予以受理。按照《信访工作条例》第三十五条规定，将于××××年××月××日前办结并书面答复您。在此期间，您以同一事实和理由提出同一信访事项，本级和上级机关（单位）不予受理。

　　特此告知。

（承办单位印章）
××××年××月××日

附件 5-②

申请复核受理告知书

××（先生/女士）：

　　您对××××年××月××日收到的××（机关、单位）出具的信访事项复查意见不服，提出复核申请，我们决定予以受理。按照《信访工作条例》第三十六条规定，将于××××年××月××日前办结并书面答复您。在此期间，您以同一事实和理由提出同一信访事项，本级和上级机关（单位）不予受理。

　　特此告知。

（承办单位印章）

××××年××月××日

附件6-①

申请复查不予受理告知书

××（先生/女士）：

　　您对××××年××月××日收到的××（机关、单位）出具的信访事项处理意见不服，提出复查申请，由于××××（具体原因），我们决定不予受理，请您在××日内向××（注：应明确告知机关、单位名称）提出复查申请。

　　特此告知。

（承办单位印章）

××××年××月××日

附件6-②

申请复核不予受理告知书

××（先生/女士）：

您对××××年××月××日收到的××（机关、单位）出具的信访事项复查意见不服，提出复核申请，由于××××（具体原因），我们决定不予受理，请您在××日内向××（注：应明确告知机关、单位名称）提出复核申请。

特此告知。

（承办单位印章）
××××年××月××日

附件 7

(复查意见书文号)　　　　　　　　　　　　签发人：×××

信访事项复查意见书

××（先生/女士）：

您于××××年××月××日对××××（机关、单位）的处理意见提出复查申请，我们于××××年××月××日受理，并发出受理告知书。

经复查，××××××××××（以下内容为对信访人反映问题的认定、有关法律法规政策规定和复查意见）。

如不服本复查意见，可自收到本意见书之日起 30 日内向××（机关、单位）提出复核申请。

（承办单位印章）
××××年××月××日

附件 8

(复核意见书文号)　　　　　　　　　　　　　　签发人：×××

信访事项复核意见书

××（先生/女士）：

您于××××年××月××日对××××（机关、单位）的复查意见提出复核申请，我们于××××年××月××日受理，并发出受理告知书。

经复核，××××××××××××（以下内容为对信访人反映问题的认定、有关法律法规政策规定和复核意见）。

如您对本复核意见不服，仍然以同一事实和理由提出投诉请求的，各级机关、单位不再受理。

（承办单位印章）

××××年××月××日

附件 9

送达回证

送达文书名称及件数	
送达方式	
送达地址	
送达时间	
信访人签字及意见	
代收人签字及代收理由	
送达人签字	
备注	

（承办单位印章）

附件 10

查询码告知书

××（先生/女士）：

您提出的信访事项，根据《信访工作条例》的有关规定，已转送×××（有权处理的机关、单位名称）。您可以凭查询码×××登录×××（门户网站等）"信访事项查询"窗口，查询办理情况，并作出评价。

特此告知。

（承办单位印章）

××××年××月××日

附录五　国家信访局关于印发《依法分类处理信访诉求工作规则》的通知

国家信访局关于印发《依法分类处理信访诉求工作规则》的通知

国信发〔2022〕9号

各省、自治区、直辖市信访局（办）、新疆生产建设兵团信访局，中央和国家机关各部委、军委政治工作部、有关人民团体信访局（办、处），中央管理的有关国有重要骨干企业信访处（办）：

为贯彻落实《信访工作条例》，国家信访局研究修订了《依法分类处理信访诉求工作规则》。现予以印发，请结合实际抓好落实。原《依法分类处理信访诉求工作规则》（国信发〔2017〕19号）同时废止。

国家信访局
2022年4月30日

依法分类处理信访诉求工作规则

第一条　为了进一步规范依法分类处理信访诉求工作，根据《信访工作条例》和相关法律法规，制定本规则。

第二条　本规则适用于各级机关、单位对申诉求决类信访事项的分类处理。

第三条 各级机关、单位收到信访事项，应当按照《信访工作条例》第二十二条、第二十三条相关规定进行登记、转送、交办、告知。

对信访人提出的申诉求决类信访事项，有权处理机关、单位应当区分情况，分别按照下列方式办理：

（一）应当通过审判机关诉讼程序或者复议程序、检察机关刑事立案程序或者法律监督程序、公安机关法律程序处理的，涉法涉诉信访事项未依法终结的，按照法律法规规定的程序处理。

（二）应当通过仲裁解决的，导入相应程序处理。

（三）可以通过党员申诉、申请复审等解决的，导入相应程序处理。

（四）可以通过行政复议、行政裁决、行政确认、行政许可、行政处罚等行政程序解决的，导入相应程序处理。

（五）属于申请查处违法行为、履行保护人身权或者财产权等合法权益职责的，依法履行或者答复。

（六）不属于以上情形的，应当听取信访人陈述事实和理由，并调查核实，出具信访处理意见书。对重大、复杂、疑难的信访事项，可以举行听证。

第四条 有权处理机关、单位负责信访工作的机构收到转送、交办或者信访人直接提出的申诉求决类事项，认为应当按照第三条第二款第一项、第二项、第三项、第四项、第五项规定的方式办理的，应当与本机关、单位对该事项负有办理责任的部门（以下简称责任部门）进行会商，确定处理途径和程序。

有权处理机关、单位应当制作包含以下内容的告知书，加盖机关印章或者业务办理专用印章，告知信访人：

（一）拟适用的途径及依据；

（二）查询或者联系方式；

（三）其他需要告知的内容。

除告知以上内容外，需要依申请启动的，还应当告知其申请需要提供的相关材料。

法律法规对受理的时间和告知的形式、内容另有规定的，从其规定。

第五条 有权处理机关、单位认为应当适用第三条第二款第六项规定的方式办理的，应当出具信访事项受理告知书，加盖信访业务专用章送达信访人。

第六条 有权处理机关、单位负责信访工作的机构与本机关、单位责任部门经会商无法就分类处理信访诉求达成一致意见的，由负责信访工作的机构会同本机关、单位负责法制工作的部门提出处理意见后报请本机关负责人决定。

第七条 涉及两个或者两个以上机关、单位的信访事项，受理主体按照《信访工作条例》第二十四条确定。

第八条 有权处理机关、单位以及党委和政府信访部门应当建立完善社会力量参与信访工作机制，充分发挥法律顾问和律师在依法分类处理工作中的作用。

第九条 适用第三条第二款第一项、第二项、第三项、第四项、第五项规定的方式办理的申诉求决类事项，有权处理机关、单位应当依据相应的规定及程序作出处理，并将处理结果告知信访人。

适用第三条第二款第五项规定的方式办理，但有关法律法规没有具体期限规定的，应当在接到申请之日起两个月内履行或者答复。

对欠缺形式要件的诉求，可以根据情况要求提出该诉求的公民、法人或者其他组织补充。

有权处理机关、单位负责信访工作的机构对适用第三条第二款第一项、第二项、第三项、第四项、第五项规定的方式处理的事项，应当跟踪处理进展，并将处理结果录入国家信访信息系统。

第十条 适用第三条第二款第六项规定的方式办理的，有权处理机关、单位可以运用教育、协商、听证等方法，及时妥善处理，按照《信访工作条例》规定的时限、程序做出信访处理意见书，加盖信访业务专用章并送达信访人。

信访处理意见书及有关材料应当录入国家信访信息系统。

第十一条 各级机关、单位在处理申诉求决类事项过程中，可以在不违反法律法规强制性规定的情况下，在裁量权范围内，经争议双方当事人同意进行调解；可以引导争议双方当事人自愿和解。经调解、和解达成一致意见的，应当制作调解协议书或者和解协议书。

第十二条 信访复查（复核）机关、单位在信访复查（复核）中，发现事项应当适用其他途径而未适用，以信访处理代替第三条第二款第一项、第二项、第三项、第四项、第五项规定的方式作出处理的，应当区分情况，撤销信访处理（复查）意见，要求原办理机关、单位适用其他途径重新处理，或者变更原处理（复查）意见。

第十三条 对有权处理机关、单位正在或者已经适用第三条第二款第一项、第二项、第三项、第四项、第五项规定的方式处理的事项，信访人再次通过信访渠道反映的，区分下列情形作出相应处理：

（一）以同一事实和理由再次提出同一诉求的，各级机关、单位不再重复处理；

（二）对同一诉求提出新的事实和理由的，应交由有权处理机关、单位认定；有权处理机关、单位认定属于新的事实和理由的，按照本规则第四条规定处理；不属于新的事实和理由的，按照本款第一项规定处理。

适用第三条第二款第六项规定的方式办理的事项，信访人重复提出信访事项的，按照《信访工作条例》规定办理。

第十四条 党委和政府信访部门发现本级或者下级机关、单位及其工作部门、工作人员在分类处理工作中有下列情形的，应当进行督办，并提出改进工作的建议：

（一）应告知而未告知的；

（二）违反第三条第二款规定的分类办理方式的；

（三）未按规定的期限处理的；

（四）未按规定反馈交办事项相关情况的；

（五）未及时在国家信访信息系统中录入相关信息和材料的；

（六）其他需要督办的情形。

对工作中发现的有关政策性问题，应当及时向本级党委和政府报告，并提出完善政策的建议。

对在信访工作中推诿、敷衍、拖延、弄虚作假造成严重后果的机关、单位及其工作人员，应当向有管理权限的机关、单位提出追究责任的建议。

对信访部门提出的改进工作、完善政策、追究责任的建议，有关机关、单位应当书面反馈采纳情况。

第十五条 党委和政府信访部门以及有权处理机关、单位应当将依法分类处理信访诉求情况纳入信访工作绩效考核范围。

第十六条 各级党委和政府信访部门应当定期统计本部门和同级有权处理机关、单位依法分类处理信访诉求工作情况，及时汇总和反映工作中的问题，并于每年第一季度向上一级党委和政府信访部门提交上年度依法分类处理信访诉求工作报告。

第十七条 本规则中的送达，按照第三条第二款第六项规定方式处理的，适用《信访事项网上办理工作规程》的规定；属于相关途径的，适用相关规定。

本规则第九条中规定的告知，可以采用短信、信息网络或者提供自行查询方式等形式。

第十八条 本规则自2022年5月1日起施行。

附录六　国家信访局关于印发《信访事项办理群众满意度评价工作办法（试行)》的通知

国家信访局关于印发
《信访事项办理群众满意度评价
工作办法（试行)》的通知

国信发〔2022〕11号

各省、自治区、直辖市信访局（办）、新疆生产建设兵团信访局，中央和国家机关各部委、中央军委政治工作部、有关人民团体信访局（办、处），中央管理的有关国有重要骨干企业信访处（办）：

为贯彻落实《信访工作条例》，国家信访局研究修订了《信访事项办理群众满意度评价工作办法（试行)》。现予以印发，请结合实际抓好落实，原《信访事项办理群众满意度评价工作办法》（国信发〔2014〕16号）同时废止。

国家信访局
2022年5月9日

信访事项办理群众满意度评价工作办法（试行）

第一条　为进一步提高信访事项办理质量和效率，方便信访人监督、查询、评价信访事项办理情况，根据《信访工作条例》，结合工作实际，制定本办法。

  第二条 本办法所称信访事项，是指公民、法人或者其他组织（以下简称"信访人"）采用信息网络、书信、电话、传真、走访等形式，向各级机关、单位反映的情况、提出的建议、意见或者投诉请求。

  第三条 本办法所称群众满意度评价（以下简称"满意度评价"），是指信访人（即评价主体）对各级党委和政府信访部门以及有权处理的机关、单位（即评价对象）处理信访事项工作情况作出的评价。

  第四条 满意度评价的范围是通过国家信访信息系统初次登记受理办理的信访事项。

  对属于下列信访事项的，可依据相关法律法规另行作出满意度评价规定：

  （一）检举控告类事项。

  （二）申诉求决类事项。一是应当通过审判机关诉讼程序或者复议程序、检察机关刑事立案程序或者法律监督程序、公安机关法律程序处理的，涉法涉诉信访事项未依法终结的；二是应当通过仲裁解决的；三是可以通过党员申诉、申请复审等解决的；四是可以通过行政复议、行政裁决、行政确认、行政许可、行政处罚等行政程序解决的；五是属于申请查处违法行为，履行保护人身权或者财产权等合法权益职责，依法履行或者答复的。

  依法依规不宜公开的信访事项，不纳入满意度评价的范围。

  第五条 满意度评价工作坚持谁初次办理、谁负责公开、谁接受评价的原则；坚持服务群众、依靠群众、让群众参与、由群众评价的原则；坚持公开透明、接受监督、主动改进工作的原则；坚持科学管理、落实责任、严明纪律、提高效能的原则。

  第六条 各级党委和政府信访部门登记受理的信访事项应在 15 日内分级完成向有权处理的机关、单位转送、交办工作。国家信访局登记的信访事项，分级转送、交办时限一般为：国家信访局 5 日内、省级信访部门 3 日内、市

(地)级信访部门3日内、县级信访部门4日内。

第七条 各级机关、单位应当健全完善信访事项办理制度,按照"三到位一处理"要求,落实首问首办责任,通过督查、回访、约谈、群众评价等方式,强化过程监督,实施结果问效,推动问题解决。

第八条 各级机关、单位应当依托国家信访信息系统及时向信访人公开信访事项处理进展以及结果,主动接受监督。公开内容包括:信访事项登记日期,党委和政府信访部门分级转交日期,向有权处理的机关、单位转交日期,有权处理的机关、单位出具的告知单、信访处理意见书及日期等。

第九条 各级机关、单位应当加大宣传力度,依托国家信访信息系统,为信访人查询、评价信访事项办理情况提供便利条件,通过短信通知、系统提醒、回复回访等方式,积极引导信访人进行满意度评价。

国家信访局对纳入评价范围的来信、来访事项,采取短信、邮寄、告知等方式向信访人提供查询码,信访人凭查询码登录国家信访局门户网站查询、评价;对信访人未留手机号码的来信、来访事项,逐级转交后,由直接转交有权处理的机关、单位办理的党委和政府信访部门负责联系信访人,并告知查询码。

国家信访局登记受理的、应当纳入评价范围的网上信访事项,信访人通过注册账户查询、评价。

第十条 信访人自信访部门登记受理信访事项之日起,一般可对信访部门进行满意度评价。信访人在办理期限内自收到信访处理意见书(或超过办理期限未收到信访处理意见书)之日起,30日内可对有权处理的机关、单位进行满意度评价。超期未作评价的,视为放弃评价。

第十一条 满意度评价内容。

(一)对党委和政府信访部门的评价内容:工作人员的服务态度和工作

效率等方面。

（二）对有权处理的机关、单位的评价内容：工作人员的服务态度和工作效率、在规定期限内作出告知、依法按政策解决信访问题、按期出具信访处理意见书并送达等方面。

评价设满意、基本满意、不满意三个选项；设"留言"栏，供信访人填写评价意见。

第十二条　各级党委和政府信访部门应当通过国家信访信息系统，对超出办理期限仍未出具信访处理意见书的信访事项，下发督办提醒信息，督促有权处理的机关、单位依法按政策认真解决群众合法合理诉求，并按规定将处理进展以及结果告知信访人。

第十三条　各级党委和政府信访部门和有权处理的机关、单位要高度重视满意度评价工作。国家信访局对各地各部门满意度评价总体情况和存在的突出问题，及时进行综合分析和通报。

各级党委和政府信访部门要把满意度评价结果纳入党委、政府信访工作绩效考核内容，作为评选表彰的参考。对评价工作中群众反映强烈的突出问题，及时报告本级党委、政府和信访工作联席会议。

第十四条　各级党委和政府信访部门以及有权处理的机关、单位要加强对满意度评价工作的督导检查。对工作不到位、责任不落实，推诿扯皮、弄虚作假的，要视情予以通报批评；造成严重后果的，要依照相关规定严肃追究责任。

第十五条　各省（自治区、直辖市）和新疆生产建设兵团，中央和国家机关信访部门可以参照本办法制定满意度评价工作细则。

第十六条　本办法由国家信访局负责解释。

第十七条　本办法自印发之日起试行。

附录七　国家信访局办理群众来信工作规则

国家信访局办理群众来信工作规则

国信办发〔2022〕10号

第一章　总　　则

第一条　为规范办理群众来信工作，根据中共中央、国务院《信访工作条例》、"三定方案"及中央领导同志有关要求，结合新时代信访工作特点和办信工作实际，制定本规则。

第二条　本规则主要适用于公民、法人或者其他组织的来信。

第三条　办信工作原则是：党政同责、一岗双责；属地管理、分级负责，谁主管、谁负责；突出重点、兼顾一般，注重时效、急事急办；公开透明、便捷高效，方便群众、接受监督。

第二章　受信范围

第四条　国家信访局负责办理国内群众和境外人士写给中共中央、国务院，中央政治局委员，中央书记处书记，国家主席、副主席，国务院总理、副总理、国务委员（以下简称中央领导同志）以及中共中央办公厅、国务院办公厅和本局的来信。

第五条　本规则所称"来信"，主要包括信函、贺卡、明信片、汇款单、包裹等。

第六条　工作人员对邮政或其他渠道的来信进行签收，做到件件留痕，有据可查。

第三章　来信登记

第七条　办信人员在国家信访信息系统中登记处理群众来信,确保基本数据准确、完整。

第八条　对本机构初次来信,要做到应扫描尽扫描,件件留痕。

第九条　办信人员要在来信首页右上角空白处加盖当日收信专用戳记,戳记印迹要端正、清晰。

第四章　来信办理

第十条　群众来信登记完毕后,要按照《信访工作条例》第二十二条规定,区分情况,在15日内采取不同方式办理。有紧急事项的要及时妥善处理。

第十一条　办理群众来信的基本方式有：上报、转送、交办、通报、告知、回复、抄送、拒收退回等。

第十二条　上报主要是向中央领导同志反映有重要参考价值的来信信息,为中央领导同志科学民主决策服务。

第十三条　转送、交办主要是将群众来信提出的信访事项转送、交办有权处理的机关、单位处理。

第十四条　通报主要是向地方党委、政府、信访工作联席会议和中央有关部门通报群众来信反映比较突出、集中或带有地区性、倾向性、苗头性的问题,提出进一步改进工作、完善措施的相关建议。

第十五条　告知和回复。具备告知、回复条件的,可视来信内容和来信人的具体情况,分别采取手机短信、书面、电话等方式予以处理。

第十六条　抄送主要是抄请相关机关、单位知悉相关情况,并指导督促基层党组织和基层单位继续做好疏导教育、矛盾化解和帮扶救助等工作。

第十七条 拒收退回主要是指将汇款单、包裹以及来信夹带的钱款、证件、贵重物品等退回来信人。其余来信不予退回。

第十八条 对相关机关、单位已经受理或正在办理过程中，且已作出告知，信访人仍以同一事实和理由继续重复反映同一事项的来信，以及内容不清等来信，作"存"处理。

第十九条 重要来信事项，按照审阅审批职责权限送审，并采取相应的公文形式进行处理。

第五章 督查督办

第二十条 督查督办工作严格执行《信访工作条例》和国家信访局有关督查督办工作的规定。

第二十一条 对发现有《信访工作条例》第四十条、四十三条规定情形的，及时督办，提出改进工作的建议。

第二十二条 督查督办主要采取网上、电话、发函、视频、约谈等方式进行。

第二十三条 根据工作需要，按程序报批后可组织实地督查督办，推动问题解决，矛盾化解。

第六章 工作纪律和保密要求

第二十四条 办信人员要严格遵守国家信访局各项工作纪律，在《信访工作条例》规定时限内及时办理来信，不得擅自处理随信寄来的钱款、有价证券等物品。办信人员与信访事项或来信人有直接利害关系的，应当回避。

第二十五条 办信人员要严格遵守保密规定，不得向无关人员扩散来信内容，不准擅自将信件带出机关。来信统计数据等，未经批准，不得对外提供。

附录八　国家信访局关于印发《初次信访事项办理办法》的通知

国家信访局关于印发《初次信访事项办理办法》的通知

国信办发〔2022〕15 号

各省、自治区、直辖市和计划单列市、新疆生产建设兵团信访局（办），中央和国家机关各部委、中央军委政治工作部、有关人民团体信访局（办、处），中央管理的有关国有重要骨干企业信访处（办）：

　　为贯彻落实《信访工作条例》，国家信访局研究修订了《初次信访事项办理办法》。现予以印发，请结合实际抓好落实。

国家信访局
2022 年 7 月 17 日

初次信访事项办理办法

　　为加强初次信访事项办理工作，规范工作程序，压实首办责任，提高办理质量和效率，根据《信访工作条例》等规定，结合工作实际，制定本办法。

　　第一条　本办法所称初次信访，是指公民、法人或者其他组织采用信息网络、书信、电话、传真、走访等形式，首次向各级机关、单位反映情况，提出建议、意见或者投诉请求，依法依规应当由有关机关、单位作出处理的活动。

采用前款规定的形式，反映的情况，提出的建议、意见或者投诉请求，称初次信访事项。

第二条 初次信访事项办理工作，坚持"属地管理、分级负责，谁主管、谁负责"的原则，实行首办负责制。各级党委和政府信访部门以及其他机关、单位应当根据各自职责和有关规定，按照诉求合理的解决问题到位、诉求无理的思想教育到位、生活困难的帮扶救助到位、行为违法的依法处理的要求，依法按政策及时就地解决群众合法合理诉求，努力实现"让群众最多访一次"。

第三条 各级党委和政府信访部门按照《信访工作条例》规定的程序、期限，负责受理、转送、交办信访人提出的初次信访事项，并进行协调、督办。

各级党委和政府信访部门以外的其他机关、单位按照《信访工作条例》规定的程序、期限，负责受理、办理法定职权范围内的初次信访事项，并书面答复信访人。包括以下两种情形：

（一）信访人首次向本机关、单位提出的信访事项；

（二）本级或上级党委和政府信访部门首次转送、交办的信访事项。

信访人向不同机关、单位或同一机关、单位不同部门提出信访事项的，先行收到的机关、单位或部门先行受理，并录入信访信息系统。

第四条 各级党委和政府信访部门以及其他机关、单位收到初次信访事项，应当及时在信访信息系统中录入信访人姓名（名称）、住址、联系方式、投诉请求、建议意见以及相应的事实、理由等主要内容，做到要素完整、客观、准确。

第五条 各级党委和政府信访部门收到初次信访事项，应在 15 日内区分不同情况，按下列方式处理：

（一）对申诉求决类初次信访事项，属于本级或下级机关、单位或者其工作部门处理决定的，按照"属地管理、分级负责，谁主管、谁负责"的原则，逐级转送有权处理的机关、单位；对有重要情况需要反馈办理结果的，可以交由有权处理的机关、单位办理，要求其在指定办理期限内反馈结果，提交办结报告。

（二）对建议意见类初次信访事项，其中有利于完善政策、改进工作、促进经济社会发展的，上报本级党委、政府作为决策参考，或转送有权处理的机关、单位研究。

（三）对收到的涉法涉诉信件，应当转送同级政法部门依法处理；对走访反映涉诉问题的信访人，应当释法明理，引导其向有关政法部门反映问题。

（四）对属于纪检监察机关受理的检举控告类初次信访事项，按照管理权限转送有关纪检监察机关依规依纪依法处理。

（五）地方各级党委和政府信访部门对情况重大、紧急的初次信访事项，应当及时提出建议报请本级党委和政府决定，并向上一级信访部门报告，同时报告国家信访局。

对通过信息网络收到的初次信访事项，应缩短转送、交办期限。

第六条　党委和政府信访部门以外的其他机关、单位收到初次信访事项，对属于本机关、单位或本系统下级机关、单位职权范围的，应当告知信访人接收情况、处理途径和程序、转送交办去向等；对不属于本机关、单位或本系统职权范围的，应当告知信访人向有权处理的机关、单位提出。能够当场告知的，应当当场书面告知；不能当场告知的，应当自收到信访事项之日起15日内书面告知。

对跨地区、跨部门、跨行业和人事分离、人户分离、人事户分离的初次信访事项，按照《信访工作条例》第二十四条和《国家信访局协调解决"三跨三分离"信访事项工作规则》明确的原则和程序划分责任、受理办理。

第七条 有权处理机关、单位应按照《信访工作条例》的规定，区分不同情况办理初次信访事项。对《信访工作条例》第三十一条第六项规定的初次信访事项，应在规定时限内向信访人出具信访处理意见书，告知请求复查的期限和机关、单位；收到复查（复核）请求的机关、单位，应当做好复查（复核）工作，并在规定的时限内出具复查（复核）意见书。

有权处理机关、单位出具的告知书、信访处理意见书、延期告知书、复查（复核）意见书应当要素齐全、格式正确、事实清楚、依据充分，并及时送达信访人或有关人员，严格履行签收等手续。相关文书及送达凭证均要及时录入信访信息系统。

有权处理机关、单位应当按期向交办机关反馈处理意见，督促有关机关、单位执行，并做好信访人的政策解释和疏导教育工作。

第八条 各级党委和政府信访部门以及其他机关、单位应为信访人查询初次信访事项办理情况提供便利。对纳入满意度评价范围的初次信访事项，办理过程、处理结果应依托信访信息系统予以公开，以便于信访人查询、评价。

第九条 各级党委和政府信访部门发现本级和下级有关机关、单位存在违反信访工作规定受理、办理信访事项，办理信访事项推诿、敷衍、拖延、弄虚作假或者拒不执行信访处理意见等情形的，应当及时督办并提出改进工作的建议；造成严重后果的，应当向有管理权限的机关、单位提出责任追究建议。

各级党委和政府信访部门对收到的初次信访事项应当登记、转送、交办而未按规定登记、转送、交办，或者应当履行督办职责而未履行的，由其上级机关责令改正；造成严重后果的，按照《信访工作条例》的规定追究责任。

第十条 各级党委和政府信访部门应当以依规依法及时就地解决信访问题为导向,定期考核下一级信访部门和有权处理机关、单位初次信访办理工作,并在一定范围内通报有关考核情况。

第十一条 本办法由国家信访局负责解释。

第十二条 本办法自发布之日起施行,《国家信访局关于进一步加强初信初访办理工作的办法》同时废止。

附录九　国家信访局关于印发《信访事项简易办理办法》的通知

国家信访局关于印发《信访事项简易办理办法》的通知

国信办发〔2022〕17号

各省、自治区、直辖市和计划单列市、新疆生产建设兵团信访局（办），中央和国家机关各部委、中央军委政治工作部、有关人民团体信访局（办、处），中央管理的有关国有重要骨干企业信访处（办）：

为贯彻落实《信访工作条例》，国家信访局研究修订了《信访事项简易办理办法》。现予以印发，请结合实际抓好落实。原《信访事项简易办理办法（试行）》（国信发〔2016〕8号）同时废止。

国家信访局
2022年7月17日

信访事项简易办理办法

第一条　为进一步深化信访制度改革，推动及时就地解决信访问题，根据《信访工作条例》和《信访事项网上办理工作规程》等规定，结合工作实际，制定本办法。

第二条　信访事项简易办理是指各级机关、单位按照工作职责，针对诉求简单明了的信访事项，简化程序，缩短时限，更加方便快捷地受理、办理。

第三条 信访事项简易办理应当遵循依法合规、简便务实、灵活高效的原则。

第四条 下列初次信访事项适用简易办理：

（一）事实清楚、责任明确、争议不大、易于解决的；

（二）提出咨询或意见建议、表达感谢，可以即时反馈的；

（三）涉及群众日常生产生活、时效性强，应当即时处理的；

（四）有关机关、单位已有明确承诺或结论的；

（五）其他可以简易办理的。

第五条 下列信访事项不适用简易办理：

（一）属于《信访工作条例》第三十一条前五项规定情形的；

（二）上级机关、单位交办的；

（三）可能对信访人诉求不予支持的；

（四）涉及多个责任主体或集体联名投诉的重大、复杂、疑难等不宜简易办理的。

第六条 信访事项是否适用简易办理，由有权处理的机关、单位决定，县级以上党委和政府信访部门以及上级机关、单位可以提出简易办理建议。

第七条 县级以上党委和政府信访部门以及上级机关、单位对提出简易办理建议的信访事项，可以通过信访信息系统直接转送有权处理的机关、单位，并抄送下一级信访部门；不具备直接转送条件的，各中间层级机关、单位应当依次在收到信访事项之日起1个工作日内通过信访信息系统完成转送。

第八条 对适用简易办理的信访事项，有权处理的机关、单位应当在收到之日起3个工作日内决定是否受理。可以当即决定的，应当当即告知信访人。

除信访人要求出具纸质受理告知书的，可以当面口头或通过信息网络、电话、手机短信等快捷方式告知信访人。告知情况应当录入信访信息系统。

第九条 对适用简易办理的信访事项，有权处理的机关、单位应当在受理之日起 10 个工作日内作出处理意见。可以当即答复的，应当当即出具处理意见。

除信访人要求出具纸质信访处理意见书的，可以通过信息网络、手机短信等快捷方式答复信访人。答复情况应当录入信访信息系统。

第十条 有权处理的机关、单位在办理信访事项过程中，发现不宜简易办理或简易办理未得到妥善解决的，应当经本机关负责人批准，按照《信访工作条例》规定的普通程序继续办理。属上级党委和政府信访部门或者机关、单位提出简易办理建议的，应当向提出建议的机关、单位反馈情况并说明理由。

按照《信访工作条例》规定的普通程序继续办理的信访事项，办理时限从按照简易办理程序受理之日起计算。

第十一条 县级以上党委和政府信访部门以及有关机关、单位应当对简易办理工作加强指导和监督。对可以简易办理的信访事项推诿拖延，或者以简易办理为名损害信访人权益的，要督促限期改正；造成严重后果的，按照《信访工作条例》的规定追究责任。

第十二条 本办法由国家信访局负责解释。

第十三条 本办法自发布之日起施行。

附录十　关于违反信访工作纪律处分暂行规定

关于违反信访工作纪律处分暂行规定

(中华人民共和国监察部、中华人民共和国人力资源和社会保障部、国家信访局令第16号，于2008年6月30日联合发布)

第一条　为严格执行处理信访突出问题及群体性事件工作责任制，切实落实领导责任，惩处信访工作违纪行为，维护信访工作秩序，保护信访人合法权益，促进社会和谐稳定，根据《中华人民共和国行政监察法》《中华人民共和国公务员法》《信访条例》《行政机关公务员处分条例》及其他有关法律法规，制定本规定。

第二条　本规定适用于各级行政机关公务员。

第三条　本规定所称违反信访工作纪律，是指违反党和国家有关信访工作的规定的行为。

第四条　本规定所称领导责任，是指有关领导人员在处理信访突出问题及群体性事件时，承担的与领导工作职责相关的责任，分为主要领导责任和重要领导责任。

主要领导责任，是指在其职责范围内，对直接主管的工作不履行或不正确履行职责，对造成的影响或后果负直接领导责任。

重要领导责任，是指在其职责范围内，对应管的工作或参与决策的工作不履行或不正确履行职责，对造成的影响或后果负次要领导责任。

第五条　有下列情形之一的，对负有直接责任者，给予记大过、降级、撤职或者开除处分；负有主要领导责任者，给予记大过、降级或者撤职处分；

负有重要领导责任者,给予记过、记大过或者降级处分:

(一) 决策违反法律法规和政策,严重损害群众利益,引发信访突出问题或群体性事件的;

(二) 主要领导不及时处理重要来信、来访或不及时研究解决信访突出问题,导致矛盾激化,造成严重后果的;

(三) 对疑难复杂的信访问题,未按有关规定落实领导专办责任,久拖不决,造成严重后果的。

第六条 有下列情形之一的,对负有直接责任者,给予记大过、降级、撤职或者开除处分;负有主要领导责任者,给予记过、记大过、降级或者撤职处分;负有重要领导责任者,给予警告、记过、记大过或者降级处分:

(一) 拒不办理上级机关和信访工作机构交办、督办的重要信访事项,或者编报虚假材料欺骗上级机关,造成严重后果的;

(二) 拒不执行有关职能机关提出的支持信访请求意见,引发信访突出问题或群体性事件的;

(三) 本地区、单位或部门发生越级集体上访或群体性事件后,未认真落实上级机关的明确处理意见,导致矛盾激化、事态扩大或引发重复越级集体上访,造成较大社会影响的;

(四) 不按有关规定落实信访工作机构提出的改进工作、完善政策、给予处分等建议,造成严重后果的;

(五) 对可能造成社会影响的重大、紧急信访事项和信访信息,隐瞒、谎报、缓报,或者授意他人隐瞒、谎报、缓报,造成严重后果的。

第七条 有下列情形之一的,对负有直接责任者,给予记过、记大过、降级或者撤职处分;负有主要领导责任者,给予记过、记大过或者降级处分;负有重要领导责任者,给予警告、记过或者记大过处分:

(一) 在处理信访事项过程中,工作作风简单粗暴,造成严重后果的;

（二）对信访事项应当受理、登记、转送、交办、答复而未按规定办理或逾期未结，或者应当履行督查督办职责而未履行，造成严重后果的；

（三）在处理信访事项过程中，敷衍塞责、推诿扯皮导致矛盾激化，造成严重后果的；

（四）对重大信访突出问题和群体性事件，应到现场处置而未到现场处置或处置不当，造成严重后果或较大社会影响的。

第八条 有下列情形之一的，对负有直接责任者，给予记大过、降级、撤职或者开除处分；负有主要领导责任者，给予记过、记大过、降级或者撤职处分；负有重要领导责任者，给予警告、记过、记大过或者降级处分：

（一）超越或者滥用职权，侵害公民、法人或者其他组织合法权益，导致信访事项发生，造成严重后果的；

（二）应当作为而不作为，侵害公民、法人或者其他组织合法权益，导致信访事项发生，造成严重后果的；

（三）因故意或重大过失导致认定事实错误，或者适用法律、法规错误，或者违反法定程序，侵害公民、法人或者其他组织合法权益，导致信访事项发生，造成严重后果的。

第九条 违反规定使用警力处置群体性事件，或者滥用警械、强制措施，或者违反规定携带、使用武器的，对负有直接责任者，给予记过、记大过、降级或者撤职处分。造成严重后果的，对负有直接责任者，给予撤职或者开除处分；负有主要领导责任者，给予记过、记大过、降级或者撤职处分；负有重要领导责任者，给予警告、记过、记大过或者降级处分。

第十条 在信访工作中有其他失职、渎职行为，引发信访突出问题或群体性事件的，对负有直接责任者，给予记大过、降级、撤职或者开除处分；负有主要领导责任者，给予记过、记大过、降级或者撤职处分；负有重要领导责任者，给予警告、记过、记大过或者降级处分。

第十一条 有本规定第五条至第十条规定的行为，除给予政纪处分外，对负有领导责任的人员，可同时建议有关机关给予组织处理。

第十二条 有本规定第五条至第十条规定的行为，但未造成较大影响或严重后果的，可以责令作出深刻检查或给予通报批评。

第十三条 对法律、法规授权的具有公共事务管理职能的事业单位中经批准参照《中华人民共和国公务员法》管理的工作人员和其他事业单位中由国家行政机关任命的人员有本规定第五条至第十条规定的行为的，参照本规定执行。

第十四条 本规定由监察部、人力资源和社会保障部、国家信访局负责解释。

第十五条 本规定自公布之日起施行。